자동 독서 습관

READ

읽기 근육을 회복하는 트레이닝

자동 독서 습관

김웅식 지음

"요즘은 책 펴는 게
더 용기 있는 일이다"

자기독서경영 5단계 시스템과 50개 세부 전략

BOOK

마인드
빌딩

왜 지금 '자동 독서 습관'이 필요한가?

다독 강박과 속도의 함정

"한 달에 책 몇 권 읽으세요?"

이 질문 앞에서 많은 사람들이 순간 멈칫한다. 마음속으로는 "많이요"라고 답하고 싶지만, 실제로는 그렇지 않기 때문이다. 머릿속으로 최근 읽은 책의 권수를 급히 세어보지만, 숫자는 좀처럼 채워지지 않는다. 이 당황스러움 뒤에는 '책은 많이 읽는 것이 좋다'라는 무언의 압박이 자리하고 있다.

특히 우리는 어릴 때부터 '다독 강박'과 '속독 환상' 속에서 자라왔다. 독서는 본래 생각을 확장하고 삶을 깊게 만드는 행위지만, 어느새 읽은 권수로 평가받는 경쟁 과제가 되어버렸다. '얼마나 깊게 읽었는가'보다는 '얼마나 많이, 얼마나 빨리 읽었는가'가 더 중요해졌고, 독서는 성적, 스펙, 자기 계발의 수단으로 소비되기 시작했다.

특히 학창시절의 기억을 더듬어 보면, 우리는 책을 읽으면서도 제대로 읽지 못하는 모순 속에 갇힌 경우가 많았다. 다독과 속독의 논리에 지배당하며 독서의 양을 늘려갔지만, 깊이와 감동은 점점 사라져 갔다.

형식적 독후 활동의 폐해

또한 많은 이들이 학창시절 독서를 마치고 나면 독후감 쓰기나 독서 기록장 작성 같은 활동을 경험했다. 학교는 독서 이력을 관리하고 학생의 이해도를 평가하기 위해 이런 활동을 도입했다. 하지만 정해진 틀에 맞춘 줄거리 요약, 감상문 작성은 학생들에게 자유롭게 생각을 펼칠 여지를 주지 못했다. 감상을 표현하는 일이 창의적인 행위가 아닌, '틀에 맞는 문장'을 작성하는 일이 되었다. 이로 인해 독서는 사고력과 감수성을 키우는 활동이 아니라, 형식을 갖춘 또 하나의 과제가 되었다.

결국 형식에 갇힌 독후 활동은 책과의 진정한 만남을 가로막았다. 오늘날의 어른들은 책을 읽는 법을 배우기 전에, 책을 과제로 처리하는 법부터 배워야 했다. 그리고 그런 경험은 성인이 된 후에도 책을 멀리하게 만드는 부정적인 기억으로 그대로 자리하고 있다.

'가짜 독서'가 부른 '독서 단절'의 위기

실제로 직장인을 비롯한 많은 성인들이 '무엇을 읽어야 할지 모르겠다'는 막막함을 호소한다. 이는 자기주도적인 독서 습관이 체계적으로 형성되지 못했기 때문이다. 학년별로 읽어야 할 독서 목록에 익숙해진 나머지, 어른이 되어 서점에 가더라도 인기 순위나 베스트셀러에 의존해 책을 선택하는 경우가 많다. '자신이 알고 싶은 게 무엇인지', '자신에게 필요한 것이 무엇인지' 묻는 데서 출발하는 독서 경험은 거의 없었기 때문이다.

설령 '어렵게' 고른 책을 '힘들게' 읽더라도, 결국 '달라지는 게 없다'는 회의감만 남는 경우도 있다. 그저 책을 읽었다는 사실만 남을 뿐, 책 속의 내용이 우리의 삶 속으로 온전히 녹아들지 못하는 일이 반복되기도 한다.

이러한 독서 실패 경험은 당연히 독서에 대한 효능감을 떨어뜨린다. 책을 읽고 나서도 의미 있는 변화가 일어나지 않거나 오히려 자신의 부족함만 확인하게 되는 경험은 자신감을 떨어뜨리기 마련이다. 독서를 통해 기대했던 성과를 얻지 못한 경험이 반복되면 독서 자체에 흥미를 잃게 될 확률도 높아진다.

실제로 많은 사람들이 독서가 유익한 활동이라는 점에는 공감하지만, 그 효용을 실감하지 못하고 있다. 독서를 통해 무엇을 얻을 수 있는지에 대한 구체적인 경험이 부족하다 보니, 기대감도 낮아지고 독서 자체를 점차 멀리하게 되는 것이다.

자동 독서 습관

긴 것과 짧은 것, 느림과 빠름의 경쟁

학창시절의 부정적인 기억에서 벗어나더라도, 책을 읽으려는 마음은 점점 더 많은 유혹과 장애물에 가로막히고 있다. 과거에는 책 이외에 정보를 얻을 수 있는 매체가 제한적이었다. 그러나 이제는 유튜브, 틱톡, 인스타그램 릴스, 유튜브 쇼츠 등 수초 안에 모든 것을 압축해 보여주는 영상 콘텐츠가 우리의 일상을 지배하고 있다.

유튜브는 10분 안에 핵심을 전달하고, 짧은 릴스나 쇼츠는 단 몇 초 만에 자극적인 내용을 반복 재생해 뇌를 빠르게 자극한다. 이러한 정보 소비 방식은 단순한 오락을 넘어, 우리가 정보를 인식하고 처리하는 방식 자체를 바꾸어 놓았다.

'디지털 네이티브'는 MZ세대의 특성을 상징적으로 표현하는 말이다. 이들은 어릴 때부터 이러한 콘텐츠 환경에 익숙하다. 텍스트보다는 이미지와 영상 중심의 콘텐츠에 더 빠르게 반응하며, 상대적으로 지루한 독서 활동에는 쉽게 피로감을 느낀다. 책은 수십 분에서 몇 시간 동안 집중을 유지해야 하는 반면, 디지털 콘텐츠는 단 몇 분, 혹은 몇 초 만에 재미와 정보를 동시에 제공하며 즉각적인 보상을 준다. 이로 인해 독서의 입지는 갈수록 줄어들고 있다.

넘쳐나는 정보 속 콘텐츠 선별의 어려움

정보는 더 이상 부족하지 않다. 오히려 너무 많다. 디지털 시대에 접어들면서 우리는 하루에도 수천 개의 콘텐츠와 마주친다. 책 한 권을 고르기 위해 온라인 서점에 들어가면, 수많은 추천 목록과 별점, 리뷰들이 쏟아진다. 유튜브 알고리즘은 하루에도 몇 번씩 독서 관련 영상이나 북튜버의 서평을 띄워주고, 인스타그램과 틱톡은 오늘 읽어야 할 '인생 책 리스트'를 보여준다. 하지만 이처럼 넘쳐나는 정보는 아이러니하게도 독서를 시작하기 어렵게 만든다. 무엇을 읽어야 할지 모른 채 수많은 선택지 앞에서 발걸음을 멈추게 되는 것이다.

이러한 정보 과잉 속에서 사람들은 일상적으로 선택의 피로를 경험하고 있다. 동시에 가치 있는 정보를 가려내고 깊이 있게 받아들이는 힘을 점점 잃어가고 있다.

새로운 독서의 가치를 찾아서

핑계 없는 무덤은 없다고들 하지만, 지금까지 살펴본 대로 독서 단절의 원인을 둘러댈 변명은 차고도 넘친다. 이런 상황에서 '책을 읽읍시다'와 같은 구호는 공허하기 짝이 없고, '책이 정말 우리 삶에 꼭 필요한 존재일까' 하는 회의감이 밀려드는 것도 사실이다.

우리 시대 새로운 독서의 가치를 찾는 일은 현실에 대한 정확한 인식에서 출발하는 것이 타당할 것이다. 유사 이래 적층된 책과 독서에 대한 미사여구만으로 독서를 강요하는 일은 이제 불가능하다. 그렇다고 조급한 마음에 아무 책이나 무작정 집어들 수도 없는 노릇이다.

무엇보다 자신과 주변을 찬찬히 돌아보고 끊임없이 질문을 던지며 명확한 독서 목표를 설정하는 것이 우선이다. '당신은 왜 책을 읽으려고 하는가?' 이 질문에 대한 답을 스스로 마련하는 순간, 비로소 당신의 진짜 독서가 시작된다.

이 책『자동 독서 습관』의 프롤로그 〈삶의 변화를 이끄는 독서 습관의 힘〉은 이 질문에 대한 답을 독자 여러분과 함께 구하는 여정으로 채워져 있다. 삶의 변화와 독서의 상관관계를 톺아보며, 이 책이 지향하는 '자기독서경영'이란 무엇이고, '자기 독서 습관'과는 어떻게 연결되는지를 먼저 살펴본다.

다양한 독서법의 미덕과 한계

지금도 서점과 도서관에는 독서법 관련 책들이 즐비하게 진열되어 있다. 이는 독서가 여전히 의미 있는 행위로 인식되고 있다는 점에서 퍽 다행스러운 장면이 아닐 수 없다. 그러나 이러한 책들은 모두 독서의 미덕이라는 공통된 목적지를 향하고 있지만, 그 수단과 방법에서 분명한 차이를 보이고 있다. 접근 방식에 따라서는 분명한 한계점도 드러낸다.

개인의 경험을 일반화한 '독서 코칭형' 독서법은 드라마틱한 성공 사례를 통해 독자에게 용기와 흥미를 주기도 하지만, 일반화하기에는 각자가 처한 현실들과 다소 괴리가 있을 수 있다.

다독이나 속독을 강조하는 '읽기 기술형' 독서법은 말 그대로 독서의 속도나 양에 집중한 나머지, 독서를 통한 비판적 사고나 응용, 지식 활용 전략이 상대적으로 미흡한 경우도 있다.

독서 중·후의 결과물 생산, 예를 들어 메모, 필사, 서평 등에 초점을 맞춘 '쓰기 기술형' 독서법은 실천적 측면에서 매우 유용하긴 하나, 독서 활동 전반에 대한 통합적 이해나 목표 설계와 같은 체계적 접근에는 부족함이 있다.

또한 교육학자나 심리학자들의 전문성과 이론적 통찰을 바탕으로 한 '이론 중심형' 독서법은 학문적 근거는 풍부하지만, 구체적인 실천 전략이 뒷받침되지 않아 일상에서의 적용이 쉽지 않은 경우도 있다.

이러한 네 가지 유형의 독서법은 각기 지향하는 바가 뚜렷하며, 일부 도서는 독자들에게 꽤 높은 호응을 얻고 있기도 하다. 따라서 독자 스스로 자신의 필요에 따라 적당한 유형의 책을 선택하거나, 여러 방식의 장점을 유기적으로 결합하여 자기만의 독서 전략을 구축해 나가는 방식도 의미가 있을 것이다.

자동 독서 습관

자기독서경영 5단계 시스템과 50개의 세부 전략

이 책은 이러한 기존 방식의 한계를 넘기 위한 방편으로 '왜 읽어야 하는가'라는 근본적 질문을 집요하게 반복한다. 진정한 '자기독서경영'은 바로 정확한 현실 인식과 스스로의 동기부여, 그리고 분명한 목표 설정에서 출발하기 때문이다.

프롤로그에 이어지는 본문에서는 ①계획 ②몰입 ③실행 ④적용 ⑤습관으로 발전하는 자기독서경영의 5단계 시스템을 총 50개 세부전략으로 상세하게 소개할 예정이다. 독서의 전 과정을 명확하게 구조화하여 자신의 삶을 주도적으로 설계할 수 있도록 돕는 독서 활동의 구체적인 방향성을 제시하려고 한다.

이미 짐작할 수 있듯이 모든 과정은 '자기 주도'로 진행되기 때문에 무엇보다 독자 스스로가 목표를 설정하고 계획을 세우며 실행력을 유지하는 적극적인 노력이 필요하다. 그러나 그동안 수동적인 독서 방식에 익숙한 독자들을 위해 50개 세부 전략마다 '하루 단 15분의 투자'만으로도 당장 효과를 볼 수 있는 독서 습관 실천 수칙들을 명료하게 정리해 두었다.

독서를 통해 넓은 바다로 향하는 여정

25년이 넘는 시간 동안 나는 교육기업과 언론사, 시민단체와 공공기관 등 다양한 조직을 넘나들며 우리나라 교육 현장에서 폭넓은 경험을 쌓아왔다. 영유아부터 초중고 학생, 직장인을 위한 온보딩 과정은 물론 은퇴자를 대상으로 한 미래 설계 연수에 이르기까지 다양한 대상층을 위한 체계적인 교육과정을 기획하고, 그에 맞는 콘텐츠와 프로그램을 직접 개발하며 강의까지 수행해 왔다. 이 모든 과정의 밑바탕에는 책과 독서가 자리하고 있다. 책은 교육을 가능하게 하는 매우 중요한 수단인 동시에 교육의 내용을 집적하는 결과물이기도 하다.

오랜 시간, 책과 독서에 관한 공급자로 살아오면서 남다른 도전의 기회가 주어질 때마다 스스로를 혁신하고 한 단계씩 진화할 수 있었던 원동력 또한 독서의 힘이라고 믿고 있다.

학부 시절 '문학'을 공부한 나로서는 현장에서 교육 콘텐츠를 다루며 '교육학'에 대한 학습 동기가 부여되었고, 교육 과정을 설계하면서 다시 '발달심리학'이라는 학문과 만나게 되었다. 대학원 과정 등을 통해 이러한 학문들에 새롭게 접근하게 된 것도 모두 독서에서 비롯된 일이었다.

다양한 교육 현장에서 공급자와 수요자 사이를 오가는 사이 자연스럽게 비형식교육에 대한 관심으로 시선이 옮겨가기 시작했고, 또 다른 대학원에서는 '사회학'을 전공하며 '교육사회학'과 시민교육에 대한 탐구를 이어가게 된다. 그리고 다시 시민교육을 매개로 공공기관에서도 교육 업무를 수행할 수 있는 기회가 주어졌고, 기관의 순환보직 원칙에 따라 인적자원개발HRD 업무를 담당하는 부서의 장으로 근무하며 '경영학'을 기반으로 한 직장인 대상 교육 시스템에도 새롭게 눈을 뜨게 된다. 이때의 독서 또한 나의 든든한 지원군 역할을 해주었다. 이후 HRD를 전문으로 하는 에듀테크 기업의 임원으로 근무하게 된 것을 계기로 독서교육 등 본격적인 기업교육 현장에서 활동하며 지금도 값진 경험의 탑을 쌓아가고 있다. '한 우물을 파야 성공한다'는 말을 뒤로하고, 여러 곳에서 흐르는 작은 물줄기들을 모아 넓은 바다를 향해 쉼 없이 굽이쳐 가는 강물의 흐름 속에서 나는 그렇게 도전적인 시간들을 보내왔다.

결국 책과 독서에서 비롯된 나의 교육 경험과 다양한 분야의 공부들이 이 책 『자동 독서 습관』에 고스란히 담겨 있다. 지금처럼 디지털 전환이라는 거대한 물결이 일상의 깊은 곳까지 빠르게 스며들고 있는 시대일수록, 누군가는 새로운 환경과 목적에 부합하는 효율적이고 체계적인 책 읽기에 대해 이야기하고, 그 실천을 적극적으로 독려해야 한다는 생각을 신념처럼 가지고 있다. 바로 그 당위성과 나름의 사명감이 이 책을 쓴 가장 큰 이유다.

이 책의 강점은 이론과 경험의 유기적 결합에 있다. 모든 실행 전략은 메타인지, 자기주도학습을 비롯한 심리학과 교육학의 여러 이론들을 바탕으로 점검하되, 다양한 직무와 세대를 대상으로 한 실제 독서교육 현장과 일상에서의 경험을 녹여냈다.

책을 읽는 사람에게는 언제나 한발 앞서 나갈 수 있는 기회가 주어진다고 생각하며 살아왔다. 나의 도전과 성취가 다른 누군가에게는 보잘것없는 것일 수 있지만, 어제보다 나은 오늘을 살며 더 나은 내일을 꿈꾸는 것만큼 행복한 삶은 없을 것이다.

지금 이 책을 손에 쥔 것만으로도 당신은 이미 변화를 통해 더 나은 삶을 살 확실한 준비를 마친 셈이다. 당신이 가고자 하는 삶의 여정에 부디 이 책이 조금이나마 도움이 되기를 바란다.

이불매 자은당自隱堂에서
김웅식

자동 독서 습관

차 례

1장. 실행 가능한 독서 목표 정하기
자기독서경영 1단계 [계획]

2장. 책 고르기와 몰입 환경 만들기
자기독서경영 2단계 [몰입]

3장. 효율적이고 깊이 있는 책 읽기
자기독서경영 3단계 [실행]

4장. 독서를 실질적 성과로 연결하기
자기독서경영 4단계 [적용]

5장. 꾸준한 독서를 위한 습관 들이기
자기독서경영 5단계 [습관]

삶의 변화를 이끄는
독서 습관의 힘

습관이 되지 못한 독서의 풍경

얼마 전 퇴근길 지하철 안에서 신기한 장면을 목격했다. 사람들로 빼곡한 공간, 모두가 한결같이 스마트폰을 들여다보는 가운데 조용히 종이책을 펼쳐 읽는 젊은 여성의 모습이 눈에 들어온 것이다. 어느새 출퇴근길 버스나 지하철 안에서 종이책을 펼쳐 읽는 풍경은 '신기한 장면'이 되었다.

문화체육관광부에서 격년으로 실시하는 '독서 실태조사'의 최근 데이터를 보면 이런 상황을 충분히 이해할 수 있다. 우리나라의 성인 독서율은 지난 10년 사이 반토막이 났고, 열 명 중 여섯 명 정도는 1년에 단 한 권의 책도 읽지 않는다. 하루 평균 스마트폰 사용 시간은 이미 5시간을 넘겼고, 이에 반해 평균 독서시간은 평일 기준 고작 10분 남짓이라고 한다. 이 정도 상황이라면 '독서 단절'이라는 과격한 표현을 써도 전혀 억지스럽지 않다.

우리 일상에서 책이 차지하던 공간을 디지털 콘텐츠와 미디어가 점점 더 넓고 깊게 대체하고 있다. 전자책이나 오디오북 같은 절묘한 교집합이 있기도 하지만, 이미 언급한 독서율 안에 포함된 수치일 뿐이다.

최근 몇 년간 우리 사회 전반에 걸쳐 디지털 전환Digital Transformation, DX이 빠른 속도로 확산되고 있다. 특히 AI를 비롯한 빅데이터와 클라우드, 모바일 기술은 일상의 모든 영역을 빠르게 변화시키고 있다. 이러한 환경 변화 속에서 우리는 하루 종일 방대한 디지털 콘텐츠와 마주친다. 유튜브는 아주 짧은 시간 안에 핵심을 전달하고, 짧은 릴스나 쇼츠는 단 몇 초 만에 자극적인 내용을 연이어 재생하며 우리의 시선을 붙잡아 둔다. 이제는 독서가 '시간 대비 효율이 낮은 선택지'라는 말도 들린다.

그러나 아이러니하게도 MZ세대를 비롯한 오늘날의 직장인 대부분은 무려 20년에 이르는 긴 시간 동안 아주 잘 짜인 형식교육의 틀 안에서 독서를 '교육'받아왔다. 독서 활동이 고등학교나 대학교 입시의 중요한 지표로 활용되던 시기도 있었다. 지금도 초중고 학생들의 독서율은 무려 96%에 이른다. 이 지점에서 생기는 의문은 누구나 마찬가지일 것이다. 왜 어른이 되면 책을 읽지 않는 걸까?

그나마 학창시절 독서교육의 효과가 미미하게나마 남아 있는 까닭인지 기업교육 현장을 비롯해 일상에서 마주치는 여러 사람들의 이야기를 들어보면, 독서의 기능이나 필요성 자체를 부정하는 사람은 아무도 없다. 하지만 '무엇을 어떻게 읽어야 할지 모르겠다'는 막막함을 호소하는 사람은 흔하다.

결국 이들이 책을 읽지 않는 이유는 학창시절의 독서 경험이 온전히 습관화되지 못했기 때문이다. 어느 순간 나는 '읽지 않는 게 아니라 읽지 못하는 것일 수도 있다'는 의심이 들기 시작했다. 사람들과 이야기를 나눌수록 그 가정은 점점 더 확신으로 굳어졌다. 다양한 관계를 맺으며 수십 년 동안 내 곁을 스쳐간 사람들의 얼굴을 떠올려 보아도 마찬가지였다.

독서 습관과 '자기독서경영'

'독서경영'이란 일반적으로 독서를 기업 경영의 핵심 자원으로 활용하여, 조직과 개인의 역량을 강화하고 이를 통해 기업의 성과를 높이고자 하는 전략적 경영 방식을 이른다. 결국 독서를 통해 얻은 지식과 통찰을 업무에 적용하고, 조직 문화에 적극적으로 접목시키는 지속 가능한 학습 시스템이자 성장 촉진 장치인 셈이다.

회사 생활을 하며 어느 정도 책임 있는 자리에 오르게 된 이후, 나 역시 자연스럽게 나만의 독서경영을 조직 안에 실천해 보고자 부지런히 노력했던 기억이 새롭다. 업무와 관련된 책을 팀원들과 나누어 읽고 북세미나를 운영하며, 이들에게 종

자동 독서 습관

종 책을 선물로 건네기도 했다. 새로운 프로젝트를 시작할 때는 마치 논문을 준비하듯 온갖 문헌과 사례를 검토하고 책을 찾아 읽는 일이 일상화되었고, 이러한 준비 과정은 곧 더 나은 기획과 실행을 위한 튼튼한 토대가 되었다.

하지만 뜻대로 흘러가기만 한 것은 아니었다. 실무에 치인 팀원들에게 독서는 또 하나의 부담으로 자리하기도 했고, "지금 여유가 없는데, 굳이……"라는 말이 돌아오기도 했다. 책을 나누어 읽고 토론하는 자리가 처음에는 흥미롭다가도, 어느새 눈에 보이지 않는 '과제'처럼 변해버리는 순간도 있었다. 무엇보다 '읽는 행위'가 즉각적인 성과로 이어지지 않는 경우에는 나 스스로 새삼 독서의 효용과 필요성을 의심한 적도 있다.

문화체육관광부가 주관하는 '독서경영 우수 직장 인증제'를 통해 2014년 이후 지금까지 252곳에 이르는 기업과 기관이 인증을 받을 만큼 독서경영은 점차 우리 사회에 안착하고 있다. 실제로 현장을 찾아가 보면 기대 이상으로 독서 문화가 잘 내재화된 조직도 쉽게 발견할 수 있다. 그럼에도 불구하고 앞서 언급한 나의 경험은 지금 이 순간에도 많은 직장에서 여전히 반복되고 있는 결코 낯설지 않은 현실이기도 하다.

이러한 풍경은 과거 학창시절의 독서교육과 여러모로 닮아 있다. 우선 개인의 독서 목표나 동기가 분명히 자리 잡지 않은 상태에서 이루어지는 '독서 강요'는 필연적으로 부작용을 낳기 마련이다. 또 하나 주목할 점은 독서 실적을 증명하기 위해 자칫 '보여주기식'의 형식적인 활동이 반복되면서, 독서가 그저 부담스러운 과제로 인식될 수 있다는 점이다. 읽는 행위가 일정 기준을 채우기 위한 숙제처럼 여겨지는 순간, 독서는 본래의 목적과 의미를 잃게 되고 오히려 책과 점점 멀어지는 결과를 초래할 수 있다. 무엇보다 독서가 업무 실적을 위한 역량 개발의 수단으로 국한된다는 사실이 안타까울 뿐이다. 학창시절의 독서가 학업 성취와 진학의 도구로 인식되며 온전한 습관으로 자리 잡지 못했던 한계가 성인이 된 이후에도 여전히 반복되고 있는 것이다.

이러한 현실을 극복하기 위한 방편으로 고안해 낸 것이 바로 '자기독서경영Self-Directed Reading Management'이다. 이는 앞에서 소개한 '독서경영'과 '자기경영'의 통합적 확장 개념이다. 우리에게 이미 익숙한 '자기경영'은 말 그대로 개인이 스스로를 CEO처럼 경영하는 능력이다. 자신의 목표와 가치관을 기준으로 삶을 새롭게 설계하고, 성찰과 학습을 반복하는 지속 가능한 자기 성장의 핵심 역량이다. 여기서 가장 중요한 것은 '자기주도성'일 것이다.

또한 '자기독서경영'은 회사 생활에만 국한되지 않는다. 자신의 역량과 목표에 기반해 무엇을, 왜, 어떻게 읽을지 스스로 설계하고 실행하며, 그 결과를 삶의 변화로 연결하는 실천 방식이다. 궁극적으로는 온전한 독서 습관의 정착을 지향한다. 결국 자기경영이 그러하듯 독서 또한 외부의 강요나 지시에 의한 활동이 아니라 스스로 계획하고 운영하는 '경영'의 대상이 되어야 한다는 믿음에서 출발한 개념이다.

자동 독서 습관

당신이 책을 읽어야 하는 '열 가지' 이유

서울 국제 도서전을 비롯한 여러 출판계 행사에서 한동안 '독서 처방전' 이벤트가 유행한 적이 있다. 의사가 환자의 질병을 치료하기 위해 알맞은 약을 골라주듯 책 읽기가 막연한 사람에게 꼭 필요한 책을 골라주는 일은 제법 매력적으로 보인다. 그러나 치료보다 중요한 것이 평소의 건강 유지나 예방이라는 사실에 주목해 보면, 일회성 처방전이 얼마나 의미 있을지 회의감이 드는 것도 사실이다. 무엇보다 약 한 봉지로 질병의 근원을 치유한다는 게 가능한 일일까?

지금의 삶에 만족하는 사람은 새로운 것을 찾지 않을 가능성이 크다. 변화가 현재의 안정을 흔들 수 있다는 우려 때문에, 오히려 익숙한 상태를 유지하려는 성향이 강해진다. 그러나 인간이 변화를 꿈꾸는 이유는 단지 결핍을 채우기 위해서가 아니다. 더 나은 삶을 향해 나아가려는 내면의 동기, 즉 성장과 자기실현에 대한 본능적 욕구가 작동하기 때문이다.

심리학자 에이브러햄 매슬로우는 인간의 욕구가 피라미드 형태의 위계로 발달한다고 보았다. 생리적 욕구와 같은 기본적인 결핍이 충족된 이후에는 소속감과 자존감을 넘어서 자신의 잠재력을 실현하고자 하는 '자아실현 욕구'를 추구하게 된다는 것이다.[*] 이는 변화에 대한 갈망이 단순한 외부 자극 때문이 아니라, 내면 깊숙이 자리 잡은 성장의 본능이라는 것을 시사한다.

이와 비슷한 맥락에서 심리학자 에드워드 데시와 리처드

라이언은 '자기결정이론Self-Determination Theory'을 통해 인간의 동기를 자율성, 유능성, 관계성이라는 세 가지 심리적 기본욕구로 설명했다. 이 세 가지 욕구가 충족될 때 사람은 외적 보상 없이도 자발적으로 행동하고 변화하며 성장할 수 있다.** 즉 삶이 어느 정도 안정되고 기본적인 욕구가 충족된 상태에서 인간은 더 깊은 자율성과 의미를 찾아 스스로 변화를 선택하게 되는 것이다.

결국 우리는 현재에 만족하면서도 동시에 더 나은 나를 향한 가능성을 포기하지 않기 때문에 사람들은 누구나 변화를 추구할 수밖에 없다. 변화는 안정의 반대가 아니라, 안정 위에 세워지는 또 하나의 성장 방식이다.

우리는 이렇듯 본능적으로, 의도적으로 변화를 꿈꾸지만 중요한 것은 동기가 아니라 실행일 것이다. 삶의 변화를 위한 실행 전략은 자기경영 원리에 닿아 있다. 자기독서경영 차원으로 보면, 결국 독서는 당신의 삶을 변화시키는 가장 강력하고 유용한 수단이다.

그래서 당신이 변화를 위해 갖추어야 할 열 가지 덕목과 독서의 역할을 연결 지어 정리하면 다음과 같다. 이는 곧 자기독서경영의 핵심이자 우리가 책을 읽어야 하는 아주 확실하고 분명한 열 가지 이유이기도 하다.

• Wikipedia, '에이브러햄 매슬로우', https://ko.wikipedia.org/
•• Wikipedia, '자기결정성 이론(자기결정이론)', https://ko.wikipedia.org/

자동 독서 습관

1. 내 안의 거인을 깨우는 열쇠: 독서를 통한 '퍼스널 브랜드' 발견

소크라테스, 공자와 같은 인류의 사상가는 물론 오늘날의 인지 심리학자들이 공통적으로 강조하는 메타인지의 뿌리는 결국 '나에 대한 앎'이다. 삶의 변화는 자기 자신에 대한 정확한 이해에서 출발한다.

실제로 자신을 제대로 인지하고, 스스로의 모습을 다시 그려보고자 하는 사람들이 많아진 까닭인지 최근에는 메타인지와 관련된 심리학 책이나 자기 정체성과 관련된 에세이가 꾸준한 사랑을 받기도 한다.

그러나 이러한 책들 외에도, 다양한 독서 경험 자체가 자기 안의 고유한 강점과 가치를 발견하는 기회가 될 수 있다. 이는 곧 자신만의 이야기를 만들어 가는 출발점이 되기도 한다. 특히 사회적 역할과 자아가 긴밀히 연결된 회사 생활에서도 독서는 자기 이해와 표현을 동시에 실현할 수 있는 가장 효과적인 수단이기 때문이다.

이러한 과정을 통해 '내 안의 거인'을 깨우는 일은, 스스로의 강점을 인식하고 그것을 발전시켜 세상과 연결하는 일이다. 동시에 독서는 장기적인 성장과 방향 설정의 전략이 될 수 있다. 오늘 읽은 책이 내일의 판단을 바꾸고, 그 판단이 또 다른 행동을 이끌어 낸다. 그렇게 독서는 점차 '브랜드로서의 나'를 만들어 가는 조용하지만 가장 강력한 실천이 되어준다.

2. 마음의 갑옷을 만드는 일: 독서를 통한 '마음 근육' 단련

세상을 살며 다양한 사람들과 관계를 맺다 보면, 뜻하지 않게 마음에 상처를 입을 때가 있다. 때로는 일상에서 작은 실수 하나로 자책감에 시달리기도 하고, 누군가의 무심한 말 한마디가 오랫동안 마음에 남아 곱씹어지기도 한다. 그런 순간마다 우리는 혼잣말처럼 중얼거린다. '나는 왜 이렇게 쉽게 상처받는 걸까?' 아니, 좀 더 솔직하게 말하자면 '나는 왜 이렇게 약해진 걸까?'

몸은 시간이 지나면 자연스럽게 회복되지만, 마음은 다르다. 작은 생채기도 오래 방치하면 금세 곪아버리고 회복에 더 긴 시간이 걸린다. 그럴수록 필요한 건 단단한 마음의 근육이다. 여기서 '단단함'이란 감정을 억누르거나 무시하는 태도를 뜻하지 않는다. 아픔을 있는 그대로 받아들이되, 그 감정 속에서 스스로 다시 일어설 수 있는 회복탄력성을 의미한다.

그 힘은 하루아침에 만들어지지 않는다. 꾸준한 운동이 근육을 단련하듯, 마음도 반복적인 훈련을 통해 서서히 강해진다. 그리고 그 훈련의 장으로 가장 조용하지만 꾸준한 효과를 주는 곳이 바로 '책'이다. 독서는 타인의 경험과 고통을 비교적 안전한 거리에서 마주하게 하고, 그들이 어떻게 무너졌으며 또 어떻게 일어섰는지를 낱낱이 보여준다. 우리는 그들의 언어를 빌려 자신의 상처를 되짚고, 동시에 그 상처를 돌보는 방법을 배우게 된다.

독서는 곧 감정의 근육을 기르는 일이다. 읽는 행위 속에서 우리는 조금씩 단단해지고, 다시 한 걸음을 내디딜 수 있는 내면의 힘을 키워간다.

3. 삶의 나침반을 다시 꺼내야 할 시간: 독서를 통한 '삶의 우선순위' 재정의

하루가 순식간에 지나간다. 스마트폰 알람 소리로 시작된 하루가 다시 스마트폰 불빛과 함께 저문다. 해야 할 일은 늘 넘쳐나고, 정작 하고 싶은 일은 머릿속에서만 맴돌다 이내 사라진다. 그리고 불 꺼진 방 안에서 문득 이런 생각이 스쳐 지나간다.

"오늘 하루, 도대체 나는 무슨 일을 하면서 보낸 거지?"

만약 스스로에게 무의미하게 느껴지는 하루하루가 반복되고 있다면, 그 순간이야말로 삶의 나침반을 다시 꺼내 들어야 할 때다. 지금 내가 가고 있는 방향이 맞는지, 무엇을 더 소중히 여겨야 하는지를 점검해 볼 시점에 이른 것이다. 바로 이 순간 독서는 가장 확실한 삶의 안내자가 될 수 있다. 책은 타인의 선택과 성찰을 통해 다양한 삶의 방향을 보여주고, 수많은 시대를 거쳐 내려온 원칙과 지혜를 꺼내어 지금의 삶을 비추는 등불이 되어준다. 그렇게 책을 읽는 동안 우리는 또다시 스스로에게 질문을 던지게 되고, 그 질문의 답을 찾기 위한 사유와 실천이 차곡차곡 쌓여간다.

삶의 우선순위는 저절로 정리되지 않는다. 의식하지 않으면 우리는 '중요한 일'이 아닌 '급한 일'에 늘 끌려다니며, 진정한 삶의 중심을 놓치기 쉽다. 그러나 독서는 그 흐름을 멈추게 하고, 삶의 본질적인 질문과 마주하게 만든다. 나는 어떤 삶을 살고 싶은가? 지금 내 시간은 어디로 흐르고 있는가?

4. 닫힌 문을 여는 새로운 열쇠: 독서를 통한 '패러다임'의 전환

우리는 대부분 익숙하고 편안한 방식으로 세상을 바라보며 살아 간다. 늘 보던 뉴스, 반복되는 하루 루틴, 다들 비슷하게 말하고 행동하는 회사 생활 속에서 새로운 시선이나 낯선 질문은 종종 불편하고 피곤한 존재처럼 취급되기 쉽다. 그러나 진짜 변화는 언제나 그 익숙함의 틀 밖에서 시작된다. 고정된 관점이 깨지는 순간, 우리는 비로소 문제를 다르게 바라보고, 이전과는 전혀 다 른 해답을 상상할 수 있게 된다. 그리고 바로 그 '전환'의 시작점 에 독서가 있다.

어떤 책은 내 생각의 뿌리 깊은 가정을 흔들고, 오랫동안 당연하 게 여겨왔던 세계를 낯설게 만들기도 한다. 또한 사고의 방향을 바꾸고, 보는 눈을 달라지게 하며, 세상의 구조 자체가 다시 정 렬되는 듯한 깊은 사유의 순간을 선사하기도 한다. 이처럼 독서 는 기존의 익숙한 관점을 획기적으로 전환시킬 수 있는 가장 강 력한 장치이자, 자기 사고의 틀을 스스로 확장해 가는 조용한 실 천이다.

5. 새로운 정답을 찾아가는 여정: 독서를 통한
'지혜의 그물망' 형성

세상에는 누구나 쉽게 풀 수 있는 문제가 있는가 하면, 어느 방 향에서 바라보아도 복잡하게 얽혀 있는 문제도 있다. 갈수록 복 잡해지는 현실 속에서 우리는 종종 오랫동안 그런 줄 알았던 하 나의 해답이 더 이상 정답이 아니게 된 경우를 보기도 한다. 단편적인 지식의 축적만으로는 정답에 다가가기 어렵고, 특정 분야의 깊이만으로는 문제의 전체 구조를 이해할 수 없는 경우가 흔하다. 이럴 때 필요한 것은 다양한 관점과 지식의 조각들을 유기적으로 엮어내는 능력, 즉 '지혜의 그물망'을 갖추는 일이다.

독서는 이러한 지혜의 그물망을 구축하는 데 가장 강력한 도구다. 여러 분야에 걸쳐 다양한 책을 읽고, 그 안의 통찰을 서로 연결하며, 낯선 조합에서 새로운 해석을 도출해 내는 과정은 화학적으로 이루어지는 지적 통합의 여정이기도 하다. 이때 책은 더 이상 목적지를 정확하게 일러주는 내비게이션이 아니라, 그저 연결의 단서를 제공하는 '생각의 정거장' 같은 역할을 한다. 지혜란 어쩌면 이렇게 흩어진 지식의 점들이 유기적으로 연결되며 선이 되고 다시 망을 이루는 것인지도 모르겠다. 그래서 그 생김새가 늘 일정할 턱이 없다.

6. 마음과 마음을 잇는 다리: 독서를 통한 '타인'과의 연결

누군가의 이야기를 듣는다는 것은 그 사람의 삶을 잠시 살아보는 일이다. 이름도 얼굴도 모르는 타인의 기쁨과 슬픔, 희망과 고통에 귀 기울이는 일은 우리 마음속 닫혀 있던 창을 열고, 보이지 않던 세상의 빛을 들이게 한다. 하지만 바쁜 일상을 핑계로 우리는 종종 타인의 삶에 무관심해지고, 서로를 향한 공감의 끈도 점점 희미해진다. 이럴 때 독서는 서로 다른 존재들을 잇는 다리가 되어주기도 한다.

삶의 변화는 단지 내 안의 문제인 것으로 생각하기 쉽지만, 우리가 살고 있는 사회는 타인과의 관계 속에서 성장하는 구조로 자리 잡은 지 이미 오래다. 마음과 마음을 잇는 다리를 통해 타인과 제대로 연결하지 못하면 나의 변화 또한 요원한 일일 수밖에 없다.

책은 우리가 만나지 못한 사람들과 차분하게 이야기 나눌 수 있는 통로이며, 전혀 다른 시대와 환경 속에서 살아가는 이들의 삶에 잠시 시선을 머물 수 있게 해주는, 깊고 넓은 공감의 경험을 선사한다.

독서를 통해 타인과 연결된다는 것은 단지 이해의 폭을 넓히는 데 그치지 않는다. 그것은 내 안의 닫힌 방을 열고, 그 방에 다른 이를 초대하며, 때로는 그 방을 사람들의 온기로 채우는 과정이다. 이러한 온기가 때로는 나의 변화를 이끄는 강력한 위안이 될 수 있다,

7. 미래를 꿰뚫는 힘: 독서를 통한 '미래 예측 능력' 향상

세상은 점점 더 빠르게 움직이고 있다. 기술은 눈부시게 진화하고, 경제와 사회의 구조는 우리가 예측하기 어려울 정도로 급변하고 있다. 이런 시대에 필요한 것은 현재에만 집중하는 눈이 아니라, 다가올 변화를 읽고 앞서 준비할 수 있는 지혜다. 독서는 바로 이 선견지명, 곧 '미래 예측 능력'을 기르는 데 가장 현실적이면서도 효율적인 수단이다. 단순히 예측의 정확도를 높이는 것이 아니라 예측한 내용을 바탕으로 전략을 세우고, 미래를 능동적으로 설계할 수 있게 돕는 힘이 바로 독서에 있다.

여기서 중요한 것은 단순한 정보 수집에 그치지 않고, 변화의 흐름을 읽는 감각을 기르며 예측한 내용을 바탕으로 삶과 일의 방향을 구체화하는 것이다. 변화는 준비된 자에게 기회로 다가온다는 것을 기억하자.

8. 흔들리며 피어나는 성장의 꽃: 독서를 통한 '실패의 지혜' 습득

삶의 어느 지점에서든 실패는 반드시 우리를 찾아온다. 예기치 못한 결과, 예상과 다른 현실, 반복되는 좌절은 누구에게나 고통이자 부담이 된다. 그러나 그 실패를 어떻게 받아들이고 해석하느냐에 따라 그것은 성장의 디딤돌이 될 수도 있고, 오랫동안 발목을 잡는 어두운 그림자가 될 수도 있다. 바로 이 지점에서 독서는 실패를 단순한 패배가 아닌 학습의 자산으로 전환하는 계기가 되기도 한다. 특히 독서를 통해 타인의 실패 서사를 간접 경험하고, 실패의 원인과 그 이후의 회복 과정을 성찰하는 능력을 키움으로써 우리는 더욱 단단해질 수 있다.

결국 실패로부터 배우는 지혜란 단순히 실패를 합리화하는 것이 아니다. 그것은 실패를 기록하고, 분석하고, 다시 새로운 실험을 설계하며, 언제든 무너질 수 있는 불확실성 속에서도 다시 시작할 수 있는 사고력과 실행력을 기르는 과정이다. 그리고 이 모든 과정은 책과 함께할 때 더 견고해진다. 실패의 언저리에서 다시 일어나고자 하는 사람에게 가장 먼저 필요한 것은 그 순간에도 읽을 수 있는 내면의 질문과 배움의 의지다. 독서는 그 질문의 시작이자 다시 일어서는 지점에서 언제나 기다리고 있는 가장 믿음직한 동반자다.

9. 내면의 불꽃을 지피는 힘: 독서를 통한 '자기 동기 부여' 시스템 구축

어떤 사람들은 삶의 격랑 속에서도 쉽게 꺾이지 않는다. 어깨를 짓누르는 현실의 무게에도 불구하고, 자신의 리듬을 잃지 않은 채 조용히 앞으로 나아간다. 그들을 바라보고 있노라면 그 굳센 발걸음의 동력이 어디에서 비롯되는지 문득 궁금해진다. 많은 경우 그 힘은 외부에서 주어지는 명령이나 보상이 아니라, 자기 내면에서 스스로 피워 올린 조용한 열망에서 비롯된다. 이는 마치 바람이 거세질수록 더 뜨겁게 타오르는 불꽃과도 같다.

삶의 중요한 국면에서 자신을 이끌어 줄 책과 만나는 건 인생의 위대한 스승을 만나는 것만큼 어려운 일일 수도 있다. 그러나 그것이 회고록이든, 의미 있는 소설이든, 철학적 사유를 담은 인문서든 끊임없이 '왜'라는 질문을 던지며 '자기 동기 부여 시스템'을 구축하는 일을 거듭하다 보면 반드시 일어날 수밖에 없는 현실 가능한 일이기도 하다. 독서를 통해 내면의 불꽃을 환하게 밝혀 둔다면 어둠 속에서 나를 기다리는 '인생 책'과 마주하는 날이 찾아오기 마련이다.

10. 삶의 조화로운 선율을 찾는 일: 독서를 통한 '삶의 균형' 찾기

가끔은 삶이 하나의 악보처럼 느껴질 때가 있다. 반듯하게 그어진 오선지 위에 매일 반복되는 일정과 끊임없이 쏟아지는 과제들을 빼곡히 그려 넣으며 우리는 음정과 박자를 맞추기 위해 애쓴다. 그러나 어느 한순간 예상치 못한 균열이 찾아오기도 한다. 너무 빠른 템포나 지나치게 치우친 화음, 혹은 조율되지 않은 악기에서 나는 소음들처럼. 아무리 훌륭한 연주자라 해도 악보가 온전치 않거나 악기가 미리 조율되어 있지 않다면, 결코 아름다운 선율을 만들어 낼 수 없다.

독서는 외적 성공과 내적 성장 사이를 이어주는 매개체 역할을 해주기도 한다. 독서를 통해 우리는 잠시 멈추어 서서 삶을 돌아보고, 흩어진 생각과 감정을 다시 모을 수 있다. 독서는 우리가 잃어버린 시간을 되찾고, 잊고 있던 자신을 다시 마주하게 한다. 독서하는 시간은 겉으로 보기에 고요하지만, 그 안에서는 삶의 음정이 미세하게 조율되며 균형을 회복하는 매우 유의미한 움직임이 일어난다.

삶의 균형은 우연히 찾아오는 것이 아니다. 그것은 날마다 우리 스스로의 선택과 노력을 통해 서서히 이루어진다. 한 권의 책을 펼치는 그 작은 움직임의 시간이 어쩌면 우리 인생 전체를 다시 조율하는 결정적 순간이 될 수도 있다.

'스스로 움직이는 힘'이 독서 습관을 만든다

변화에 대한 동기도 실행 방법도 모두 막연했던 당신에게 책과 독서가 제법 선명한 대안으로 다가왔다면, 다음 차례는 바로 '어떻게'일 것이다.

자기독서경영이라는 거창한 개념보다 사실 이 책의 표지에서 당신의 눈길을 사로잡은 키워드는 단연 '자동'일 확률이 높다. 변화의 욕구가 '본능'에 가까운 것이라면, '습관'과 '자동'이라는 개념 역시 같은 맥락에서 살펴볼 수 있다.

습관習慣의 '習'은 새가 날갯짓하는 모습[羽]에서 따온 글자로 반복해서 연습하고 익히는 것을, '慣'은 자주 반복되어 익숙해진 상태 혹은 몸에 배어 자연스럽게 된 상태를 뜻한다. 어린 새의 날갯짓은 반복을 통해 숙련되지만, 사실 그것은 날짐승의 본능이자 숙명이기도 하다. 자동自動은 말 그대로 '스스로 움직인다'는 뜻이다. 에너지 없는 움직임은 결코 이 세상에 존재하지 않는다. 심지어 위에서 아래로 떨어지는 작은 물방울조차 처음의 위치가 곧 힘의 원천이다.

· 하루 15분의 투자만으로 독서가 온전히 습관이 될 수 있는 길이 있다면?

· 큰돈을 투자하지 않고도 쉽게 책을 골라 읽을 수 있는 비결이 있다면?

· 다양한 책을 더 빨리, 더 많이 혹은 효율적으로 골라 읽거나, 훑어볼 수 있는 비법이 있다면?

· 도서관이나 서점을 찾지 않아도 내가 있는 곳이 곧 독서실이 되는 방법이 있다면?

자동 독서 습관

- 더 이상 무슨 책을 읽어야 할지 고민하지 않아도 독서 목록이 복리이자처럼 불어나게 된다면?
- 궁극적으로 독서가 온전한 습관이 되어 당신의 삶을 변화시킨다면?

당신이 책을 읽어야 하는 열 가지 이유는 삶의 변화를 위한 중요한 전제 조건이라고 했다. 하지만 동기가 분명해졌다고 해서 독서가 저절로 습관이 되는 것은 아니다. 지금 이 순간 정말로 필요한 건, 더 높고 넓은 하늘로 날아오르기 위해 당신의 작은 날개를 움직이게 하는 실천의 힘이다.

'자동 독서 습관'은 결국 변화를 꿈꾸는 당신의 본능이자 숙명이다. 이 책 『자동 독서 습관』은 자기독서경영을 누구나 일상 속에서 쉽게 실천할 수 있도록 구체화한 것이다. 체계적인 시스템을 통해 독서를 '자동화'하고, 궁극적으로 온전한 습관으로 정착시킬 수 있는 전략들을 담고 있다.

이제 더 이상 의심하거나 머뭇거릴 필요가 없다. 이 책과 함께하는 몇 시간 동안의 경험과 고민들은 단지 일회성 처방이 아니라 분명 당신의 '자동 독서 습관'을 더욱 단단하게 지탱해 주는 자양분이 될 것이다.

1장

실행 가능한
독서 목표 정하기

자기독서경영 1단계

계획

①
독서의 방향을
찾아가는 첫걸음

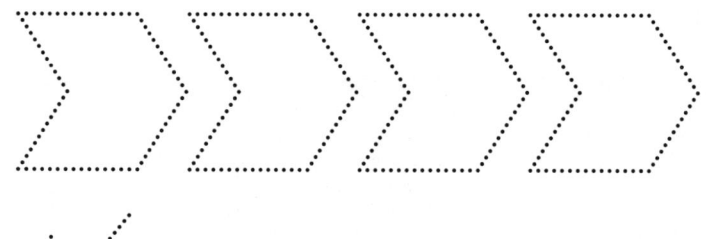

목표 있는 독서가
삶을 변화시키는 이유

"바쁜데 굳이 독서 목표까지 세워야 하나요?"

강의 화면에 '독서 목표 설정'이라는 글자가 나타나는 순간, 수강생들의 표정에 그대로 드러나는 의문이다. 하지만 독서를 단순한 여가 활동이 아니라 실질적인 성장과 변화를 위한 수단으로 활용하고자 한다면, 독서 목표 설정은 반드시 짚고 넘어가야 할 출발점이다.

미국의 유명한 저술가이자 자기 계발 코치인 지그 지글러는 "목표가 없는 사람은 방향키 없는 배와 같다. 그들은 배를 조정하는 게 아니라 조류에 따라 흘러갈 뿐이다"라고 했다.•

독서 목표 수립은 단지 '1년에 10권 읽기'와 같은 양적 선언에만 국한되는 것이 아니다. 그것은 지금의 나에게 어떤 정보와 역량이 필요한지를 점검하고, 이를 채우기 위한 방향을

• 지그 지글러, 『정상에서 만납시다』, 이은정 번역, 판라이트, 2022.

설정하는 일이다. 마치 항해사가 나침반과 지도를 들고 정확한 목적지를 향해 나아가듯, 독서 목표는 방대한 정보의 바다에서 길을 잃지 않도록 돕는 나침반이자 등대가 되어준다. 반면, 목표 없이 책을 읽는 것은 당장의 위로나 흥미는 줄 수 있지만, 실질적인 문제 해결력이나 직무 역량 강화로 이어지기는 어렵다.

실제로 목표가 있는 독서는 책을 고르는 순간부터 달라진다. 앞에서 제시한 '당신이 책을 읽어야 하는 열 가지 이유' 중에서도 특히 〈1. 내 안의 거인을 깨우는 열쇠: 독서를 통한 '퍼스널 브랜드' 발견〉과 같은 자기 인식은 어떤 책을 읽을지, 어떻게 읽을지를 결정짓는 기준이 된다. 이 과정은 시간이 지난 뒤에도 책 내용을 단순히 기억하는 수준을 넘어 머릿속에 지식을 정착시키고, 자신의 삶에 적용할 수 있는 실질적 도구로 만드는 데 크게 기여할 수 있다. 변화의 수단으로서 독서를 선택한 당신이라면 변화의 동기와 목표 그대로를 독서 목표로 설정할 수도 있다.

이러한 목표 설정은 독서에 몰입도와 지속성을 더한다. 만약 삶 전체를 두고 큰 목표를 설정하는 것이 버겁다면 자신의 직무와 연결하여 '이달에 마케팅 입문서 3권 찾아 읽기', '마음 치유 에세이 하루 한 편 읽기'처럼 구체적이고 실행 가능한 목표를 설정하는 것도 추천한다. 직장인이라면 독서의 직접적인 목표를 일상에서 비중이 큰 회사 업무나 자신의 직무와 연결하여 설정하는 것도 의미가 있다. 이는 다음 전략에서 더욱 구체적으로 살펴보도록 한다.

자동 독서 습관

목표가 있는 독서는 완독 동기를 부여하며, 독서 과정에서 성취감까지 안겨준다. 이는 자동 독서 습관의 출발점이자, 장기적으로는 자기 효능감과 자존감을 높이는 데도 큰 역할을 한다. 실제로 한 연구에 따르면, 독서 목표를 구체적으로 계획한 사람은 단순히 목표만 설정한 사람보다 독서 목표를 더 효과적으로 성취하였으며, 특히 평소 독서를 선호하지 않는 사람들에게서 이러한 효과가 두드러졌다.[*]

물론 계획 없이 닥치는 대로 책을 읽는 것도 독서의 한 방법이라고 할 수 있다. 일정 수준의 독서력을 갖춘 사람이라면 사실 특별한 목표가 없어도 독서를 통해 일반적으로 기대할 수 있는 여러 효과를 거둘 수도 있다. 그러나 본격적인 독서를 처음 시작하거나 독서가 어려운 사람일수록 목표 설정의 과정은 꼭 필요하다. 방향성 없는 독서는 그만큼 포기도 쉽기 때문이다. 책장에 꽂힌 채 몇 페이지 읽히고 말거나, 흥미는 있었지만 삶에 어떤 영향도 남기지 못한 채 잊혀지는 경우가 많다.

결국 독서 목표 설정은 '왜 이 책을 읽는가'란 질문에 스스로 답을 찾는 과정이다. 이 질문에 대한 답이 명확해질수록 독서는 단순한 여가 활동이나 지적 소모가 아닌 삶을 풍요롭게 만드는 전략적 루틴이 된다. 바쁜 직장인일수록 독서에 시간을

• 김이영. (2020). 독서목표 실행의도가 독서목표 성취에 미치는 효과: 평소 독서 선호도와의 상호작용. 사회과학연구, 31(1), 191-206.
https://www.dbpia.co.kr/journal/articleDetail?nodeId=NODE09298692

쓰는 것이 아니라, 독서로 시간을 '설계'하는 것이 필요하다.
그 시작점이 바로 '목표 있는 독서'다.

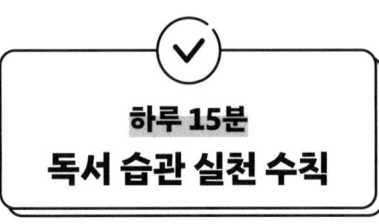

하루 15분
독서 습관 실천 수칙

▶ 프롤로그의 '당신이 책을 읽어야 하는 열 가지 이유'를 참고해서
우선 당신이 책을 읽는 이유에 대한 답을 마련해 보세요. 독서 활동
자체에 아주 중요한 동기부여가 될 겁니다.

▶ 처음이라 삶의 변화에 대한 목표 설정이 어렵다면, 프롤로그에서
제시한 열 가지 이유를 자신의 주관에 따라 우선순위를 매겨보는 것
도 도움이 될 겁니다.

자동 독서 습관

직장인을 위한
'업무 맞춤형' 독서 가이드

'내 업무에 도움이 되는 책은 어떻게 골라야 할까?', '읽은 책 내용이 실제 업무에 어떻게 적용될 수 있을까?', '팀의 목표 달성에 독서가 어떤 역할을 할 수 있을까?'

바쁜 일상 속에서 책을 읽는 데 시간을 투자하려면, 그 결과가 가시적인 성과로 이어져야 한다고 생각하는 사람도 있을 것이다. 그런 경우의 독서는 일의 흐름과 연결된 '전략적 수단'이 되어야 한다. 특히 업무 목표와 직무 역량을 고려해 독서 목표를 수립하면 개인의 학습이 팀의 성과로 이어지고, 결국 조직의 성장을 견인하는 선순환을 만들 수 있다.

이를 위해 가장 먼저 해야 할 일은 자신의 현재 업무를 면밀히 분석하는 것이다. 내가 속한 팀이나 조직이 향하고 있는 방향은 무엇인가? 그 목표를 달성하기 위해 내가 맡은 역할은 어떤 것이며, 그 역할을 제대로 수행하기 위해 어떤 역량이 필요한가? 이를 파악하기 위해 직무 설명서를 다시 들여다보거나, 최근 업무 평가나 상사, 주변 동료의 피드백을 검토하는 것도 좋은 출발점이다.

업무와 목표와 연계한 책을 고를 때는 몇 가지 기준을 적용하면 도움이 된다.

1. 직무 관련 이론서를 선택하되, 트렌드도 함께 반영해야 한다.

예 마케팅 담당자라면 이론서와 더불어 매년 출간되는 '마케팅 트렌드'와 같은 최신 흐름을 담은 책을 병행하는 것이 좋다.

2. 오랜 시간 동안 고전으로 자리 잡은 책 중에서 본질을 짚는 책을 우선 고려해야 한다.

예 해당 분야의 고전으로 통하는 책들은 시간이 지나도 변하지 않는 전략적 사고를 제공하는 경우가 많다.

3. 멘토나 동료의 추천을 적극 활용하는 것도 좋다.

예 나보다 해당 분야의 업무 경험이 많은 선배 등 실무자 중심의 큐레이션은 언제나 현실적이다.

이러한 독서의 궁극적인 목적은 읽은 내용을 실제 업무에 적용하는 데 있다. 단순히 책장을 넘기는 것에 그치지 않고, 메모와 요약을 통해 핵심 개념을 정리하고, '이걸 내 일에 어떻게 활용할 수 있을까?'라는 질문을 계속 던져야 한다.

특히 특정 업무나 프로젝트를 앞두고 필요한 정보를 책에서 즉시 얻는 적시학습 방식은 매우 효과적이다. 적시학습은 일이 필요할 때 바로바로 배우는 방법이다. 뭔가 새로운 일을 하거나 문제가 생겼을 때, 그 상황에 딱 맞는 정보를 찾아 바로 익히고 활용하는 게 핵심이다. 이를 위해 도서관이나 회사 자료실에서 여러 권의 책을 쌓아두고 필요한 부분을 빠르게 찾아 읽는 것도 가능하다. 한 번 책을 골랐다고 해서 무조건 처음부터 끝까지 다 읽을 필요는 없다. 이렇게 배운 건 바로 일에 써먹을 수 있어서 실용적이고 효과적이다. 필요한 순간에 맞춤형으로 배우니 시간과 에너지를 아낄 수 있다.

동일한 업무 목표를 공유하고 있는 팀 단위로 독서를 실천하면 개인의 학습을 조직 차원의 혁신으로 자연스럽게 확장할 수도 있다.

결국 독서는 '무엇을 읽을까'보다 '왜 읽는가'에 따라 성과가 달라진다. 지금 당신이 맡고 있는 업무에서 부족한 점은 무엇인가? 우리 팀이 향하고 있는 방향은 어디인가? 이 질문들에 답을 찾고 그 답을 바탕으로 책 한 권을 읽는다면, 독서는 커리어 성장의 강력한 도구로 기능하게 될 것이다.

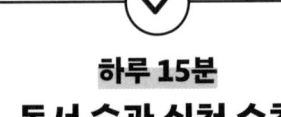

하루 15분
독서 습관 실천 수칙

➤ 서점이나 도서 구독 플랫폼에서 자신의 업무와 관련된 키워드로 책을 직접 고르는 연습을 해보세요. 예를 들어, 요즘 보고서를 올릴 때마다 상사로부터 이런저런 지적을 받아 업무 스트레스가 높아지는 상황이라면 '보고서 작성 비법'이나 '일잘러의 보고서'와 같은 검색어가 좋겠지요.

유튜브나 AI를 통해 필요한 정보를 얻기에 앞서, 우선 '어떤 책이 있을까?' 하며 적합한 책을 직접 고르는 습관을 기르는 것이 중요합니다. 물론 책과 다른 콘텐츠를 비교해 보는 것도 좋습니다. 책을 사거나 읽는 것은 별도의 문제입니다. 나의 이슈와 책의 연결이 중요합니다.

➤ 자신의 업무와 책을 연결 짓는 과정이 익숙해졌다면, 다음 프로세스에 따라 실제로 자신에게 필요한 책 한두 권을 대상으로 실무 적용 계획까지 수립해 보세요. 남에게 보여주기 위한 과제가 아니기 때문에 굳이 보고서 형식을 갖출 필요는 없습니다. 머릿속에서 과정을 밟는 것만으로도 충분합니다.

개인의 경우 2~4단계의 활동만으로도 충분하지만, 팀장급 이상의 리더라면 1~5단계 활동을 모두 고려해 보세요.

〈업무 목표 기반 독서 계획 수립 프로세스〉

단계	질문	실행 방법	예시
1. 팀 목표 파악	우리 팀이 달성하려는 핵심 목표는 무엇인가?	팀 OKR, 프로젝트 방향성 확인	디지털 전환, 고객 경험 개선
2. 직무 분석	내 역할과 그에 필요한 역량은 무엇인가?	직무 기술서, 피드백 검토	데이터 해석, 기획력, 설득력
3. 책 선정 기준 설정	어떤 책이 가장 실질적인 도움을 줄 수 있는가?	트렌드, 기본 개념, 추천 도서 큐레이션	『마케팅 불변의 법칙』, 『린 스타트업』
4. 실무 적용 계획 수립	읽은 내용을 어떻게 내 업무에 활용할 수 있을까?	적시 학습, 메모 정리, 업무 문서 반영	보고서 개선, 회의 제안, 캠페인 전략
5. 팀 차원의 공유 및 확산	학습 내용을 팀에 어떻게 확산시킬 것인가?	독서 발표, 회의 공유, 프로젝트 제안	커뮤니케이션 앱이나 업무 툴 활용, 브레인스토밍 주제화

삶을 바꾸는
자기 계발 독서의 힘

직장인이라면 세부적인 업무 스킬을 계발하는 것도 중요하지만, 많은 사람들은 더 근본적인 변화나 성장을 꿈꾸기도 한다. '내 삶을 변화시킬 수 있는 책은 없을까?', '책을 통해 진정한 리더로 성장할 수 있는 방법은 없을까?', '스트레스를 줄이고 마음의 평화를 얻기 위해 어떤 독서가 필요할까?'와 같은 질문들은 단순히 '일 잘하는 사람'이 아니라 '잘 살아가는 사람'으로 나아가고자 하는 욕구에서 비롯된다.

삶의 질을 높이고 내면의 자질을 다듬기 위한 독서를 실천하려면, 먼저 자신에 대한 성찰이 필요하다. 어떤 상황에서 어려움을 느끼는지, 어떤 역량이 부족한지, 그리고 어떤 방향으로 성장하고 싶은지를 구체적으로 점검해야 한다.

예를 들어 사람들 앞에서 자신 있게 말하지 못하는 사람이라면 소통 능력을, 갈등 상황에서 결정을 내리는 데 어려움을 겪었다면 리더십 역량을 키우는 것을 독서 목표로 삼을 수 있다.

나 역시 이전에 비슷한 상황을 겪은 적이 있다. 맡은 일은 늘 성실하게 잘하지만, 회사가 그동안 추진해 온 사업 방식에서 크게 벗어나지 않는 선에서만 '안정적'으로 일하는 후배에게 창의력 관련 도서를 읽어보라고 권한 일이 있었다. 그러자 그는 다소 당황한 표정으로 "창의력 책은 아이들이나 보는 거 아닌가요?"라고 되물었다. 나는 혹시 아이 방 책장에 '창의력'이라는 단어가 들어간 책이 있다면, 그거라도 한번 훑어보라고 재차 권했다.

그런데 다음 날 아침, 그는 뜻밖의 반응을 보였다. 어른들이 읽는 창의력 책이 이렇게 많은 줄 몰랐다면서, 자신이 읽을 '어른용 책'과 '아이가 읽을 책'을 함께 인터넷 서점에 주문해 놓았다고 말하는 것이다. 지나고 나서 생각해 보니, '창의력 책을 읽어보라'는 내 조언이 자칫 그의 부족한 점을 지적하는 비판처럼 들렸을 수도 있었다. 하지만 그는 그런 말조차 자신의 성장을 위한 조언으로 받아들이고, 나아가 자녀 교육으로까지 연결해 실천할 만큼 열린 사고를 가진 사람이었다.

다양한 분야의 책을 읽으며 사고의 폭을 넓힌 독자들은 비단 직접적인 자기 계발 도서가 아니더라도 자연스럽게 문제 해결 능력과 창의성을 키울 수 있다. 회의 때마다 갈등 조율에 뛰어난 능력을 보여주던 한 동료는 나중에 알고 보니 역사서 마니아였다. 고사를 줄줄이 꿰고 있을 뿐만 아니라, 특히 『삼국지』는 수많은 등장인물을 줄줄 외울 정도로 여러 번 읽었다고 했다. 그가 품격 있는 언어를 구사하며 업무 외적인 능력을 보이는 데에는 분명한 비결이 있었던 것이다. 문학, 인문학, 심리학 도서는 개인의 내면을 성장시키는 데 효과적이며, 특히 타인의 감정을 이해하고 나 자신의 행동을 돌아보는 데 도움을 준다.

책의 종류와 상관없이 독서 활동 자체가 정신 건강이나 정서적 회복력 증진에 큰 도움을 주기도 한다. 영국 서식스 대학의 연구에 따르면, 하루 6분 독서만으로도 스트레스가 약 70% 가까이 줄어든다고 한다.[*] 특히 감성을 자극하는 에세이나 명상 관련 책, 자연이나 일상을 다룬 소설 등은 긴장을 완화하고 마음의 평온을 되찾게 한다.

예전에 근무하던 회사에서, 다른 팀과 업무적 갈등이 많을 수밖에 없던 사업총괄 부서장의 카카오톡 프로필 사진이 어느 날 갑자기 『미움받을 용기』의 책 표지로 바뀐 적이 있다. 사람들은 대부분 다른 부서의 미움을 받더라도 자기 길을 가겠다는 조금은 오만한 선언으로 받아들였다. 그러나 나는 '스스로 자존감을 높이며 자기 일에 대한 동기부여를 위해 노력하는 모습'이 아주 긍정적으로 보였다.

이처럼 자기 계발을 위한 독서 목표 수립은 단순한 취미를 넘어, 삶의 질을 높이고 자존감을 키우는 데 중요한 역할을 한

---

* Lewis, D. (2009). Galaxy Stress Research. Mindlab International, University of Sussex.
   https://blogs.ncl.ac.uk/medlit/2023/01/19/reading-reduces-stress-fact/?utm_source=chatgpt.com

다. 일상에 치여 자신을 잃었다고 느끼는 순간, '나는 어떤 사람이 되고 싶은가?', '무엇을 더 잘하고 싶은가?'라는 질문을 던지며 자신만의 독서 목표를 설정해 본다면 인생 전환의 중요한 계기를 마련할 수도 있다.

업종에 상관없이 입사 면접관 자리에 앉을 때면 내가 공통적으로 묻는 질문이 두 가지 있다. 첫 번째는 '장래 희망이 무엇이냐'는 질문인데, 특히 경력직의 경우에는 '애도 아니고, 다 큰 어른한테 장래희망이라니?' 하는 생뚱맞은 표정으로 대답을 머뭇거리는 사람이 대부분이다. 말 그대로 가깝고 먼 미래에 나는 어떤 사람이 되고 싶은가를 묻는 것인데, 자기 계발이나 역량 강화에 대한 분명한 계획이 있는 사람이라면 대답을 주저할 이유가 없다.

두 번째는 '지금 읽고 있는 책이 무엇이냐'는 질문이다. 눈치가 빠른 사람들은 금세 질문의 취지를 이해하고 자신의 지원 분야와 엮어 전략적인 답변을 술술 풀어내기도 한다. 물론 정답은 없다. 다만 독서 활동으로 자기 성장을 위해 노력한 사실을 확인할 수만 있다면, 면접관으로서 그 사람에게 가점을 주어도 좋지 않을까 하는 소신을 가지고 있을 뿐이다.

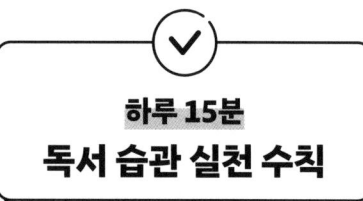

**하루 15분
독서 습관 실천 수칙**

▶ 다음의 예시를 참고하여 자기 진단과 성찰을 통한 독서 목표를 수립해 보세요. 최근에 자신이 경험했던 일이나, 자주 드는 생각, 고민들을 바탕으로 키워드를 뽑고 직접 책을 찾아보세요.

검색을 통해 드러나는 많은 책 중에서, 어떤 책을 선택해야 할지 아직은 어려울 수 있습니다. 좋은 책을 고르는 방법에 대해서는 계속 다룰 예정이기 때문에 지금은 그저 가벼운 마음으로 자신을 돌아보며 해당 이슈와 연결된 책들을 살펴보는 것만으로도 충분합니다.

▶ 성장과 변화를 위한 독서 목표 수립(예시)

[1단계] 나의 현재 상태 점검: 진단과 성찰

· 자신감 부족 → 커뮤니케이션, 자기 이해, 프레젠테이션 스킬

   예 회의에서 의견 내기가 어려움 → 소통과 자신감 키우기

· 감정 기복, 스트레스 심함 → 감정 회복, 정서 관리, 회복탄력성

   예 야근 후 부정적인 감정 지속 → 스트레스 완화 필요

· 창의력, 사고력 부족 → 인문학, 철학, 예술, 비판적 사고

   예 기획 회의에서 아이디어가 떠오르지 않음 → 발상 전환 필요

・ 리더십, 조직 내 영향력 약함 → 리더십, 조직심리학, 협상력

　예 팀원 설득이 어려움 → 영향력과 리더십 강화

[2단계] 어떤 성장을 원하는가?: 목표 수립

・ 공감 능력 → 문학(소설), 에세이(칼럼집), 감성지능(EQ) 관련
도서

　예 동료와 갈등 줄이기 →『앵무새 죽이기』로 공감 연습

・ 자기 통제력 → 심리학, 명상 관련 도서, 자기 계발(습관 형성)

　예 감정 기복 줄이기 →『자존감 수업』으로 긍정 사고 연습

・ 창의적 사고력 → 과학·예술 융합 도서, 인문학(철학), 디자인
사고

　예 새로운 아이디어 제안 →『생각의 탄생』으로 발상 훈련

・ 결정력, 문제 해결력 → 역사(사례 분석), 전략서, 논리적 사고
훈련서

　예 빠른 의사 결정 →『전쟁의 기술』로 패턴 학습

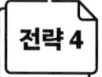

전략 4

나만의 커리큘럼,
'장단기 독서 목표' 세우기

직장인은 분초를 다투며 하루에도 수십 가지 일과 싸운다. 급하게 마무리해야 할 보고서, 기획을 위한 아이디어 회의, 뫼비우스 띠처럼 무한이 반복되는 피드백, 그리고 잠깐 한눈파는 사이 놓치기 십상인 트렌드까지. 이런 일상에서 독서는 한가로운 사치나 고상한 취미생활쯤으로 여겨지기 쉽다. 아무리 독서의 중요성을 절감해도 당장 눈앞에 닥친 일들을 처리하느라 당장 최소한의 시간 확보조차 쉬운 일이 아니다. 그럼에도 불구하고 독서는 자신을 발전시킬 수 있는 가장 실용적이고도 지속 가능한 자기 성장 도구임에 틀림없다.

스스로 독서의 필요성을 발견하고 기본적인 틀을 잡은 뒤에는, 흩어져 있는 목표들을 구조화하여 장기 목표와 단기 목표를 구분해야 한다. 그리고 우선순위를 조정하는 과정도 꼭 필요하다. 동시에 자신의 커리어와 일상에 맞는 독서 전략을 설계하는 것도 중요하다.

앞에서 언급한 적시학습의 예처럼 단기 계획은 상대적으로 쉬울 수 있지만, 신입사원이 첫 월급을 타고 결혼이나 내 집 마련을 위한 장기 저축을 시작하듯, 자신의 지적 자산을 축적하기 위한 장기 목표 수립은 생각보다 어려운 일이다.

우선 장기적인 계획을 세우기 어렵게 만드는 가장 큰 이유는 '미래 예측의 불확실성'이다. 몇 년 후 자신의 관심사, 직무, 산업 환경, 사회적 요구가 어떻게 변할지 정확히 알 수 없기 때문에, 현재 세운 계획이 이후에도 유효할 것이라는 보장이 없다. 여기에 장기적인 동기 부여 역시 도전 과제가 된다. 계획을 실행하는 도중 인생의 우발적 사건들이 개입하면 지속적인 실행이 쉽지 않다. 또한 세상에는 읽어야 할 책이 너무 많고, 어떤 책을 어떤 순서로 읽어야 할지 판단하는 과정에서 부담감을 느끼거나 '선택 피로'에 빠질 수도 있다.

이러한 현실적 한계를 고려했을 때, 장기 독서 계획은 다음과 같은 전략적 원칙 위에 설계되어야 한다.

1. 유연한 구조로 설계해야 한다.

일정과 목표는 상황 변화나 관심사 이동에 따라 계획을 수정할 수 있는 여지를 남겨두어야 한다. 특히 장기 계획에서는 유행을 좇기보다는 해당 분야나 주제의 고전이나 스테디셀러 위주로 목록을 구성하는 것이 좋다.

2. 작게 시작하고 점진적으로 확장해야 한다.

처음부터 대규모 계획이나 지나치게 높은 목표를 설정하면 실행 전에 지치거나, 작은 실패에도 쉽게 포기하게 된다. 현실 가능한 수준에서 시작해 점진적으로 범위를 넓히는 전략이 효과적이다.

3. '양'보다 '질'에 초점을 맞춰야 한다.

책을 몇 권 읽었는가보다는 무엇을 어떻게 읽고, 그것이 나에게 어떤 의미였는지가 더 중요하다. 단순한 독서량보다 깊이 있는 이해와 사유, 실천적 적용으로 이어지는 독서를 지향해야 한다.

4. 현재의 필요와 장기 목표를 균형 있게 조화시켜야 한다.

장기 목표에만 집중하다 보면 현재 필요한 실무적 독서나 휴식 차원의 독서를 간과하게 된다. 독서는 공부인 동시에 '쉼'의 수단 이라는 점을 잊지 말고, 다양한 독서가 균형을 이루는 것이 계획 의 지속성을 높인다.

5. 계획은 '목표'이지 '의무'가 아니다.

장기 계획은 도달해야 할 하나의 목적지이지만, 그 여정 자체도 충분히 의미 있다. 일정이 틀어졌다고 해서 좌절하거나 자책하 지 않도록 '완벽함'보다는 '꾸준함'을 목표로 삼아야 한다.

장기 독서 계획은 비전에 따른 '자기만을 위한 커리큘럼'을 만드는 일이라고 할 수 있다. 직장인의 경우라면 MBA와 같은 전문 과정의 과목 구성을 참고하거나, 직장 상사나 관련 분야 전공자 등의 적극적인 도움을 받아 경영 일반에 관한 세부 주제들에 연차별로 도전해 보는 것도 좋은 방법이라고 할 수 있다. 그때그때의 이슈에 따라 필요한 책을 골라 읽는 것도 중요하지만, 아래의 예시처럼 자기가 공부하고 싶은 주제를 골라 5년 정도의 기간 동안 연차별로 독서 활동을 발전시켜 나가는 것도 의미 있는 도전이 될 것이다.

이때 주의할 점은 가령 '5년 내에 업계 최고의 마케터가 되겠다'며 '매년 핵심 마케팅 서적 10권씩 정독하기'와 같은 단순한 양적 계획을 설정하는 방식은 지양해야 한다는 것이다. 위

⟨조직 변화 전문가를 위한 5개년 장기 독서 로드맵(예시)⟩

구분	핵심 주제	주요 독서 활동	도서 목록 (한국어 제목)	목적
1년차	조직 행동과 변화의 기초 이해	기본 개념 학습 및 조직 분석	『쉽게 이해하는 조직행동』 『빙산이 녹고 있다고?』 『누가 내 치즈를 옮겼을까?』	조직 구조와 행동 이해, 변화 수용 마인드셋 확립
2년차	리더십과 조직문화	리더십 사례 분석 및 문화 진단	『좋은 리더를 넘어 위대한 리더로』 『리더십: 이론과 실제』 『두려움 없는 조직』	성공적인 조직 리더십 요소 탐색 및 문화 개선 시도
3년차	심리학과 동기 부여 이론	개인 및 집단 행동 분석, 조직 내 심리 연구	『생각에 관한 생각』 『마인드셋』 『그릿』	변화 저항 극복 전략 및 구성원 동기 부여 기반 마련
4년차	커뮤니케이션 및 설득 전략	효과적 대화법, 설득 전략 체득	『비폭력대화』 『허브 코헨의 협상의 기술』 『설득의 심리학』	설득·피드백·갈등 조정 역량 강화 및 조직 커뮤니케이션 개선
5년차	변화관리 실무와 전략 실행 학습	프로젝트 참여, 컨설팅 전략 분석	『기업이 원하는 변화의 리더』 『혁신기업의 딜레마』 『아주 작은 습관의 힘』	실제 변화 주도 경험 축적 및 컨설팅 실전 능력 개발

※ 도서목록은 분야별 고전 혹은 스테디셀러 위주로 선정한 예시이며, 수시로 회고와 진단을 통해 트렌드 서적을 추가하거나 전체 목록을 업데이트하는 유연한 방식이 좋다.

의 예시에서 알 수 있듯이 특정 주제에 대한 전문성과 깊이를 장기적으로 쌓아가며, 그 독서가 단순한 취미가 아니라 경력의 근간이자 무기가 되도록 만들 수 있다.

특히 장기 독서 계획을 수립하는 과정에서 자신의 업무나 성장 목표와 관련된 분야의 필독서(고전 이론서, 베스트셀러, 스테디셀러 중심) 목록을 정리해 보며, 자연스럽게 그 분야의 체계와 동향을 살필 수 있다. 여기에 트렌드를 반영한 신간을 추가할 수 있는 여유와 수시로 전체 목록을 업데이트할 수 있는 유연함을 갖춘다면 더할 나위 없는 계획이 될 것이다. 알면 알수록 더 많은 것들이 보이기 마련이다. 시간이 지나며 독서 경험이 축적될수록 '읽어야 할 책'을 고르는 당신의 눈은 더욱 정교해질 것이다. 따라서 정해진 시간표대로 독서 활동을 강제하는 것 이전에, 단지 목표를 세우고 살피고 가다듬는 것만으로 자동 독서 습관을 기르는 데 큰 도움이 될 것이다.

이와 달리, 단기 목표 수립은 현안의 해결과 동기 부여의 실천 전략이라고 할 수 있다. 예를 들어 당장 다음 주에 특정 주제에 대한 발표가 잡혀 있다면, 깊이 있는 이론서보다 핵심 사례를 빠르게 익힐 수 있는 책이 필요할 것이다. 그래서 단기 목표는 '문제 해결형 독서'로 설계되어야 한다.

문제는 장기 목표와 단기 목표가 동시에 존재할 때다. 욕심이 지나쳐 읽고 싶은 책, 읽어야 하는 책, 추천받은 책까지 목록이 길어지면 오히려 마비가 찾아오기 쉽다. 이럴 때는 우선순위 설정이 독서 전략의 성패를 가르는 핵심 요인이 된다.

자동 독서 습관

이런 경우 많은 사람들이 효과적으로 사용하는 기준은 '중요도'와 '긴급성'의 조합이다. 미국 대통령 아이젠하워가 만든 '아이젠하워 매트릭스Eisenhower Matrix'를 적용해 독서 목표를 네 가지로 분류해 보면 이해가 쉬울 것이다.

〈아이젠하워 매트릭스를 활용한 독서 목표 우선순위〉

긴급하지는 않지만 중요한 책 장기적 성장에 필요한 이론서, 고전	긴급하고 중요한 책 업무 현안 해결을 위해 당장 읽어야 하는 실무 중심 서적
긴급하지도 중요하지도 않은 책 여가용 가벼운 읽을거리	긴급하지만 중요하지 않은 책 회의 준비용 참고자료, 보조 정보

이 매트릭스 양식을 수시로 업데이트하면서 독서 계획을 수정하고 우선순위를 설정한다면 당신의 시간과 에너지 낭비를 확실하게 줄일 수 있을 것이다. 특히 '긴급하지는 않지만 중요한 책'에 대한 전략적 접근은 독서의 질을 높이는 핵심이라고 할 수 있다. 앞에서 언급한 장기 계획과 연관된 부분이다. 사실 '긴급하지도 중요하지도 않은 책'이 매력적으로 다가올 때가 많다. 제법 많은 책을 읽으면서도 이 두 가지에 대한 조율에 실패한 나머지 장기적 성장 기회를 놓치는 사례를 종종 본다.

결국 목표 설정과 우선순위 정리는 무작정 책 한 권을 더 읽는 것보다 더 중요하고 가치 있는 전략적 작업이라고 할 수 있다. 독서의 방향을 정립하고 자신만의 리듬을 구축하며 의미 있는 성장을 위한 루트를 설계하는 일이야말로 독서를 통해 자기경영을 실현해 가는 핵심이다.

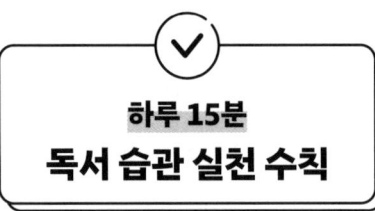

하루 15분
독서 습관 실천 수칙

▶ 장기 독서 목표를 설계하기에 앞서, 독서 목표의 우선순위를 정하는 연습을 추천합니다.

우선 앞에서 제시된 실천 수칙들을 통해 골라둔 책들을 포함하여 자신이 읽고 싶은 책 10여 권을 선정한 뒤, 아이젠하워 매트릭스를 활용하여 우선순위를 정해보세요.

여기서 '긴급하지는 않지만 중요한 책'들이 장기 독서 계획의 토대가 될 수 있다는 사실을 꼭 기억해 두세요.

▶ 장기 독서 계획의 주제를 정하고 책을 선정하는 것도 좋지만, 어떤 이유라도 상관없으니 우선 읽고 싶은 책들을 먼저 고른 뒤에 우선순위를 정하는 방식으로 장단기 독서 계획을 수립하는 것도 방법일 수 있습니다.

② 지속 가능한 독서 목표 설계

전략 5

'SMART한 원칙'으로
지속 가능한 독서 습관 만들기

"올해는 정말 책 좀 많이 봐야지."

해가 바뀔 때마다 누구나 한 번쯤 해봤을, '올해는 살 좀 빼야지'나 '올해는 담배나 술을 끊어야지'만큼이나 식상한 다짐이다. 하지만 몇 주는 고사하고 불과 며칠이 지나 작심삼일의 흔한 사례로 전락해 버리는 경우가 많다. 그냥 '올해는 살 좀 빼야지' 하는 막연한 계획보다 '하루 한 시간 운동을 해서 한 달에 1kg씩, 1년 동안 총 12kg를 감량해야지' 하는 계획은 하늘과 땅 차이다.

'구체적으로 실천 가능'한 독서 계획을 세우기 위해 'SMART 원칙'이라는 도구를 활용해 보려고 한다. SMART 원칙은 1981년 조지 도란이 처음 제안한 개념인데, 목표 설정이 지나치게 모호하거나 추상적일 경우 실행력이 떨어진다는 문제의식에서 출발해 좀 더 구체적이고 실현 가능한 방식으로 목표를 세우기 위한 도구로 활발하게 이용되고 있다.

1. 구체성(Specific): 목표를 명확하게 정한다.

'책을 많이 읽겠다'는 말은 무엇을, 왜, 어떻게 읽겠다는 건지 알수 없다. 'AI에 대해 배우겠다'가 아니라 'AI 개론서 1권과 사례집 1권을 읽겠다'처럼 주제와 범위를 명확히 해야 한다.

2. 측정 가능성(Measurable): 목표를 숫자로 나타내 진행 상황을 한눈에 보이게 한다.

'AI 개론서 1권과 사례집 1권'이라는 목표를 두고 '한 달 안에 완독'이나 '일주일에 1단원'이라는 기준을 추가하면 목표 달성 여부를 쉽게 점검할 수 있다.

3. 달성 가능성(Achievable): 현실과 동떨어진 목표는 오래가지 못한다.

하루 2시간 독서를 계획했다가 회식, 야근, 집안일까지 겹치면 금세 지치게 된다. 오히려 '출근길 오디오북으로 하루 15분 독서'처럼 부담 없는 수준으로 조정하는 것이 효과적이다. 양적 성취보다는 몸에 꾸준함을 길들이는 것이 더 중요하다.

4. 관련성(Relevant): 독서의 이유가 분명할수록 동기가 지속된다.

업무와 연관된 책은 실무 역량을 키우는 데 도움을 주고, 관심사나 고민과 연결된 책은 나의 삶에 의미 있는 변화를 일으킨다. 예를 들어 고객만족팀 직원이 소비자와의 소통을 강화

자동 독서 습관

하고 싶어서 『설득의 심리학』을 읽기 시작한다면, 아마 책 속의 모든 사례가 자기 이야기인 것 같아 상상할 수 없을 수준으로 몰입할 수도 있을 것이다.

5. 기한 설정(Time-bound):
마감 기한이 있어야 목표에 실천력이 생긴다.

단순히 '재무분석 책을 읽겠다'보다 '다음 감사 전까지 최신 세법 관련 도서 1권을 완독하겠다'와 같이 명확하게 시점을 정해야 실행 동기가 올라간다.

독서 습관은 결국 목표가 얼마나 구체적으로 설계되었는가에 따라 성패가 갈린다. 막연히 '많이 읽겠다'는 다짐은 쉽게 사라질 수 있지만, 무엇을 언제까지 어떻게 읽을 것인지 명확히 정하면 행동으로 이어질 가능성이 훨씬 높아진다. 독서 목표의 구체화는 실제 변화를 만들어 내는 핵심 동력이라고 할 수 있다.

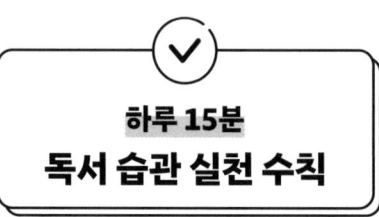

하루 15분
독서 습관 실천 수칙

▶ 앞에서 아이젠하워 매트릭스로 설정한 '긴급하고 중요한 책' 중에서 한 권을 골라 SMART 원칙 기반으로 목표 설정을 구체화해 보세요. 그 다음 아래의 체크리스트를 참고하여 점검하고 수정해 보세요. 지금은 단순한 목표에 불과하지만 실제 독서 활동 중에도 수시로 점검하고 조정하는 과정을 반복하며, 현실적인 목표를 세우고 실천하는 습관을 갖는 것이 중요합니다.

〈SMART 목표 설정과 점검 체크리스트〉

항목	구체적 내용	내 목표
S(Specific): **구체성**	어떤 책을, 어떤 목적을 위해 읽을 것인가?	📖 AI 개론서 1권, 사례집 1권
M(Measurable): **측정 가능성**	분량이나 시간을 수치로 표현했는가?	📖 주 100페이지
A(Achievable): **달성 가능성**	내 현재 여건에서 가능한 목표인가?	📖 출퇴근 시간 15분씩 하루 30분 독서
R(Relevant): **관련성**	업무나 개인 목표와 연관되어 있는가?	📖 프로젝트에 활용
T(Time-bound): **기한 설정**	마감 기한을 명확히 설정했는가?	📖 3개월 안에 완독

자동 독서 습관

전략 6

변화를 한눈에 보여주는
'독서 성적표' 관리법

독서 목표를 세우는 것만큼 중요한 것이 바로 그 목표를 제대로 달성하고 있는지 확인하고 관리하는 일이다. 대다수의 사람들은 수시로 '내가 얼마나 읽었는지', '목표에 가까워지고 있는지', '책 권수만 세는 것이 의미가 있는지', '읽은 내용을 제대로 이해하고 내 것으로 만들었는지'와 같은 질문을 던진다. 이렇게 우리는 본능적으로 자신의 성과를 체크하고, 환류하는 시스템을 갖추고 있지만, 독서 목표의 달성 여부를 체계적으로 측정하고 관리하는 방법을 정하는 것이 꼭 필요하다. 이는 마치 자신만의 독서 성적표를 만드는 과정과도 같다. 단순히 읽은 양만 확인하는 것에서 나아가, 독서를 통해 얻은 질적인 변화까지 추적하며 자신의 성장 과정을 가시화할 수 있다.

우선 독서량을 측정하는 기본적인 방법들이 있다. 가장 간편한 방식은 읽은 책의 권수를 세는 것이다. 예를 들어 '한 달에 2권 읽기'를 목표로 삼고, 달이 끝났을 때 2권을 모두 읽었다면 목표 달성 여부를 바로 확인할 수 있다. 어떤 직장인은 분기마다 3권을 읽겠다는 목표를 세우고, 읽은 책을 책상 위에 쌓아두며 성취감을 느낀다. 하지만 이 방법은 책의 물리적인 양이나 난이도의 편차를 반영하지 못하는 한계가 있다. 얇은 자기 계발서 10권과 두꺼운 인문학 서적 1권의 독서량이 동일하다고 볼 수는 없기 때문이다.

그래서 페이지 수를 기준으로 삼는 방법도 많이 활용된다. 예를 들어 '일주일에 50페이지 읽기'와 같이 구체적인 수치를 정하면, 책의 종류나 내용에 상관없이 일관되게 측정할 수 있다. 또는 독서에 투자한 시간을 기준으로 '하루 30분 읽기'처럼 정해두는 것도 방법이다. 출퇴근 시간에 오디오북을 듣는 식으로 실천하는 사람도 있다. 이처럼 권수, 페이지, 시간 기준은 모두 장단점이 있으며, 자신에게 가장 잘 맞는 방식을 선택하는 것이 중요하다.

그러나 독서는 단순히 양을 채우는 활동이 아니라, 이해하고 적용하여 성장하는 과정이라는 점에서 질적인 측정이 반드시 필요하다. 이를 위해 가장 손쉬운 방법은 독서 노트를 작성하는 것이다. 뒤에서 다시 다루겠지만 책을 읽으며 인상 깊었던 구절, 새롭게 알게 된 사실, 떠오른 생각이나 질문 등을 적어보면 내가 무엇을 배웠고 어떤 부분에 주목했는지를 확인할 수 있다.

이처럼 양적 측정과 질적 측정을 병행하려면 정기적인 점검과 피드백이 필요하다. 매주 일요일 저녁이나 매달 마지막

자동 독서 습관

날 잠시 시간을 내어, '이번 주에 목표한 분량을 읽었는가?', '내용을 잘 이해했는가?', '업무에 어떤 영향을 주었는가?' 등을 점검하는 루틴을 갖는 것이 좋다. 목표를 달성하지 못했다면 그 이유를 분석하고 다음 계획을 조정해야 한다. 예를 들어 '이번 주는 야근이 많아 책을 읽지 못했다면, 다음 주에는 아침 10분을 활용하자'와 같이 현실적인 대안을 세운다. 반대로 목표를 달성했다면, 스스로에게 보상을 주는 것도 좋다. '1권을 읽을 때마다 좋아하는 디저트를 먹는다'는 식의 작지만 확실한 보상은 독서를 지속하는 데 긍정적인 자극이 된다.

이러한 일련의 과정을 반복하면 독서는 더 이상 막연한 활동이 아니라, 눈에 보이고 손에 잡히는 구체적인 자기 성장의 수단이 된다.

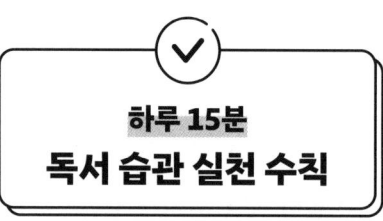

하루 15분
독서 습관 실천 수칙

► 시간 확보

　하루 중 최소 15분을 무조건 당신의 '독서 활동 시간'으로 정하세요.

출퇴근 시간, 점심 휴식 시간, 취침 전 등 당신의 일과를 고려해 가급적 고정된 독서 활동 시간을 만듭니다.

► 독서 활동

　이 시간에는 단순한 책 읽기뿐 아니라, 도서 검색, 독서 노트 작성, 목표 점검, 관련 자료 찾아보기 등 독서와 관련된 어떤 활동도 가능합니다.

► '하루 15분' 독서 활동은 이미 이 책을 선택한 순간, 스스로와 약속한 것입니다.

함께 읽는 '협력독서'와
'독서경영'의 힘

이 책에서 강조하는 '자기독서경영'이란 삶의 변화를 이끄는 자기 주도적 독서 시스템을 이르지만, 일반적으로 '독서경영'은 회사라는 공간 안에서 이루어지기 마련이다. 독서경영은 특히 조직의 문제 해결 능력을 키우고, 조직의 학습 문화를 개선하기 위한 전략으로 '함께 읽기'의 중요성을 반증하기도 한다.

혼자 읽는 독서가 깊이를 더해줄 수는 있지만, 때로는 '협력독서'가 훨씬 더 효과적이다. 서로 다른 배경과 경험을 지닌 사람들이 하나의 책을 함께 읽고 토론하면서 얻는 집단 지성은 복잡한 문제를 해결하고 창의적인 아이디어를 도출하는 데 실질적인 도움을 주기도 한다. 최근에는 온오프라인 독서모임을 통해 협력독서를 실행하는 사람들이 늘어나고 있다. 이를 보면, 굳이 독서경영이 아니더라도 같은 공간에서 비슷한 일을 하고 있는 직장 동료들은 나의 훌륭한 독서 파트너라고 할 수 있다.

최근의 독서경영은 단순히 직원들에게 책을 읽도록 권장

하는 수준을 넘어, 독서를 조직 경영의 핵심 활동으로 통합하고 실천하는 전략적 접근으로 발전하고 있다.

<독서경영이 만드는 변화>

변화 영역	구체적 효과
개인 역량 강화	전문성, 창의력, 인문학적 통찰력 향상
조직문화 개선	수평적 소통, 협업 중심의 팀워크 강화
혁신과 문제 해결력	최신 트렌드 반영, 실무 적용 가능성 확대
고객 이해도 향상	고객 중심 사고 확산, 맞춤형 서비스·제품 기획 가능
기업 이미지 제고	지식 기반 기업 이미지 형성, 사회적 가치, ESG 실현

이처럼 독서경영 시스템이 잘 정착된 조직에 속한 구성원들은 자발적이든, 반강제로 유도되었든 아무튼 체계적인 독서 활동에 참여할 수 있다. 그러나 우리 기업 환경을 보면 여전히 가야 할 길이 멀다. 더구나 아무리 시스템이 잘 갖추어져 있더라도, 학교에서의 경험처럼 자기주도적인 참여가 전제되지 않으면 '직장인을 위한 독서 인증제'로 흐르거나 또 다른 형태의 '부가 업무'로 전락할 위험이 크다.

1. 함께 읽기를 성공적으로 실행하려면 무엇보다 '공통의 독서 목표 설정'이 핵심이다.

단순히 책을 정하고 읽기 시작하는 것보다는, 팀이나 부서가 당면한 과제와 필요한 역량, 구성원들의 공통 관심사를 먼저 파악하는 과정이 중요하다. 리더의 역량으로 독서 목록을 만들어 팀원들에게 분장해 주는 것도 한 방법이지만, 그보다는 팀원들과 브레인스토밍을 하거나 간단한 설문조사, 면담 등을 통해 학습 수요를 수집하는 것이 더욱 효과적이다.

2. 독서 수요를 도출한 이후에는 현실적이고 실행 가능한 목표를 설정한다.

예를 들어 '3개월 동안 업무 관련 서적 3권을 함께 읽고, 핵심 내용을 요약한 뒤 실무 적용 방안 1가지 이상 도출하기'와 같은 방식이다. 이 목표 설정 과정에 구성원들이 자발적으로 참여하도록 유도할 수 있다면 독서 활동에 대한 몰입도와 지속 가능성은 훨씬 높아질 것이다.

3. 목표가 정해진 이후에는 실행 전략을 구체화해야 한다.

독서 활동 운영 방식 또한 구성원들에게 선택의 주도권을 주는 방식이 가장 이상적이다. 정기적인 독서 모임의 주기, 시간, 장소를 사전에 정하고, 모임의 방식도 발표, 토론, Q&A 등 다양하게 구성할수록 좋다. 특히 서기, 발표자, 진행자 등의 역할을 매번 돌아가며 분담하면 책임감을 느끼고 적극적으로 참여하는 수단이 될 수 있다. 그 다음은 '도구'의 활용이다. 슬랙, 노션, 구글 워크스페이스, 하다못해 사내 메신저나 팀 게시판 등의 협업 도구를 통해 독서 일정과 토론 내용을 정리하고 결과를 공유할 수 있다. 특히 원격 근무 환경이나 대면이 어려운 상황에서도 협력독서의 효율성을 높이는 데 유용하다.

4. 마지막으로 중요한 단계는 '독서 결과의 공유와 실무 적용'이다.

단지 책을 읽는 데 그치는 것이 아니라, 읽은 내용을 실질적인 업무와 연결하는 것이 중요하다. 독서 노트, 마인드맵, 발표 자료 등의 형태로 핵심 내용을 정리하고, 이를 팀의 내부 자료실이나 공유 플랫폼에 업로드하면 언제든 다시 참고할 수 있는 조직 자산으로 남게 된다. 더 나아가 도출된 핵심 내용을 기반으로 실무 적용 아이디어를 발굴하고, 이를 팀 프로젝트나 업무 프로세스 개선과 연결하는 워크숍을 개최하면, 독서 활동을 실질적인 성과로 연결할 수 있을 것이다. 또한 독서 모임 운영 결과에 대한 정기적인 피드백과 성과 평가를 통해 구성원들의 학습 동기를 높이고, 활동의 지속 가능성도 강화할 수 있다.

성공적인 협력독서를 위해서는 몇 가지 팁도 유용하다. 독서 경험이 많지 않은 팀이라면 처음에는 짧고 흥미로운 책부터 시작하는 것이 좋을 것이다. 참여를 강요하기보다는 자율적인 분위기를 만들고, 작은 성과도 적극적으로 공유하고 격려하는 문화를 조성해야 한다. 특히 리더가 책 선정, 운영, 결과 공유 등 전 과정에 진심으로 참여하고 지원할 때, 구성원들도 리더의 의도를 신뢰하고 더욱 적극적으로 참여하게 된다. 결국 협력독서는 단순한 책 읽기를 넘어서 팀의 지식 순환 구조를 만들고, 실질적인 변화와 성장을 이끄는 전략이 될 수 있다.

자동 독서 습관

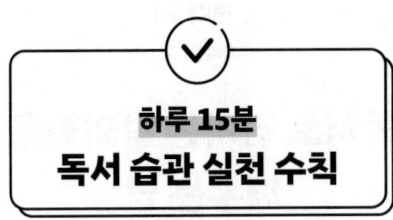

하루 15분
독서 습관 실천 수칙

➤ 리더라면
- 시선을 넓혀 팀이나 회사 차원의 변화를 목표로 한 독서 계획을 세워 보세요.
- 협력독서는 스스로의 동기 부여는 물론 책임감과 성과를 증폭시키는 기대 이상의 효과를 얻을 수도 있습니다

➤ 구성원이라면
- 관심 있는 책 목록을 만들어 가까운 동료와 공유해 보세요.
- 함께 이야기 나눌 동료 한두 명만 있어도 자기독서경영과 협력독서의 씨앗이 됩니다.

➤ 기억할 점
- 자동 독서 습관은 자기 주도적인 도전과 반복적인 연습이 핵심입니다.
- 협력독서가 당장 현실화되지 않아도 괜찮습니다.
- 공동의 독서 목표를 고민하고 책을 선정하는 것 자체만으로도 충분한 의미가 있습니다.

전략 8

독서로 잠자는 창의력을
깨우는 법

　직장인이라면 누구나 한 번쯤 '나는 왜 늘 비슷한 아이디어
만 떠오를까?', '기획서가 늘 판에 박힌 듯 똑같네' 하는 고민을
해봤을 것이다. 매번 같은 방식으로 문제를 풀고, 익숙한 논리
로 보고서를 작성하다 보면 점점 창의성이 고갈되는 듯한 느
낌이 든다. 어떤 사람은 "창의력은 타고나는 것 아닌가요?"라
고 묻기도 하지만, 창의력은 고정된 재능이 아니라 꾸준한 자
극과 훈련으로 충분히 길러질 수 있는 능력이며, 독서는 이를
위한 가장 강력한 도구 중 하나다.

　창의성은 단순히 '새로운 아이디어를 떠올리는 능력'만을
의미하지 않는다. 문제를 새롭게 정의하고, 기존과 다른 관점
에서 해결책을 도출하는 사고의 전환력이자, 개인과 조직이 차
별화되고 성장하는 핵심 동력이다. 그리고 독서는 이러한 창의
적 사고를 자극하는 데 매우 효과적인 방법이다.

　책을 읽는 과정에서 우리는 뇌의 연결성을 강화하고, 다양

자동 독서 습관

한 시각과 언어, 사고의 구조를 흡수하게 된다. 특히 자신의 전문 분야를 벗어난 낯선 책을 읽을 때, 뇌는 익숙한 패턴을 탈피해 새로운 관점을 받아들일 준비를 하게 된다.

나는 개인적으로 역사에 흥미가 많아, 생소한 분야나 주제를 접할 때도 낯설거나 부담스럽지 않게 접근하는 편이다. 새로운 내용을 이해하기에 앞서, 과학사·미술사·음악사·문학사·건축사처럼 각 분야의 역사적 흐름을 살펴보거나, 발효의 역사, 옷의 역사, 자동차의 역사처럼 특정 주제를 다룬 책들을 찾아 읽는 '뷔페식 독서'를 즐기기도 한다. 이렇게 다양한 메뉴를 시도하다 보면 어느 순간 내 입맛에 꼭 맞는 책을 만나게 되고, 때로는 한 번도 경험해 보지 못한 새로운 '미각'에 눈을 뜨는 황홀한 순간을 맞이하기도 한다. 또한 나는 인류사에 중요한 흔적을 남긴 인물들의 평전을 통해 그들의 삶을 따라가며, 해당 분야의 전문적인 이슈나 맥락을 되짚는 식으로 잡다한 공부를 즐기는 편이다.

창의적 사고는 단지 어떤 책을 읽느냐보다 그 책을 '어떻게' 읽느냐에 달려 있기도 하다. 창의적 독서는 단순한 정보 습득을 넘어, 능동적이고 확장적인 사고를 유도하는 방식으로 진행돼야 한다. 예를 들어 익숙한 개념조차도 '왜 그렇지?', '정말 그런가?', '다른 가능성은 없을까?'라는 질문을 던지며 읽는 '낯설게 읽기' 방식을 추천한다.

낯설게 읽기는 내가 팀원들의 보고서에 피드백을 줄 때마다 입버릇처럼 하는 말이기도 하다. 많은 사람들이 본인이 작성한 보고서를 마치 '자기 자신'처럼 여기는 경향이 있다. 그러나 보고서는 어디까지나 결제 라인의 의사결정자나 고객사 등 명확한 독자가 있는, '타인을 위한 텍스트'다. 그럼에도 불구하고 마지막까지 자신의 시선으로만 내용을 구성할 경우, 관점이나 입장의 차이로 인한 오해나 문제가 생기기 쉽다. 그렇기 때문에 적어도 보고서를 출력하거나 발송하기 직전에라도 자신의 관점이 아닌 '독자의 시선'으로 낯설게 읽어보는 과정은 반드시 필요하다.

낯설게 읽기는 이처럼 당연하다고 여겨졌던 전제에 의심을 품게 만들고, 이를 통해 사고의 전환이 일어난다. 또한 책의 내용을 자신의 업무, 경험, 혹은 다른 분야의 지식과 연결해보는 방식은 유추나 은유를 통해 상이한 개념 간의 고리를 찾아내게 하며, 이는 종종 새로운 아이디어로 이어진다. 마인드맵이나 도식, 그림 등을 통해 책의 핵심 개념이나 논리를 시각화하는 습관은 생각을 구조화하고 새로운 관계를 발견하는 데 효과적이다.

책을 읽는 동안 떠오른 질문이나 아이디어, 통찰을 메모하거나 아이디어 노트에 정리하는 습관을 들이는 것도 중요하다. 사소한 메모 하나가 나중에 커다란 아이디어의 씨앗이 되기도 한다. 요즘은 스마트폰 덕분에 메모하고 정리하고 공유하는 일이 무척 간편해졌다. 아주 오래 전, 출판사에 다니던 한 후배가 손바닥 크기의 메모장을 보여준 적이 있다. 자신이 언젠가 출판사 사장이 되면 꼭 만들고 싶은 책들의 아이디어를 담아둔,

자동 독서 습관

일종의 기획 노트라고 했다. 몇 해 전 우연히 들은 소식에 따르면, 그는 실제로 1인 출판사를 차렸고, 출간하는 책마다 고정 독자가 있는 '교육서적' 전문 기획자로 자리 잡았다고 한다. 오늘의 작은 메모 하나가 미래의 당신을 먹여 살릴 황금알이 될 수도 있다는 사실을 꼭 기억해 두자.

독서를 통해 얻은 자극은 실질적인 창의적 활동과 연결될 때 비로소 진짜 '창의성'으로 실현된다. 따라서 독서 후에는 기획 회의나 브레인스토밍, 팀 프로젝트 등에 책에서 얻은 개념이나 사례를 직접 적용해 보는 것이 중요하다. 독서 내용을 바탕으로 프레젠테이션을 구성하거나 광고 카피에 인용하는 식의 실무 응용도 창의적 사고력을 훈련하는 방법이다. 나아가 책에서 얻은 생각을 글쓰기, 그림, 스토리텔링 등 창의적 표현 활동으로 발전시켜 보면, 독서는 더 이상 수동적인 정보 수집이 아닌 창조의 출발점이 된다.

제목에 '창의력'이 들어가는 자기 계발서 말고도 나에게 창의적 영감을 줄 수 있는 책은 너무나 다양할뿐더러, 실제로 어떤 책이 나의 잠자는 창의력을 일깨울지는 아무도 모르는 일이다. 그래서 인문학이나 예술·디자인, 과학·기술 분야는 물론, 철학적 사유가 에세이나 담긴 평전 심지어는 SF나 판타지 소설에 이르기까지 모두 나에게 창의적 자극을 줄 수 있는 유효한 독서 자원이 될 수 있다. 독서를 통해 사고의 관성을 깨고, 새로운 관점을 접하며 자신만의 생각을 길러내는 과정은 단지 아이디어 몇 개를 얻기 위한 활동이 아니라, 문제를 새롭게 보는 능력과 세상을 다시 조형하는 상상력을 기르는 여정이다. 그리고 그 여정의 출발점에는 늘 한 권의 책이 있다.

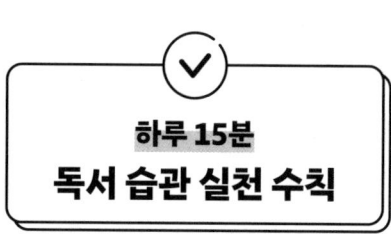

**하루 15분
독서 습관 실천 수칙**

➤ 낯선 분야에 도전하기

· 지금까지 전혀 관심을 두지 않았던 낯선 분야의 책을 10권 이상 골라보세요.

· 반드시 읽어야 할 책은 아니기 때문에 역사, 예술, 과학, 평전, SF 등 다양한 장르를 섞어서 검색을 합니다. 단지 표지나 제목에 이끌려 충동적으로 선택해도 상관없습니다.

· 지금까지는 전혀 관심도 없었고, 찾아볼 생각조차 못했던 장르이지만 갑자기 읽고 싶은 생각이 드는 책을 단 한 권이라도 발견하게 된다면 이미 절반의 성공을 거둔 셈입니다. 일단 도서 구입이나 독서에 대한 부담은 접어두고 다양한 책을 부담 없이 골라보세요.

자동 독서 습관

현실을 꿰뚫는
'문제 해결 독서' 4단계 전략

세상을 살며 예기치 못한 문제나 복잡한 과제를 마주하는 것은 흔한 일이다. '어디서부터 어떻게 해결해야 할지 모르겠는데, 관련 책을 읽으면 정말 도움이 될까?', '문제 해결을 다룬 책은 많지만, 어떤 책을 골라야 할지, 또 어떻게 읽고 적용해야 할지 잘 모르겠다'와 같은 고민은 지극히 현실적이다. 이러한 궁금증을 해결하려면 단순히 책을 읽는 데 그치지 않고, 문제 해결을 위한 독서를 전략적으로 접근하는 자세가 필요하다. 독서는 문제를 보는 눈을 넓히고, 해법의 실마리를 찾는 데 중요한 도구가 될 수 있기 때문이다.

문제를 해결하기 위한 독서는 단순한 정보 습득을 넘어선다. 문제의 본질을 정확히 이해하고, 근본 원인을 분석하며, 실행 가능한 대안을 도출하는 전 과정을 지원하는 '실천 중심의 독서'가 되어야 한다.

1. 문제를 명확히 정의하라.

해결책(How)을 찾기 전에 '무엇(What)이 발생했는가?', '왜 (Why) 이런 일이 생겼는가?', '누가(Who) 영향을 받는가?', '언 제(When)와 어디서(Where) 문제가 드러났는가?'를 질문하며 문제를 구체화해야 한다. 증상이 아닌 근본 원인에 집중한다.

2. 가장 신뢰할 만한 책을 선택하라.

관련성이 높고 신뢰할 만한 저자의 책을 고르는 것이 중요하다. 이를 위해 서평, 논문, 전문가 추천, 온라인 커뮤니티 등을 활용 할 수 있으며, AI를 책 검색 보조 도구로 활용하는 것도 방법이 다.([전략12 디지털 시대의 슬기로운 책 선택 기술])

3. 목적 지향적으로 읽어라.

문제 해결 독서는 책 전체를 정독하기보다 필요한 부분만 골라 읽는 발췌독이나 속독이 효과적이다. 핵심 개념, 프레임워크, 사 례 중심으로 읽되, 단순 수용이 아니라 내 상황에 어떻게 적용할 지를 비판적으로 분석하며 읽어야 한다.

4. 다양한 관점을 병행하라.

한 권에 의존하지 말고, 서로 다른 시각을 담은 책을 함께 읽어 야 균형 잡힌 이해가 가능하다. 예를 들어 고객 불만 문제를 해 결할 때는 응대 매뉴얼뿐 아니라 커뮤니케이션 기법, 서비스 디 자인, 소비자 심리 관련 책을 병행해 근본적 해결책을 도출할 수

자동 독서 습관

있다. 또한 독서 과정에서 새로운 관점이나 정보가 나오면 애초에 세운 목표를 조정할 수 있어야 한다. 이를 위해 대상 도서를 폭넓게 구성하는 것이 필요하다.

결국 문제 해결을 위한 독서는 단순한 지식 습득에 머무는 것이 아니라, 문제를 구조적으로 분석하고 창의적으로 접근할 수 있는 사고력과 실행력을 함께 기르는 훈련이다. 흔히 '책 속에 길이 있다'고 하지만, 내가 마주한 문제에 딱 들어맞는 정답이 어느 한 권의 책 속에 담겨 있다고 기대해서는 안 된다. 중요한 것은 문제를 정확히 분석하고, 다양한 독서를 통해 해법의 틀을 확장하며, 반복적인 사고와 실천을 통해 자신만의 해결 역량을 체계적으로 키워나가는 일이다. 이러한 과정이 쌓이면 쌓일수록 문제를 바라보는 시야는 넓어지고, 해결 방안을 도출하는 능력도 점점 더 깊어지고 단단해진다. 결국 문제 해결 능력은 단번에 갖춰지는 기술이 아니라, 독서와 성찰, 실천이 맞물린 경험의 축적으로 길러지는 역량이다.

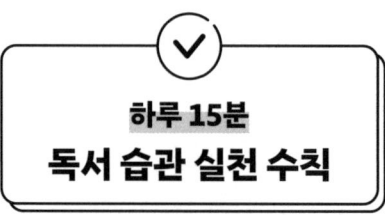

하루 15분
독서 습관 실천 수칙

➤ 최근에 일어난 문제 상황이나 고민 중 한 가지를 골라 이를 해결 (How) 하기 위한 책을 직접 골라 보세요.

➤ 우선 문제를 명확하게 정의하기 위해 5W 형식의 질문에 대한 답을 정리하는 방식으로 구체화한 뒤, 본문에 소개된 다양한 방법을 통해 실제로 문제 해결에 도움이 될 만한 책들을 3권 이상 선택합니다.

자동 독서 습관

나만을 위한 독서 시스템, '자기 맞춤형 독서' 설계

오늘날과 같이 정보가 넘쳐나는 시대일수록 자신의 목표에 맞춰 독서의 내용과 방법, 환경을 직접 결정하고 실행과 평가를 체계적으로 관리하는 태도가 중요하다. 뚜렷한 계획 없이 정보에 접근하다 보면 방향을 잃고 시간과 에너지가 낭비되기 쉽기 때문이다. 따라서 여가 수준의 단순한 책 읽기를 넘어 전략적으로 역량을 기르는 '자기 맞춤형 독서'로의 전환이 절실하다.

이러한 변화에 효과적으로 대응하려면 우리가 잘 알고 있는 두 가지 심리적 역량에 다시 한 번 관심을 가질 필요가 있다.

첫째, 메타인지Metacognition는 학습하는 동안 자신의 성취도를 점검하고 목표 달성에 필요한 과정을 조정하는 인지 능력*으로, '무엇을 알고 무엇을 모르는지', '어떻게 학습하고 있는지'를 스스로 점검하고 수정하는 사고의 틀이다.

---

* 리사 손, 『메타인지 학습법』, 21세기북스, 2019, p.242.

둘째, 자기주도학습Self-Directed Learning은 학습자 스스로가 주도권을 가지고 학습의 목표를 설정한 뒤, 적합한 학습전략을 사용하여 실행한 결과를 스스로 평가하며 수정·보완해 가는 학습 방식이다.**

이 두 능력은 선천적인 재능이 아니라, 누구든 훈련을 통해 길러낼 수 있다고 어릴 적부터 수없이 들어왔다. 그러나 앞에서 이미 언급한 대로, 학창시절 내내 작은 바람에도 요란하게 펄럭이던 게양대의 깃발처럼 그저 높은 곳에 걸려 있을 뿐 정작 우리 안으로 온전히 스며들지는 못했다.

여기서 언급하는 자기 맞춤형 독서는 사실 이 두 가지를 합친 개념이며 자기독서경영의 핵심적인 실천 전략이기도 하다. 이는 지금까지 우리가 살펴본, 독서의 방향을 설정하고 실천 가능한 목표를 설계하는 방법 속에도 자연스럽게 녹아 있다.

1. 책을 읽기 전에는 독서의 목적을 분명히 한다.

'나는 왜 이 책을 읽는가?', '이 책에서 얻고 싶은 것은 무엇인가?'라는 질문과 더불어 현재 자신이 이 주제에 대해 얼마나 알고 있는지도 점검한다.

2. 책을 읽는 중에는 내용을 스스로 점검하고 이해도를 확인해야 한다.

** 이강석 외, 『두근두근 자기주도학습』, 씨앤톡, 2014, pp.16-17.

자동 독서 습관

'지금 이 내용이 잘 이해되고 있나?', '이 문단의 핵심은 무엇인가?', '저자의 주장에 나는 동의하는가?'와 같은 질문을 스스로 던지면서 읽어야 한다. 익숙하지 않은 용어나 복잡한 개념이 나오면 밑줄을 긋거나 메모를 해두는 것도 좋은 방법이다.

3. 책을 다 읽은 후에는 자신이 얻은 것을 되돌아보는 점검의 시간이 필요하다.

'이 책에서 내가 새롭게 알게 된 것은 무엇인가?', '내가 설정했던 독서 목적은 충족되었는가?', '이 내용을 앞으로 어떻게 활용할 수 있을까?'와 같은 질문을 통해 스스로를 평가하고, 책에서 얻은 지식을 정리해야 한다.

그러나 이런 질문들을 체크리스트처럼 억지로 외우거나, 처음부터 한꺼번에 실천하려고 애쓸 필요는 없다. 앞으로 이 책에서 세부적으로 제시하는 자동 독서 습관 전략들을 차근차근 따라가다 보면, 어느새 내 안에 좋은 독서 습관을 만들어 가는 힘(독서력)이 자연스럽게 길러질 것이다. 자기 맞춤형 독서 설계는 자신을 변화시키는 학습 설계 기술이다. 무엇을 읽고 어떻게 읽을지 스스로 판단하고, 자기 자신에게 끊임없이 질문하며, 이를 통해 얻은 통찰을 삶과 연결시킬 수 있는 능력을 기르는 가장 강력한 독서 시스템이며, 빠르게 변화하는 시대를 살아가는 우리가 반드시 갖추어야 할 자기 성장의 도구다.

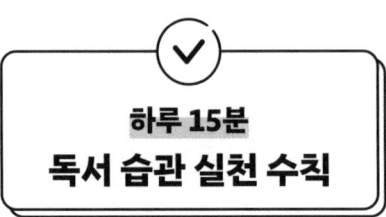

하루 15분
독서 습관 실천 수칙

▶ 연습을 통해 자기 맞춤형 독서 활동을 위한 실천 사항들을 다시 한 번 점검해 봅시다. 최근에 완독한 책이나, 자신이 인상 깊게 읽은 책 한 권을 기준으로 독서 전, 중, 후의 상황을 가정하여 스스로 질문하고 답을 해 보세요.

처음에는 조금 번거롭거나 어색하게 느껴질 수도 있지만, 한두 번 반복하다 보면 자연스러운 독서 습관이 될 수 있습니다.

[책을 읽기 전에]

· 나는 왜 이 책을 읽는가?

· 이 책에서 얻고 싶은 것은 무엇인가?

· 이 주제에 대해 내가 알고 있는 지식은 어느 정도인가?

[책을 읽는 중에]

· 지금 읽는 내용의 핵심은 무엇인가?

· 낯선 용어나 복잡한 개념을 제대로 이해하고 있는가?

· 나는 저자의 주장에 동의하는가?

[책을 읽은 후에]

· 이 책에서 새롭게 알게 된 것은 무엇인가?

· 내가 세운 독서 목적은 충족되었는가?

· 이 책의 내용을 앞으로 어떻게 활용할 것인가?

2장

책 고르기와 몰입 환경 만들기

자기독서경영 2단계

몰입

①

나에게 필요한 책을
찾아내는 기술

'도서 트래킹'으로
나만의 인생 책 목록 만들기

　대기업의 사업기획 부서에서 근무하는 입사 2년 차 팀원이 신규 사업 기획을 위한 데이터 분석 업무를 맡게 되었다. 그런데 인터넷 검색과 AI 활용만으로는 쉽게 해결되지 않는 어려움에 반복적으로 부딪히고 말았다. 결국 그는 고민 끝에 같은 팀에서 업무 성과가 뛰어난 선배에게 조언을 구했다. 선배는 구체적인 솔루션을 바로 알려주는 대신, 자신이 데이터 분석 업무를 처음 접했을 때 큰 도움을 받은 책이라며 이론서 한 권을 추천해 주었다고 한다. 그 책을 읽고 바로 효과가 나타난 것은 아니었지만, 이후 선배와 업무 이야기를 나눌 때마다 책의 내용을 근거로 깊이 있는 토론이 가능해졌고, 결국 자신이 직면한 문제에 대한 실질적인 해결책을 찾는 데 큰 도움을 받았다고 한다.

　이미 독서경영과 협력독서 부분에서 설명했듯이, 함께 일하는 동료와의 '도서 목록 공유'는 단순히 좋은 책을 찾는 것을 넘어 팀원들과의 유대감을 높이고 업무 협력을 강화하는 중요한 역할을 한다. 함께 읽은 책을 매개로 하여, 공동의 업무 목표에 효율적으로 접근할 수 있는 장점도 있다. 따라서 자신이 속한 조직(회사 등)이나 주변 사람(팀원 등)들이 제공하는 추천 도서는 '밥 속는 셈' 치고 무조건 읽어볼 것을 권한다.

특히 정보가 과도하게 넘쳐나는 시대에 신뢰할 만한 전문가나 동료의 추천 도서 목록은 훌륭한 나침반이 되기도 한다. 나의 업무 능력과 여건을 잘 아는 동료의 추천은 '맞춤형 도서 목록'일 가능성이 높다.

추천 도서를 효과적으로 찾기 위해서는 추천자의 전문성과 나의 필요 영역을 잘 매칭하는 것이 중요하다. 우선 관심 분야 리더나 인플루언서의 블로그나 뉴스레터를 구독하고 소셜 미디어를 팔로우하며 독서 목록을 점검하는 것도 한 방법이다. 또한 유튜브 등에서 전문가의 인터뷰나 강연을 통해 언급된 책을 기록하고 그들의 저작물에서 참고 문헌을 살펴보는 것도 유용하다.

업계의 전문 매체에서 제공하는 서평이나 회사 내부의 북클럽, 독서 모임에서 선정된 책도 유용하게 활용할 수 있다. 평소 회사 회의실이나 자료실, 동료의 책상 위에 우연히 놓인 책한 권, 또는 사내 게시판에 올라온 도서 정보에도 민감하게 반응하는 습관을 갖는 것이 좋다. 이런 책들을 모두 나의 독서 계획에 무조건 포함할 필요는 없지만, 언젠가 꼭 필요한 보석이 될 수도 있다는 생각으로 스마트폰에 사진을 찍어두거나 메모

자동 독서 습관

해 두는 습관을 길러보자. 이렇게 차근차근 정보를 축적해 나가다 보면 자연스럽게 자주 언급되거나 중복되는 책들이 나타날 것이다. 이러한 빈도가 높아질수록 그 책이 나에게 정말 필요한 책일 가능성도 함께 커진다고 할 수 있다.

다만, 전문가나 동료의 추천이라고 해서 무조건 맹신해서는 안 된다는 점을 다시 한 번 강조하고 싶다. 추천받은 책을 자신의 독서 목표에 반영할 때 고려해야 할 몇 가지 주의사항이 있다.

1. 단순한 홍보 차원일 수도 있으니 추천의 맥락과 이유를 정확하게 파악한다.
2. 정보가 빠르게 변하는 분야는 추천 시점을 반드시 확인한다.
3. 한 사람의 추천에만 의존하지 않고 여러 전문가의 추천 목록을 비교한다.
4. 실제 도서의 목차, 서문, 독자 평가 등을 검토해 자신의 학습 목표와 수준에 맞는지 판단한다.

나는 이 전략을 꾸준히 실천하고 체계적으로 관리하기 위해, 평소 분야별 전문가를 비롯한 다양한 경로를 통해 추천받은 도서와 스마트폰에 메모하거나 사진으로 저장해 둔 책들을 수시로 추적하고 정리하는 '도서 트래킹Book Tracking' 작업을 오랫동안 지속해 오고 있다. 처음에는 읽어야 할 책들이 계속 쌓이는 느낌에 도서 목록이 늘어날수록 오히려 부담을 느끼기도 했다. 그러나 시간이 지날수록 그 목록 안에서 지금의 나에게 꼭 필요한 책들을 선별하는 안목이 생기면서, 이러한 습관은 내게 필요한 책을 선별하고, 독서 목표와 연결 지으며, 읽을 책의 우선순위를 조정하는 데 큰 도움이 되고 있다.

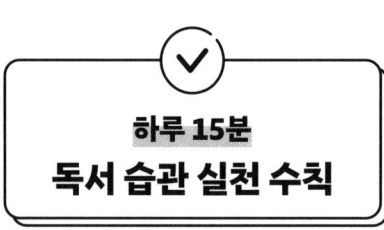

하루 15분 독서 습관 실천 수칙

▶ 지금까지 [전략1 목표 있는 독서가 삶을 변화시키는 이유]부터 [전략10 나만을 위한 독서 시스템, '자기 맞춤형 독서' 설계]까지의 실천 수칙을 따라 독서 목표를 세우고 다양한 방법으로 책 고르는 연습을 했다면, 이제부터는 실제로 읽을 책을 본격적으로 선정하고 확정할 차례입니다.

▶ 다음의 선정 방법을 참고하여 자신의 독서 목표에 부합하는 책을 직접 선정해 보세요.
1. 전문가나 신뢰할 만한 동료의 추천 도서를 우선 참고한다.
2. 추천자의 전문성과 자신의 필요 분야가 잘 맞는지 확인한다.

자동 독서 습관

3. 관심 분야 인플루언서의 블로그, 뉴스레터, 소셜 미디어, 유튜브 등에서 도서를 찾아본다.

4. 관련 학회, 협회, 대학 강의 계획서 등 공식 채널의 추천 목록을 참고한다.

5. 전문가에게 직접 문의하거나, 회사 내 북클럽과 독서 모임에서 선정된 책도 활용한다.

6. 주변 동료의 책상, 사내 게시판 등 일상에서 접하는 책도 메모하거나 사진으로 기록한다.

7. 여러 전문가의 추천 목록을 비교해 공통적으로 언급되는 책을 우선 고려한다.

8. 추천 도서의 출판 시기와 맥락을 파악하여 최신 정보인지 확인한다.

9. 최종적으로 목차, 서문, 독자 리뷰 등을 살펴보고 자신의 독서 목표와 부합하는지 판단한다.

10. 추천 도서 목록을 꾸준히 기록, 관리하며 주기적으로 업데이트해 우선순위를 조정한다.

디지털 시대의
슬기로운 책 선택 기술

온라인 서점에서 '직장인 자기 계발 분야 베스트셀러 1위' 같은 화려한 문구나 초기 화면의 이벤트에 이끌려 별다른 망설임 없이 책을 구매하는 경우도 있다. 그러나 막상 책을 읽고 나서 실망한 경험 또한 누구나 가지고 있을 것이다. 반면, AI 활용에 익숙한 사람은 시간과 노력을 들여 관심사나 독서 이력을 바탕으로 맞춤형 추천을 받은 끝에, 기대하지 않았던 책에서 뜻밖의 인사이트를 얻는 경험을 하기도 한다.

이처럼 온라인 서점과 다양한 디지털 채널, 그리고 AI 기술을 활용한 책 선택은 누구나 쉽게 접근할 수 있다는 점에서 매우 유용하다. 특히 적절한 전략과 판단을 더한다면 독서의 효율성과 확장성을 동시에 높일 수 있는 강력한 도구가 될 수 있다. 하지만 반대로 전략 없이 무작정 활용할 경우, 기대 이하의 결과에 그치거나 독서의 만족도가 오히려 낮아질 수 있다는 점도 간과해서는 안 된다.

최근의 '독서 실태조사'에 따르면, 우리나라 성인의 25%가 온라인 서점을 통해 책을 선택하며, 32%는 책을 구입하기 전 정보를 인터넷이나 유튜브를 통해 얻는다고 응답했다.[*] 특히 20~30대의 경우 리뷰의 구체성을 매우 중요하게 여긴다고 한다.

이러한 흐름에 맞춰 최근 우리나라 온라인 서점들도 사용자 중심의 맞춤형 검색 기능을 고도화하고 있다. 키워드 검색, 카테고리 분류, 평점 및 최신순 정렬, 그리고 '이 책을 본 사람이 본 책', '비슷한 주제를 다룬 도서'와 같은 연관 추천 기능은 관심 있는 책을 빠르게 탐색하고 선택의 폭을 넓히는 데 매우 효과적이다. 실제로 최근에는 많은 이용자들이 이런 기능 덕분에 책 찾기가 훨씬 수월해졌다고 느낀다.

결국 디지털 플랫폼과 AI 기반 기술을 활용한 독서 전략은 시간과 공간의 제약 없이 방대한 도서 정보를 탐색할 수 있게 해주며, 잘만 활용한다면 독서를 더 깊고 넓게 만들어 주는 중요한 도구가 될 수 있다. 그래서 무분별한 정보에 휘둘리지 않고, 나에게 맞는 책을 선별하려는 전략적 독서 태도가 무엇보다 중요하다.

단순히 별점이나 한두 줄의 평가가 아닌, 구체적인 독서 경험을 바탕으로 한 상세 리뷰를 꼼꼼하게 읽는 것이 중요하다. 광고성 리뷰나 지나치게 편향된 평가를 구분하기 위해서는 최소 세 곳 이상의 리뷰 플랫폼(온라인 서점, 독서 커뮤니티, 소

* 문화체육관광부, 2023 국민독서실태조사, 2024.08.14.

셜 미디어 등)을 비교하고, 반복적으로 등장하는 장단점을 정리해 보는 습관이 도움이 된다.

이와 함께 독서 커뮤니티의 활용도 매우 효과적이다. 일반적으로 접근하기가 쉬운 온라인 카페나 소셜 미디어 서평 계정 등에서는 실시간 토론과 서평 공유가 활발히 이뤄진다. '이 소설 때문에 밤을 새웠다'거나 '이 책으로 팀 프로젝트 방향을 잡았다'와 같은 실제 경험을 바탕으로 한 후기는 서점 리뷰와는 또 다른 차원의 정보들을 제공하기도 한다. 커뮤니티 활동을 통해 나와 유사한 관심사를 가진 사람들과 교류하다 보면, 이전에는 고려하지 않았던 새로운 책을 발견하게 되는 경우도 많다.

이처럼 온라인 서점의 리뷰나 소셜 미디어의 서평은 책을 고를 때 유용한 자료가 되기도 하지만, 광고성이나 허위 정보가 섞인 경우도 적지 않아 주의 깊은 판별이 필요하다. 당신의 소중한 시간과 비용을 낭비하지 않기 위해서는 나름의 판단 기준을 세워 비판적으로 리뷰를 분석하려는 노력이 필요하다.

1. 리뷰의 표현과 어조에 주목할 필요가 있다.

'인생 책', '무조건 필독'처럼 과도하게 감정적인 찬사나, 근거 없는 혹평은 일단 경계한다. 피상적인 문장만 반복하거나, 마케팅 문구를 그대로 가져온 듯한 표현도 광고성일 가능성이 높다.

자동 독서 습관

2. 리뷰의 구체성과 깊이를 확인한다.

줄거리나 핵심 주장을 짚고 자신의 생각을 덧붙인 리뷰는 신뢰할 수 있었지만, 배송 이야기나 단순 요약에 그친 글은 크게 의미를 둘 필요가 없다.

3. 리뷰 작성자의 활동 이력을 살피는 것도 중요하다.

특정 출판사 책에 반복적으로 긍정 리뷰를 남기거나, 유사한 시기에 비슷한 표현을 사용하는 계정은 대가성 여부를 합리적으로 의심할 수 있다. 그런 경우 협찬 여부를 밝히지 않은 리뷰라면 더욱 비판적으로 접근해야 한다.

4. 여러 리뷰를 비교하며 일관성과 패턴을 파악한다.

동일한 문장 구조나 표현이 반복되거나, 특정 시점에 리뷰가 급증하는 경우는 조직적인 리뷰일 가능성이 있다. 별점이 극단적으로 양극화된 경우도 마찬가지다.

AI 기반 추천 시스템 역시 빠른 속도로 진화하고 있다. 현재 상용화된 AI 플랫폼이나 챗봇에 자신의 독서 이력과 관심 주제, 독서 목표 등을 입력해 대화를 이어가다 보면, 이를 바탕으로 개인 맞춤형 도서를 추천받을 수 있다. 예컨대 '문제 해결 능력을 키우기 위해 최근에 『업스트림』을 읽었는데, 이와 연계해서 더 읽을 책을 추천해 달라'는 식으로 구체적인 요청을 하면, 단순한 베스트셀러가 아닌 사용자 상황에 맞는 도서를 제안받을 수 있다.

실제로 네 가지 AI 서비스에 동일한 질문을 해본 결과, 각 플랫폼은 4권에서 6권 사이의 책을 추천했으며, 그중『넛지』와『스위치』는 세 군데에서 공통적으로 언급되었다. 목록을 살펴보니 전문가에 따라 다른 의견이 존재할 수도 있지만, 전반적으로 신뢰할 만한 추천이라는 생각이 들었다. 여기에 추가 질문을 덧붙이면 AI의 추천은 점점 구체화될 것이다. 최근의 AI는 사용자의 맥락에 점점 더 정밀하게 반응하는 추세이기 때문에 기대 이상의 고무적인 결과를 쉽게 얻을 수도 있다.

이처럼 AI는 우리의 독서 생활에도 새로운 도전 기회를 제공하며, 나의 독서 목표를 더욱 정교하게 탐색할 수 있도록 도와준다. 반복해서 강조하지만 AI의 추천이라고 해서 그 결과를 그대로 수용하기보다는 다른 채널의 리뷰나 서평은 물론 도서 정보의 미리보기와 목차, 등을 꼼꼼하게 확인하여 한정된 정보이기는 하지만 나의 기대치에 부합하는 책인지 확인하는 과정이 꼭 필요하다.

하루 15분
독서 습관 실천 수칙

▶ 온라인 정보 및 AI 기반 독서 검색 전략

실천 항목	구체적인 방법
검색과 분류 활용	키워드, 카테고리, 출판사, 평점, 최신순 등 다양한 필터로 탐색 폭 좁히기
리뷰 비교 및 분석	최소 3개 이상의 플랫폼 리뷰를 확인하고 반복되는 장단점 요약, 광고성 리뷰는 비판적으로 분석
커뮤니티 참여	관심 분야 독서 커뮤니티에 가입해 추천 글, 토론글, 사용자 경험 공유 등 활발히 확인 및 교류
AI 추천 서비스 활용	다양한 AI를 통해 자신의 독서 이력 및 관심사를 근거로 독서 목표에 부합하는 추천 도서 요청, 추천 이유와 결과 비판적으로 검토
정보 교차 검토 습관화	온라인 서점, 커뮤니티, 전문가 및 AI 추천 등 다양한 출처의 정보를 종합해 비교 및 최종 판단

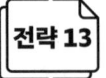

신간과 스테디셀러로
균형 잡힌 도서 목록 만들기

신간 도서와 스테디셀러의 장단점은 이미 독서에 익숙하지 않은 사람이라도 비교적 쉽게 짐작할 수 있다. 신간은 현재의 흐름과 맞닿아 있어 최신 트렌드나 정보를 빠르게 파악하는 데 유리하고, 스테디셀러는 오랜 시간 독자들에게 사랑받으며 검증된 깊이와 통찰을 품고 있다는 장점이 있다. 따라서 자신의 독서 목표와 환경을 점검한 뒤, 빠르게 변화하는 비즈니스 트렌드나 사회적 이슈를 파악하고자 한다면 신간을 우선적으로 선택하고, 내면적인 성장이나 삶의 방향을 성찰하고자 한다면 스테디셀러 중에서 책을 고르는 것이 무난한 선택이 된다. 여기에 더해, 이따금 퇴근길에 회사 근처의 서점에 들르거나, 주말에 집 근처 도서관에 짧게라도 들러서 책 구경을 하는 습관을 들인다면 당신의 독서 생활이 훨씬 풍요로워질 수 있다. 나는 신간 도서를 고를 때 몇 가지 기준을 세우고 있다.

단순히 화제성이나 저자의 유명세만으로 책을 판단하지

자동 독서 습관

않는다. 대신, 온라인 서점에 접속해 책의 목차를 꼼꼼히 살펴보고, 제공되는 미리보기 분량을 실제로 읽어보며 책의 전반적인 방향성과 깊이를 가늠한다.

신간 도서는 발간된 지 얼마 되지 않아 독자 리뷰가 부족하거나 마케팅성 후기가 많은 경우도 있다. 그래서 더욱이 앞에서 살펴본 전략들을 적용해 신중하게 접근해야 한다. 단순히 '핫'한 주제를 다룬다는 이유만으로는 구입할 가치가 충분한지에 대하여 항상 고민하려고 한다.

그럼에도 불구하고, 신간 도서는 최신 비즈니스와 기술, 자기 계발 분야의 흐름을 누구보다 빠르게 파악할 수 있게 해준다. 정보의 속도가 경쟁력인 시대에서, 신간은 얼리버드처럼 새로운 아이디어를 가장 먼저 접하고, 업무나 사고방식에 전환점을 마련할 수 있는 강력한 도구가 된다. 때로는 남들보다 빨리 읽은 책 한 권이 커리어의 흐름을 바꾸거나, 일상에 큰 활력을 불어넣기도 한다.

결론적으로 신간의 단점을 걱정해 지나치게 소극적으로 접근하기보다는, 자신만의 선택 기준을 마련하고 과감하게 실천해 보는 것이 바람직하다. 더불어 자기가 좋아하는 작가의 신간을 기다리는 일도 독서의 색다른 재미가 될 수 있다는 점을 기억해 두자.

스테디셀러 중에는 시간이 지나도 변하지 않는 가치를 전해주는 책들이 많다. 『사피엔스』나 『이기적 유전자』와 같은 책은 단기간의 유행을 넘어 전 세계의 수많은 독자들에게 통찰을 제공하며 많은 사람들의 사고방식을 바꾸는 데 결정적인 역할을 했다.

얼마 전 독서 모임에서 『데일 카네기 인간관계론』 개정판을 함께 읽고 이야기를 나눈 적이 있다. 예전에 몇 번이나 읽었던 책이지만, 다시 읽으니 모든 것이 새롭게 다가왔다. 『데일 카네기 인간관계론』은 초판이 1931년에 출간된 책으로, 무려 한 세기 전에 쓰인 고전이다. 물론 오래된 책인 만큼 단점이 있을 수도 있다. 가장 걱정되는 부분은 '옛 사람의 생각이 오늘날 나에게도 여전히 유효한가?' 하는 의심이다.

그러나 시대와 지역을 초월해 오랫동안 살아남은 고전들이 그렇듯, 스테디셀러는 그 안에 보편적인 통찰과 깊은 사고, 문화적 맥락에 대한 이해, 실천 가능한 지혜 등 여전히 가치 있는 내용들을 담고 있다. 이 책을 다시 읽으며, 몇몇 조언은 오늘날의 조직문화에서는 다소 이상적인 이야기처럼 느껴지기도 했다. 그런데 오히려 독서 모임에서 사람들과 이야기 나누는 과정에서, 출간 당시의 시대적 맥락과 현재의 관점을 함께 비교해 보며 정보의 유효성에 대하여 토론하자 더 깊은 이야기를 나눌 수 있었다.

이처럼 고전의 반열에 오른 '오래된 스테디셀러'를 읽을 때는 그저 '옛날 이야기'라는 선입견으로 단순히 과거의 조언으로만 치부하기보다는, 오늘의 나와 연결하여 재해석하려는 태도가 중요하다. 뒤에서 다시 다루겠지만, 혼자 독서할 경우에도 유튜브 강의나 저자 인터뷰, 현대적 해석이 담긴 리뷰 콘텐츠 등을 함께 찾아본다면, 고전의 내용을 지금 내 삶에 맞게 재조합하는 데 큰 도움이 될 것이다. 그렇게 한다면, 오래된 책이라도 현재의 현실 속에서 여전히 강력하게 작동하는 살아 있는 독서 경험이 될 수 있다.

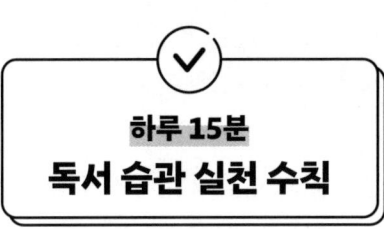

하루 15분
독서 습관 실천 수칙

▶ [전략12 디지털 시대의 슬기로운 책 선택 기술]에서 살펴본 '온라인 정보 및 AI 기반 독서 검색 전략'을 적용하여 자신의 독서 목표와 관련된 분야의 신간 도서와 스테디셀러를 각각 1권씩 골라 보세요. 지금부터는 실제 도서 구입과 독서 활동으로 이어진다는 점을 고려한 신중한 선택이 필요합니다.

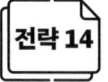

서점과 도서관에서
'우연한 발견'이 주는 행복

이따금 퇴근길에 회사 근처의 서점에 짧게라도 들르거나, 주말에 집 근처 도서관을 찾아가 책을 구경하는 습관을 들인다면 당신의 독서 생활이 훨씬 풍요로워질 수 있다. 서점과 도서관을 정기적으로 방문하는 일은 앞서 언급한 신간 도서와 스테디셀러를 바탕으로 효율적인 독서 전략을 수립하고 이를 실천하는 능력을 키우는 데 있어 가장 중요한 현장 학습이 된다.

학창시절의 익숙한 교육 과정으로 표현하자면, 이보다 더 좋은 '창의적 체험 활동'은 없다고 본다. 또한, 서점과 도서관이 주는 또 다른 매력은 바로 '우연한 발견'에 있다. 이 공간을 정기적으로 찾는 일은 단순히 책을 사거나 빌리는 데 그치지 않는다. 오히려 전혀 예상하지 못했던 새로운 아이디어와 관점을 마주하게 되는 소중한 시간이 되며, 독서가 내 삶과 사고를 확장시키는 열린 창이 된다는 사실을 무시로 체감하게 한다.

우리나라의 거의 모든 도서관은 다음과 같은 듀이의 '도서관 십진 분류법Dewey Decimal Classification, DDC'에 따라 도서를 관리하고 서가를 운영한다.

그래서 누구에게나 자기 전공에 따라 익숙해진 도서 분류 번호가 있을 것이다. 나의 경우는 인문학과 사회과학 중심의 100번대와 300번대, 그리고 문학 분야의 800번대가 익숙하다. 반대로 과학기술 분야의 500번대나 600번대, 예술 분야의 700번대 서가 앞을 서성일 때는 마치 융합과 통섭을 지향하는 독서가가 된 것처럼 색다른 뿌듯함을 느끼기도 한다.

〈도서관 십진 분류법(DDC) 현황〉

분류 번호	범주	분류 번호	범주
0	총류	500	자연과학
100	철학 및 심리학	600	기술 및 응용과학
200	종교	700	예술 및 레크리에이션
300	사회과학	800	문학
400	언어	900	역사 및 지리

도서관에서 책을 찾는 방식은 대부분 비슷하다. 검색용 단말기나 키오스크에 원하는 책을 입력한 뒤 분류기호를 확인하고 해당 서가로 가서 찾는 방식이라는 건 누구나 잘 알고 있을 것이다. 대형 서점의 경우에도 십진 분류 체계를 기반으로 하되, 내부적으로는 좀 더 세분화된 분류 기준을 사용하고 있어 기본 원리는 크게 다르지 않다.

예전에 직장 후배와 함께 국회도서관을 방문한 적이 있었다. 그 후배는 원하는 자료를 찾기 위해 한참을 헤매다 결국 사서의 도움을 받았다. 그 모습을 보며 나는 예전에는 자연스럽고 일상적이었던 일들도, 시간이 지나고 익숙함이 사라지면 금세 어색해지고 잊히기 마련이라는 사실을 새삼 실감했다. 그래서 큰맘 먹고 오랜만에 찾은 도서관이 낯설고 어색하다는 이유만으로 다시 돌아서는 일은 없었으면 한다. 조금만 시간이 지나면 공간에 익숙해지기 마련이고, 생각보다 훨씬 풍요롭고 유익한 시간이 될 수 있다.

그런데 어떤 사람은 특유의 책 냄새와 건조한 공기 때문에 도서관을 꺼리기도 하고, 반대로 종이향이 좋아 도서관에 머무는 걸 즐긴다고 말하기도 한다. 도서관에 오면 집중이 잘 된다는 사람도 있고, 열람실 분위기가 답답해서 집중할 수 없다는 사람도 있다. 이렇듯 정서적인 이유도 도서관 방문을 크게 좌우하기 때문에 상황과 목적에 따라 체류 시간이나 방식을 조율하면서 자신에게 꼭 맞는 '체험 활동' 계획을 수립하여 실천하길 바란다.

최근 도서관의 특징 중 하나는 예전과 달리 큐레이션 기능을 강화해 색다르게 '골라 먹는 재미'를 주고 있다는 점이다. 서점의 신간, 베스트셀러, 스테디셀러 코너처럼 도서관 역시 책의 흐름을 읽기 쉬운 공간으로 변모하고 있으며, 특히 사서의 전문성과 감각에 따라 큐레이션의 질이 확연히 달라지기도 한다.

자동 독서 습관

예를 들어 '여름밤에 어울리는 책', '일과 삶을 고민할 때', '퇴근길에 읽는 철학'과 같이 명확한 주제를 중심으로 구성된 큐레이션은 책 읽고 싶은 충동을 자극하며, 도서관을 정기적으로 찾게 만드는 원동력이 되기도 한다.

나는 서점이나 도서관에 갈 때면 매번 같은 코너만 찾기보다는 일부러 철학이나 예술, 종교 그리고 정간물(잡지) 코너 등을 돌며 평소 관심 두지 않았던 책들도 함께 탐색하는 편이다. 이러한 과정에서 우연히 발견한 책 중에 『숨결이 바람 될 때』가 있다. 도서관 추천 코너에 전시된 책이었는데 평소라면 지나쳤을지도 모르지만, 그날따라 우연히 책의 제목과 표지가 나의 시선을 붙잡았다. 저자의 삶과 죽음을 담담하게 그린 이야기를 읽으며 나 또한 삶의 의미와 방향에 대해 스스로에게 깊은 질문을 던지게 되었다. 우연한 만남이 깊은 성찰로까지 이어진 뜻밖의 경험이었다.

도서관의 가장 큰 장점은 다양한 책을 한꺼번에 꺼내 놓고 비교할 수 있다는 점이다. 관심 있는 책 몇 권을 골라 옆에 쌓아두고 목차, 첫 챕터, 문체, 주제 등을 종합적으로 살펴보면 결국 지금 나에게 가장 필요한 책 한 권이 자연스럽게 선택된다. 서점 역시 마찬가지다. 꼭 책 한 권이라도 사야 한다는 강박에서 벗어나 책을 눈으로 보고, 손으로 만지고, 냄새를 맡으며 오감을 통해 고를 수 있다는 점은 온라인 서점이 따라올 수 없는 오프라인 서점만의 매력이다.

요즘은 오프라인 대형 서점에서 새롭게 발견한 책들을 구독 플랫폼 읽기 목록에 등록해 두고 빈손으로 나오는 경우도 많아졌다. 온라인에서는 잘 검색되지 않던 책을 오프라인 서점에서 우연히 만나는 즐거움도 자주 경험하게 된다. 이러한 변화에 맞춰 대형 서점들도 새로운 소비 흐름에 적응하고 다양한 방식으로 대응하려는 노력을 기울이고 있기 때문에, 설령 서점에 갔다가 빈손으로 나오는 일이 있더라도 지나치게 미안해할 필요는 없다. 아무튼 우리는 책을 소비하기 위해 노력하는 '동업자'가 아닌가. 더 중요한 것은 책을 어떤 방식으로든 새롭게 발견하고, 그것을 삶과 연결 짓기 위해 노력하는 우리의 태도다.

자동 독서 습관

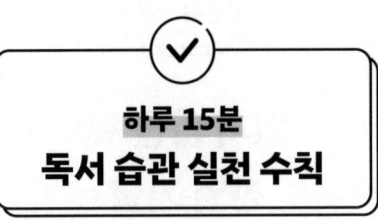

하루 15분
독서 습관 실천 수칙

► 예전보다 서점이 귀해졌지만, 잘 살펴보면 독특한 큐레이션으로 주목받는 독립서점 등 여전히 많은 서점들이 독자 여러분을 기다리고 있습니다. 오늘 퇴근길에는 꼭 서점에 들러 직접 책을 골라보세요. 그동안 자신이 골라둔 책들을 직접 확인해 보기도 하고, 우연한 만남을 통해 책과의 관계를 확장해 보세요.

► 그리고 이번 주말에는 집과 가장 가까운 도서관을 찾아 일단 부담 없이 '구경'해 보세요. 도서관이 아직 익숙하지 않는 사람들은 공간에 익숙해지는 게 우선입니다. 잘 찾아보면 보통 30분 이내에 닿을 수 있는 아주 가까운 곳에 공공도서관이 자리하고 있을 겁니다.

'읽지 않을 책' 선별 기술

우리는 전문가나 동료의 추천, 다양한 서평 분석, 그리고 신간이나 스테디셀러와 같은 기준을 바탕으로 책을 고르고, 독서 계획을 고도화하는 전략들을 앞서 살펴보았다. 그러나 아무리 정보를 걸러내고 좋은 책을 선별한다고 해도, 그것이 모두 나에게 꼭 필요한 책이라 해도, 무작정 다 읽을 수는 없는 노릇이다. 아니, 정확하게 말하자면 다 읽을 필요도 없다. 거듭 강조하지만 독서의 핵심은 '얼마나 많이 읽었는가'가 아니라 '어떤 책을 어떻게 읽었는가'에 있다. 바로 이 지점에서 필요한 중요한 능력 중 하나가 전략적인 정보 필터링, 즉 '읽지 않을 책'을 선별하는 기술이다.

이 전략은 책을 고르는 단계뿐 아니라, 독서를 진행하는 중간 과정에서도 매우 유용하게 작동한다. 일종의 중간 점검 체크 리스트로도 활용할 수 있는 것이다. 한번 읽기 시작했다고 해서 반드시 끝까지 읽어야 할 이유는 없다. 몇 장을 읽었음에도 얻는 바가 없다면, 매몰 비용을 감수하고서라도 과감히 중단하는 것이 더 현명할 수 있다. 물론 '얻는 바가 없다'는 말을 뒤집어 보면, 책의 내용은 훌륭하지만 내가 아직 그 내용을 온전히 이해하거나 흡수할 준비가 되지 않은 경우도 있을 것이다. 이런 경우라면 독서를 잠시 '보류'하고 자신의 수준에 맞는 다른 책으로 목표를 수정한 뒤, 나중에 다시 도전하는 것이 더 좋은 선택이 될 수 있다. 자신의 현재 역량에 맞지 않는 책을 무리하게 붙잡고 있어봤자 독서에 대한 흥미만 떨어뜨릴 뿐이다.

'읽지 않을 책'을 선별하기 위해서는 자신만의 기준이 필요하다. 독서에 익숙하지 않은 초보자라면 다음과 같은 다섯 가지 기준을 참고해 보면 좋다.

1. 현재 나의 독서 목표에 부합하는가?
2. 지금 내가 책의 내용에 흥미를 느끼고 몰입하고 있는가?
3. 이미 알고 있는 내용과 얼마나 중복되는가?
4. 나의 수준에 맞는 깊이와 난이도를 갖추고 있는가?
5. 책의 내용을 실제 업무나 삶에 적용할 수 있는가?

이 기준이 절대적인 것은 아니다. 독서 경험이 쌓일수록 한두 가지 기준만으로 판단할 수도 있고, 반대로 열 가지 이상의 기준을 세울 수도 있다. 실제로 따지고 보면, 둘째부터 다섯째까지의 항목은 모두 첫 번째 기준인 '독서 목표와의 부합 여부'를 구체화한 세부 항목이라고 볼 수 있다. 동시에 이 질문들은 지금 내가 어떤 삶의 국면에 있고, 어떤 성장을 필요로 하는지를 되묻는 메타인지적 성찰 과정이기도 하다.

나 역시 예전에는 책을 중간에 덮는 일을 실패처럼 여겼다. 그러나 지금은 그런 책들을 '성장 과정에서의 여과 작용'으로 받아들이며, 오히려 별도로 기록하는 방식으로 독서 전략을 정비하고 있다. '읽지 않을 책' 혹은 '아직 읽지 않은 책' 목록을 만들어 두는 것도 매우 유용하다. 제목과 함께 읽지 않기로 결정한 이유를 간단히 기록해 두면, 나중에 유사한 상황과 맞닥뜨리게 될 때 더 효과적으로 대응할 수 있다. 예를 들어 앞에서 언급한 마케팅 서적의 경우처럼 '국내 사례는 풍부했지만 이론 구조가 약하고, 지금 내 업무에 실질적인 도움은 되지 않았다'와 같은 기록을 남겨두면, 같은 패턴의 책을 피하는 데 큰 도움이 된다.

다만, 이 지점에서 분명히 경계해야 할 점이 하나 있다. 위와 같은 객관적이고 합리적인 평가 과정을 거치지 않은 채, 단지 지루하거나 어렵다는 이유로 중간에 독서를 쉽게 포기해서는 안 된다. 일종의 의지박약과 전략적인 독서 보류는 반드시 구분해야 한다. 독서 보류가 자꾸만 반복된다면 독서 자체를 포기하기 전에, 독서 목표 설정 단계로 돌아가 자신이 세운 기준과 기대에 어떤 문제와 한계가 있었는지를 점검하고 조정하는 과정이 필요하다. 예를 들어 목표 수립 당시에 한 기준으로 '출간과 동시에 베스트셀러가 된 신간'을 골랐다면, 이 조건은 도서 선택에서 일정 수준 이상의 신뢰 지표일 수는 있지만, 내 선택의 필요충분조건이 되는 건 아니라는 점을 꼭 말해주

자동 독서 습관

고 싶다. 독서를 통해 내가 얻고자 하는 바가 명확할수록, 우리는 흔들림 없이 깊이 있는 지식의 세계로 나아갈 수 있다.

정보는 넘쳐나지만 시간과 비용 등 자원은 언제나 한정적일 수밖에 없다. '읽지 않을 책'을 선별하는 기술은 이제 독서의 성패를 가르는 중요한 요인 중 하나로 자리 잡았다. 목표와 기준을 정하고, 합리적 판단을 바탕으로 필요한 책과 불필요한 책을 구분하는 능력은 단순한 기술을 넘어 독서라는 여정을 더욱 의미 있게 만들어 준다. 정보의 숲에서 자신만의 길을 찾기 위해 꾸준히 고민하며 노력하는 당신을 응원한다.

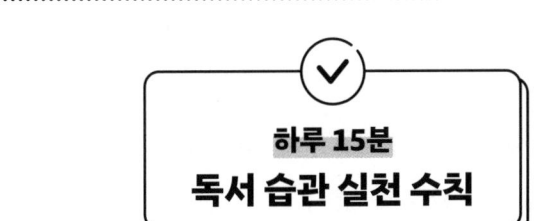

하루 15분
독서 습관 실천 수칙

▶ 혹시 최근에 완독을 포기한 책이 있다면 그 이유를 되짚어 봅시다. 단순히 '어려워서', '재미가 없어서'와 같은 일차원적인 주관이나 '시간이 없어서' 등의 외적 요인은 배제하고, 본문의 예시와 같이 '국내 사례는 풍부했지만 이론 구조가 약하고, 지금 내 업무에 실질적인 도움은 되지 않았다'와 같은 형식과 수준으로 메모를 해봅시다.

내 삶에 최적화된
전자책&오디오북 활용 가이드

지금까지의 독서법은 주로 종이책을 중심으로 제안되었다. 심지어는 반드시 종이책으로만 독서 활동을 해야 한다고 주장하는 전문가들도 있다. 그러나 AI 시대에는 단순한 종이책 읽기를 넘어, 전자책과 오디오북 등 다양한 형식의 콘텐츠를 자신의 환경과 목적에 맞춰 전략적으로 활용함으로써 독서의 효율성과 경험의 폭을 넓힐 필요가 있다.

실제로 최근의 '독서 실태조사'에 따르면, 성인의 전자책 이용률은 19.4%, 오디오북은 3.7%로 나타났으며, 특히 20대와 30대를 중심으로 디지털 기반 독서의 비중이 꾸준히 증가하는 추세다.[*] 이는 이제 독서가 더 이상 종이책에만 국한되지 않으며, 다양한 형식을 능동적으로 선택하고 활용하는 능력이 중요해졌음을 보여준다.

● 문화체육관광부, 2023 국민독서실태조사, 2024.08.14.

자동 독서 습관

다양한 형식의 콘텐츠를 활용하는 가장 큰 장점은 유연성과 효율성에 있다. 바쁜 출퇴근길에는 오디오북으로 시간을 활용하고, 장기 출장이나 휴가 중에도 전자책으로 수십 권의 책을 간편하게 휴대할 수 있다. 또한 요약본은 방대한 책의 핵심을 빠르게 파악하거나 여러 도서 중 깊이 읽을 책을 선별하는 데 유용하다. 이렇게 각 형식의 특성을 적절히 조합하면, 시간과 공간의 제약을 넘어 독서의 지속성과 효과를 높일 수 있었다.

전자책은 뛰어난 휴대성과 접근성 덕분에 어느새 바쁜 현대인에게 매우 유용한 독서 수단으로 자리 잡았다. 전자책의 장점은 다음과 같다.

1. 휴대성: 수백, 수천 권의 책을 가벼운 단말기에 저장해 언제 어디서나 독서 가능
2. 신속성: 서점 방문이나 배송 단계 없이 도서 검색과 구매, 다운로드 가능
3. 맞춤형 읽기 환경: 글자 크기, 글꼴, 줄 간격 등을 시력·취향에 맞게 조절 가능
4. 어두운 환경 지원: 백라이트 기능으로 별도 조명 없이도 독서 가능
5. 검색 효율성: 키워드 검색으로 필요한 정보 신속 탐색 가능
6. 능동적 읽기 도구: 하이라이트, 텍스트 메모 기능으로 핵심 문장, 아이디어 기록 가능
7. 지식 관리 용이: 주석이나 메모를 검색하거나 체계화하는 것

이 가능, 클라우드 연동으로 기기 간 동기화가 편리

8. 독서 이력 관리: '내 서재'나 '책장' 기능을 통해 도서 목록을 정리하며 통계 확인도 가능

9. 소셜 기능 강화: 밑줄 부분이나 감상을 다른 독서자들과 공유하며 독서 경험 확장

10. 부가 기능 활용: 내장 사전이나 번역 기능을 활용하여 원서 및 외국어 독서 지원

하지만 전자책은 단점도 명확히 존재한다. 가장 대표적인 단점은 장시간 화면을 바라보았을 때 생기는 눈의 피로다. 이는 스마트폰이나 태블릿 혹은 노트북 화면 등에서 더 두드러지지만, 전자잉크e-ink 기술을 적용한 전용 리더기를 사용하면 종이책과 유사한 시각적 경험을 제공해 눈의 부담을 줄일 수도 있다. 또 하나의 단점은 스마트폰이나 태블릿처럼 다기능 기기에서 책을 읽을 경우, 각종 알림이나 메시지로 인해 집중력이 쉽게 흐트러질 수 있다는 점이다.

그러나 나의 경우에는 전용 리더기를 몇 차례 '기변'한 끝에, 결국 태블릿으로 정착하게 되었다. 전자잉크 리더기의 경우, 내 기준으로는 눈의 편안함 외에 가격 대비 장점이 딱히 없는 편이었다. 최근에는 태블릿에도 눈의 피로도를 줄여주는 다양한 기술이 접목되면서 그 격차가 점차 줄어들고 있다. 무엇보다 태블릿은 단순한 독서 기기를 넘어 필기, 웹서핑, 학습 앱, 문서 작업 등 다양한 도구와 기능을 함께 사용할 수 있다는

자동 독서 습관

점에서 활용 범위가 훨씬 넓은 편이다. 휴대성 면에서도 독서용 리더기와 다른 기기를 따로 들고 다니는 것보다, 태블릿 하나로 통합해 사용하는 것이 훨씬 효율적이었다. 이러한 이유로, 현재는 태블릿이 나에게 가장 실용적인 독서 도구로 자리 잡았다.

그러나 전자책은 종이책에서 느낄 수 있는 물성, 즉 책을 넘기고 소유하는 촉감과 만족감을 제공하지 못하며, 배터리가 없으면 아무것도 할 수 없는 모든 디지털 기기의 한계를 고스란히 갖고 있다. 또 디지털 저작권 보호 시스템DRM으로 인해 플랫폼 간 호환성이 떨어질 수 있고, 플랫폼 서비스 구독을 종료하면 이미 구매한 도서를 다시 이용할 수 없게 되는 경우가 생길 수도 있다.

일부 연구를 보면 복잡한 텍스트를 읽을 때 전자책이 종이책에 비해 내용 이해도나 기억 유지율에서 다소 불리할 수 있다는 가능성을 제기하기도 한다. 나는 전자책으로 읽은 책의 표지가 잘 기억나지 않는 점이 늘 아쉽다. 종이책을 읽을 때는 책을 펼치거나 덮을 때마다 자연스럽게 표지를 보게 되고, 그 과정에서 책의 내용과 표지 이미지가 하나의 인상으로 자연스럽게 머릿속에 각인되기도 한다. 그러나 전자책은 대부분 마지막으로 읽던 페이지에서 바로 독서가 재개되다 보니, 표지를 다시 볼 기회가 거의 없다. 이 때문인지 책을 다 읽고 나서도 내용은 기억이 나는데, 표지는 물론 심지어는 책 제목이 흐릿할 때도 있다. 내 개인의 사정이고 한계일 수 있지만, 책 한 권이 가지고 있는 여러 요소들의 '인상 결합'이라는 측면에서 볼 때 이 작은 아쉬움은 결코 작지 않다.

오디오북은 '듣는 독서'라는 새로운 방식을 통해 독서의 경계를 확장시켰다. 운전이나 산책, 집안일 등 다른 활동을 하면서도 독서를 병행할 수 있다는 점에서 멀티태스킹에 최적화된 형식이라고 할 수 있다. 에세이 종류나 명상과 관련된 책, 소설, 가벼운 정보서나 실용서 등은 오히려 종이책보다 더 드라마틱한 독서 경험을 선물하기도 한다. 이미 지상파 텔레비전이나 라디오 같은 레거시 미디어를 통해 귀로 듣는 독서의 매력을 잘 알고 있는 사람도 있을 것이다. 특히 AI 기술의 발전으로 저자는 물론, 사용자가 선호하는 셀럽의 음성으로 책을 읽어주는 서비스도 등장하면서 몰입감을 더욱 높일 수 있다.

특히 종이책과 오디오북을 동시에 활용할 경우, 눈으로 글자를 읽는 동시에 귀로도 내용을 들을 수 있어 더 강력한 집중과 학습 효과를 발휘할 수도 있다. 이런 방식은 핵심 문장을 반복 학습하거나 외국어 도서를 읽을 때 특히 유용하다. 그러나 오디오북은 복잡하거나 추상적인 개념을 다룬 책의 경우, 청취만으로 내용을 완전히 이해하기에는 분명한 한계가 존재한다.

이러한 전자책과 오디오북에 접근하는 방식은 다양하다. 그런데 조금만 부지런히 움직이면, 우리가 공공도서관에서 종이책을 무료로 대출해 읽을 수 있는 것처럼 전자책이나 오디오북 또한 얼마든지 무료로 이용할 수 있는 방법이 있다. 공공도서관, 즉 지자체나 교육청에서 운영하는 지역 도서관의 정회

자동 독서 습관

원이 되기만 하면 된다. 도서관을 방문해 회원 가입을 하고 도서관 회원번호ID를 발급받은 후, 해당 도서관의 홈페이지에 접속하기만 하면 된다.

홈페이지에 들어가면 도서관이 계약한 전자도서관 플랫폼(교보문고, Yes24, 북큐브, 부커스, 밀리의 서재, 리디북스, DBpia 등)을 확인할 수 있으며, 그 플랫폼의 전용 앱과 뷰어를 설치해 사용할 수 있다. 이렇게 하면 일반적으로 유료로 제공되는 전자책 서비스도 공공도서관을 통해 무료로 이용할 수 있게 된다. 시간과 장소에 구애받지 않고 책을 읽거나 오디오북을 들을 수 있는 이 공공 전자책 서비스는 디지털 시대에 독서를 지속하기 위한 매우 훌륭하고 효율적인 방법이다.

나 역시 현재 다섯 개의 전자책 플랫폼을 병행해 사용하고 있다. 유료 결제 중인 한 개의 플랫폼을 중심으로 공공도서관에서 제공하는 무료 전자도서관 플랫폼들도 적극적으로 활용하고 있다. 플랫폼마다 제공하는 도서 목록과 콘텐츠 구성이 조금씩 다르기 때문에, 이미 유료 플랫폼을 이용 중인 독자들도 공공도서관 서비스를 함께 활용하면 훨씬 더 풍성한 독서가 가능하다. 전자책이나 오디오북에 관심은 있지만 유료 서비스 이용이 부담스러워 망설이고 있다면, 지금 당장 가까운 공공도서관부터 찾아가 보자. 지역 도서관마다 이용 가능한 전자도서관 플랫폼과 운영 방식에 차이가 있지만, 대부분의 도서관에서는 로비나 입구에 전자도서관 이용 방법이 잘 안내된 리플릿이나 배너가 비치되어 있어 처음 방문하는 사람도 어렵지 않게 시작할 수 있다.

　도서관의 사서나 담당 직원에게 문의하면 앱 설치부터 로그인, 책 대출과 뷰어 사용까지 매우 친절하게 설명해 주기 때문에 처음 접하는 사람이라도 전혀 걱정할 필요가 없다. 공공도서관은 생각보다 우리 가까이에 있고, 특히 변화된 시대의 흐름에 맞게 디지털 독서를 위한 훌륭한 지원군이 되어준다. 조금만 관심을 갖고 움직인다면, 유료 서비스를 뛰어넘는 수준의 독서 경험을 공공자원만으로도 충분히 누릴 수 있다. 공공도서관은 그야말로 디지털 독서 시대의 숨은 보물창고다.

　결론적으로, 우리는 다양한 콘텐츠 형식을 전략적으로 이해하고 조합함으로써 시간과 공간의 제약을 넘어 독서를 지속 가능하게 만들어야 한다. 이 전략은 단순한 읽기 기술을 넘어, 복잡한 문제를 다각도에서 이해하고 실천하는 사고방식의 훈련일 수도 있다. 궁극적으로는 자신의 독서 습관과 목적, 내용과 환경에 따라 가장 적절한 방식의 '독서 수단'을 선택할 줄 아는 능력이 필요하다.

하루 15분
독서 습관 실천 수칙

▶ 전자책과 오디오북 활용을 위한 독서 플랫폼 아이디 만들기

· 아직 독서 플랫폼의 아이디가 없다면 수단과 방법을 가리지 말고, 일단 아이디부터 만듭시다.

· 본문에서 소개한 대로 가까운 공공도서관에서 안내를 받은 뒤 무료로 이용하는 방법이 가장 합리적입니다.

· 독서 플랫폼에 직접 접속해 회원 가입을 하면, 대부분의 플랫폼은 일정 기간 동안 무료로 이용할 수 있는 이벤트를 상시 진행하고 있습니다. 일단 전자책의 장단점을 충분히 경험한 뒤 유료 전환을 고려해 보세요.

· 통신사의 요금제를 잘 살펴보면 비교적 저렴한 금액으로 독서 플랫폼을 이용할 수 있는 다양한 결합 상품들이 출시되어 있으니 참고하세요.

▶ 전자책 디바이스 선택

· 전자책 비중이 높아지기 전까지는 지금 사용하고 있는 스마트폰을 우선 활용하는 것이 좋습니다. 별도의 독서용 디바이스를 구입하기에 앞서 현재 사용하고 있는 태블릿이나 노트북을 활용하는 것도 방법입니다.

② 책 속으로 빠져드는 몰입의 기술

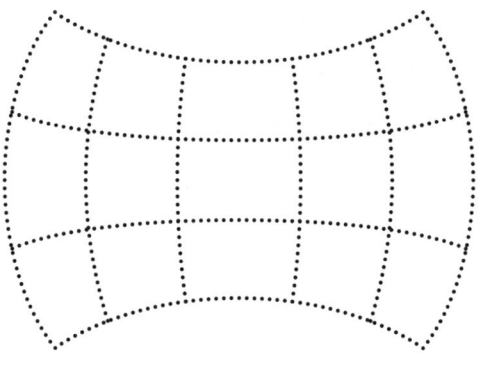

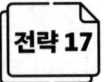

스마트폰에 빼앗긴 일상을 회복하는 '하루 15분'의 기적

많은 사람들이 독서를 하지 못하는 이유로 '시간이 없다'는 말을 입버릇처럼 달고 산다. 그러나 우리는 너무나 잘 알고 있다. 시간 핑계는 졸린 아기의 잠투정만큼이나 의례적인 변명일 뿐이다. 더 이상 이런 핑계에 공감하며, 칭얼거리는 나를 안고 어르거나 재워줄 엄마도 아빠도 없다.

하루 일과를 조금만 들여다보면, 누구나 생각보다 많은 자투리 시간이 흩어져 있음을 쉽게 확인할 수 있다. 독서 시간 확보 전략은 이렇듯 숨어 있는 시간들을 '의식적으로 발견하고', '의도적으로 설계하여', 독서를 일상의 루틴으로 만들어 가는 실천에 관한 이야기다.

출퇴근길 지하철에서 전자책으로 15분씩 독서를 하고, 잠들기 전 30분을 독서 시간으로 고정한다면 하루 한 시간, 일 년이면 300시간 이상의 독서 시간을 확보할 수 있다. 산술적으로는 너무나 쉬운 일이어서 전략이라고 할 것도 없다. 병원 대기

실이나 약속 장소에 일찍 도착했을 때처럼 예상치 못한 자투리 시간 역시 훌륭한 독서 시간이 된다. 앞의 진단 과정에서 살펴보았듯이 실제로 우리나라 사람들의 하루 평균 스마트폰 사용 시간은 5시간에 달하며, 이 중 단 30분만 책 읽기로 전환해도 일주일에 3시간 30분 이상의 독서 시간을 확보할 수 있다. 이는 디지털에 빼앗긴 일상의 주도권을 독서로 회복하는 일이기도 하다. 기억하겠지만, 현재 한국 성인의 평균 독서 시간은 평일 기준 고작 10분에 불과하다.

자투리 시간을 체계적으로 활용하면 독서량은 당연히 증가한다고 한다. BJ 포그의 '작은 습관 이론Tiny Habits'을 보면, 작고 구체적인 행동을 반복할 때 큰 습관으로 연결된다고 한다.[*] 그리고 『성공하는 사람들의 7가지 습관』으로 유명한 스티븐 코비의 '시간 관리 매트릭스Time Management Matrix'에서는 독서를 '중요하지만 긴급하지 않은 일'로 분류하며, 그래서 독서 활동은 '의도적으로 우선순위를 설정할 필요가 있다'고 강조하고 있다.

최소한의 독서 시간을 확보하기 위해서는 몇 가지 단계를 체계적으로 밟는 것이 효과적이다. 먼저 자신의 생활 패턴을 꼼꼼히 분석하여 독서 시간을 어디에 배치할 수 있을지 구체적으로 확인해야 한다. 예를 들어 매주 일요일 저녁에 10분 정도 시간을 들여 한 주의 일정을 점검하고, 고정 독서 시간을 미

- BJ 포그, 『습관의 디테일』, 김미정 번역, 흐름출판, 2020.

리 설정하는 루틴을 만드는 것이 도움이 된다. 예컨대 매일 저녁 9시 30분부터 10시까지를 독서 시간으로 지정해 두고, 이를 스마트폰 캘린더에 '중요한 약속'처럼 등록한 뒤 알림 기능을 설정하면 놓치지 않고 실천할 수 있다.

또한 바쁜 일상에서 꾸준히 독서를 실천하려면 자투리 시간을 적극적으로 활용하는 습관이 필수적이다. 이를 위해서는 가방 속에 가볍게 읽을 수 있는 얇은 책 한 권이나, 자신의 관심 분야에 대한 최신 인사이트를 제공하는 잡지를 넣어 다니는 것이 좋다. 출퇴근길이나 대기 시간처럼 예상치 못한 틈새 시간에는 오디오북이나 스마트폰 독서 앱을 활용해 짧은 글이라도 반복적으로 읽는 습관을 들이는 것이 중요하다. 이러한 작은 실천은 시간이 쌓일수록 독서 습관의 뿌리를 내리게 하고, 결국 독서가 일상의 일부로 자연스럽게 정착하는 기반이 된다.

목표를 설정할 때에는 '몇 페이지를 읽는다'는 분량 중심의 방식보다, '하루 30분 읽기'처럼 시간 기반의 방식이 훨씬 효과적이다. 이는 독서에 대한 부담을 줄이는 동시에, 꾸준히 실천할 수 있는 심리적 여유를 만들어 준다. 특히 여유가 있는 주말에는 1~2시간 정도의 집중 독서 시간을 따로 계획해 두고, 평소보다 몰입도 높은 독서를 시도하는 것이 좋다.

중요한 것은 독서를 '특별한 활동'으로 따로 떼어놓지 않고, 일상 속 루틴으로 자연스럽게 녹여내는 것이다. 대부분의 사람들이 하루 평균 5시간을 스마트폰 사용에 할애하면서도,

그 시간을 언제 어떻게 쓸지 구체적으로 계획하는 사람은 아무도 없을 것이다. 만약 지금 당장 독서 시간을 따로 확보하기 어렵다면, 무의식적으로 소비하던 스마트폰 사용 시간의 일부를 독서로 전환하는 것부터 시작하는 것이 현실적이다.

예를 들어 소셜 미디어를 무의식적으로 스크롤하던 시간에 전자책 앱을 열거나, 유튜브 대신 오디오북을 듣는 습관을 만들어 보자. 아주 거창한 결심 없이도, 독서는 우리의 일상적인 '디지털 라이프' 속으로 자연스럽게 들어올 수 있다. 중요한 것은 실행 가능한 방식으로 독서를 생활 안에 끌어들이는 태도이다.

자투리 시간을 생산적으로 활용하면 단순히 시간 낭비를 줄이는 것을 넘어, 독서에 대한 진입 장벽 자체를 낮추는 효과가 있다.

현대인의 일상을 들여다보면, 과도한 스마트폰 사용이 이미 습관화되어 있다. 실제로 직장인 대부분은 외장 배터리를 휴대하거나, 사무실 책상 위에 스마트폰 전원을 상시 연결해 두고 충전을 반복한다. 이처럼 디지털 기기의 '전력 충전'이 필수이듯, 독서는 우리의 '정신적 충전'에 해당한다.

하루 몇 번의 자투리 시간만 잘 활용해도, 독서는 지친 일상에 휴식과 활력을 불어넣을 수 있다. 특히 스마트폰 사용 시간을 줄이고, 그 일부를 책 읽는 시간으로 전환하는 것만으로도 일상에 눈에 띄는 변화를 만들어 낼 수 있다.

하지만 이러한 전략을 실천할 때에는 몇 가지 주의할 점도

자동 독서 습관

함께 고려해야 한다.

1. 과도하게 빡빡한 독서 계획은 오히려 역효과를 낳을 수 있다.

특히 평소 책 읽기가 익숙하지 않은 사람이 의욕에 차 하루 1시간 이상의 독서를 계획했다가 현실과의 괴리감으로 중도 포기하는 사례가 적지 않다. 이런 경우에는 하루 30분 등 부담 없는 시간으로 목표를 조정하고, 꾸준함과 지속 가능성을 높이는 것이 훨씬 효과적이다.

2. 짧은 자투리 시간에 복잡하거나 몰입을 요하는 독서는 오히려 독이 될 수 있다.

예를 들어 출근길 대중교통 안에서 실무 이론서를 읽으려다 집중하지 못하고 금세 포기한 경험이 있다면, 가볍고 단문으로 구성된 칼럼이나 산문집을 선택하는 것이 현명하다.

3. 한 권의 책만 정주행하려는 고정 관념에서 벗어난 유연한 독서 방식도 필요하다.

학교 시간표처럼 시간과 상황에 맞는 책을 병렬적으로 읽는 방식이 좋은 대안이 될 수 있다. 예를 들어 출근길에는 오디오북으로 산문집을 듣고, 업무 시간 틈틈이 짧은 업무 칼럼을 읽으며, 퇴근 후 조용한 집에서는 실무 이론서를 정독하는 방식이다. 이렇게 여러 권의 책을 상황에 따라 나눠 읽으면 피로감을 분산시키고, 독서의 밀도도 높일 수 있다.

4. 갑작스러운 사정으로 독서 시간을 놓친 경우에는 자책 대신 탄력적 대응이 필요하다.

예기치 않은 일정 변경 등으로 독서 시간을 놓쳤다면 다음 날 5분이나 10분을 보충하면 그만이다. 완벽하게 지키는 것보다 중요한 것은 꾸준히 돌아오는 것이다. 독서가 '계획을 지키는 일'이 아니라, 자기 삶을 지탱하고 성장시키는 루틴이 되도록 하는 것이 궁극적인 목표이기 때문이다.

독서 시간 확보와 스케줄링은 단순한 시간 관리 기술이 아니라, 삶의 우선순위를 다시 세우는 실천적 선택이다. 하루 단 15분, 30분의 작고 꾸준한 실천은 어느새 습관이 되고, 그 습관은 결국 독서라는 자기 성장의 뿌리로 자리 잡는다. 그 작은 시간의 투자만으로도 우리는 한 달에 한 권 이상의 책을 완독할 수 있으며, 때로는 그 한 권이 삶의 관점과 방향을 근본적으로 바꾸는 전환점이 되기도 한다. 독서는 시간이 있을 때 하는 일이 아니라, 시간을 만들어서라도 해야 할 가치 있는 행위라는 사실을 잊지 말자. 당장의 바쁜 일상 속에서도 책 한 권의 여백은, 생각의 숨을 틔우고 삶을 다르게 만드는 중요한 계기가 될 수 있다.

자동 독서 습관

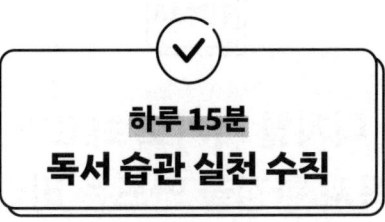

하루 15분 독서 습관 실천 수칙

▶ 당신은 이미 독서 목표 수립 단계에서 하루 15분 독서 활동을 약속했습니다. 다음의 '전략적 독서 확보 실천 체크리스트'를 통해 지난 계획과 실천 사항을 점검해 보세요.

▶ 집이나 회사 등 안정적인 장소에서는 비교적 집중이 필요한 책을, 출퇴근길 대중교통이나 운전 중에는 오디오북으로 가벼운 내용의 책을 접하는 것도 방법입니다.

▶ 처음부터 무리하지 말고 하루 15분, 무엇보다 독서 활동을 지속하는 것이 중요합니다. 독서가 당신의 일상과 몸에 익숙해지기 시작하면 30분, 1시간 등으로 점점 시간을 늘려나가는 방식이 좋습니다.

〈전략적 독서 시간 확보 실천 체크리스트〉

구분	실천 전략
생활 분석	매주 일요일, 독서 가능 시간대 점검 및 스케줄 설계
시간 고정	매일 저녁 15분 혹은 30분 고정 루틴 설정, 캘린더에 등록 및 알림 설정
자투리 활용	출퇴근길, 대기 시간: 전자책, 오디오북, 앱 독서
목표 설정	페이지 수보다 시간 단위(평일 15분, 주말 1시간 등)로 설정
유연한 태도	일정 실패 시 자책보다 대체 시간 계획으로 조정

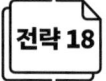

디지털 기기로 최고의
독서 환경을 만드는 비결

디지털 시대에 독서는 더 이상 종이책에 국한되지 않는다. 스마트폰, 태블릿, 전자책 리더기와 같은 디지털 기기를 활용한 독서가 보편화되면서, 보다 많은 사람들이 언제 어디서든 책을 읽을 수 있는 환경을 누릴 수 있게 되었다. 특히 디지털 환경에 익숙한 MZ세대에게는 이러한 기기를 통한 독서가 일상의 주요 독서 방식으로 자리 잡았다. 언제든 손에 쥐고 있는 디지털 기기 하나만으로도 독서를 시작할 수 있는 접근성은 분명한 장점이지만, 반면에 잘못된 화면 설정이나 무심코 반복되는 사용 습관은 눈의 피로, 집중력 저하, 수면 장애 등으로 이어져 독서 몰입을 방해하는 요인이 되기도 한다.

이번 전략은 디지털 독서의 이러한 단점을 최소화하고, 사용자 각자에게 맞는 최적의 환경 설정을 통해 보다 편안하고 지속 가능한 몰입 독서 환경을 구축하는 것을 목표로 한다. 단순히 '읽기'를 넘어 '편안하게 오래 읽을 수 있는 상태'를 만들기 위해서는, 시각적 환경을 정교하게 조정하는 감각이 필요하다.

작은 글씨의 종이책은 왠지 어려운 느낌이 들어서 선뜻 집어 들기가 어려웠는데 글꼴 크기를 자유롭게 조정할 수 있는 전자책이 오히려 잘 읽힌다는 사람도 있다. 갑자기 찾아온 노안 때문에 책 읽기가 어려운 사람들에게도 나는 글자를 크게 키워서 읽을 수 있는 전자책을 추천하며 돋보기 없이도 책을 읽을 수 있는 자유로움을 강조하기도 한다. 이러한 사례들은 디지털 환경에서의 독서 경험이 단순히 책의 내용에만 달린 것이 아니라, 기기 설정과 환경 조정에 의해 크게 좌우된다는 점을 보여준다.

이러한 필요성은 연구 결과로도 뒷받침된다. 2022년 미국 전자책 사용자 설문조사에서도 68%의 응답자가 글꼴 크기와 배경색을 조정한 뒤 집중력이 높아졌다고 답했다.[*] 시각인지 연구에서는 글꼴의 종류, 크기, 줄 간격, 화면의 밝기와 색온도가 독서의 몰입도와 이해도, 지속 시간에 직접적인 영향을 미친다고 설명한다. 특히 블루라이트는 수면을 유도하는 멜라토닌의 분비를 억제해 저녁 시간대의 독서 이후 수면의 질을 낮출 수 있다고 알려져 있다. 이러한 이유로, 디지털 환경에서 독서 몰입을 유지하기 위한 정교한 설정과 습관은 매우 중요한 요소라고 할 수 있다. 교육공학적 차원에서 보더라도 이렇듯

- "The role of background color, interletter spacing, and font size on preferences in the digital presentation of a product," ResearchGate, 2022. https://www.researchgate.net/publication/268504007

미세한 조건 하나하나가 모여 학습 효율에 커다란 영향을 주기도 한다.

1. 스마트 기기나 뷰어에 기본으로 설정된 서체가 반드시 '최선의 추천'은 아니다.

글자 크기 역시 한 화면에 표시되는 텍스트의 양과 페이지 넘김 빈도를 고려해 조정해야 한다. 너무 작으면 눈의 피로를 유발하고, 너무 크면 자주 페이지를 넘겨야 해 흐름이 끊기기 쉽다. 적절한 크기로 조정하여 몰입을 방해받지 않도록 하는 것이 중요하다.

2. 화면 밝기는 주변보다 약간 낮게 설정하고, 배경 색상은 흰색을 피하는 것이 좋다.

주변 환경보다 약간 낮은 밝기를 유지하면 눈부심을 줄일 수 있고, 글자와 배경의 대비는 항상 명확하게 유지해야 한다. 특히 흰색 배경은 장시간 노출 시 눈의 피로를 심화시킬 수 있으므로, 미색이나 세피아, 회색 톤의 배경으로 설정하는 것이 좋다. 저녁 시간대에는 다크 모드를 적극 활용하거나, 블루라이트 차단 필터를 활성화해 눈 건강과 수면 리듬을 함께 관리해야 한다.

한편 장시간 독서를 자주 하는 사용자라면 전자잉크 디스플레이를 탑재한 전자책 리더기를 사용하는 것이 좋은 선택이다. 이러한 전용기기는 백라이트가 없고, 종이책에 가까운 시각 경험을 제공해 눈의 피로를 현저히 줄여준다.

자동 독서 습관

그럼에도 불구하고 아무리 설정을 최적화해도 장시간의 화면 응시는 눈에 무리를 줄 수밖에 없다. 이럴 경우에는 '20-20-20 규칙', 즉 20분마다 20피트(약 6미터) 떨어진 곳을 20초간 바라보는 습관을 들이는 것이 눈의 피로를 완화하는 데 효과적이라고 알려져 있다. 이처럼 독서 환경의 디테일 하나하나에 관심을 기울이는 태도는, 단지 눈을 보호하는 수준을 넘어 몰입 가능한 독서의 질을 결정짓는 핵심 요소가 된다. 디지털 기기에 익숙한 사용자일수록 이러한 설정을 통해 언제 어디서나 부담 없이 독서를 이어갈 수 있다는 장점도 크다. 이동 중, 대기 중, 밤늦은 시간 등 상황에 따라 스마트폰 하나만으로도 효과적인 독서를 지속할 수 있게 된다.

물론 사용자마다 눈의 민감도와 선호 설정이 다르기 때문에, 최적의 설정값을 찾기까지는 여러 번의 조정과 시행착오가 필요하다. 어떤 사용자는 매일 배경색과 화면 밝기를 바꾸다가 오히려 독서 집중력을 잃은 경험이 있다고 한다.

반복적인 설정 변경은 자칫 몰입을 방해하는 요인이 되므로, 며칠 동안 다양한 설정을 시험해 본 뒤 자신에게 맞는 기본값을 정하고 고정하는 것이 좋다.

결론적으로 디지털 네이티브에게 독서 환경의 최적화는 단순히 편의성을 높이는 문제를 넘어, 지속 가능한 독서 습관을 형성하고 몰입의 질을 높이는 핵심 전략이다. 작은 설정 하나가 독서의 효율을 바꾸고, 눈의 편안함이 몰입의 시작점이 된다. 기술과 습관을 균형 있게 조정하여, 특히 디지털 기기를 통해서도 종이책 못지않은 깊이와 여운을 남기는 독서를 실현할 수 있을 것이다.

하루 15분
독서 습관 실천 수칙

▶ 디지털 독서를 처음 시작한다면, 일단 다음의 설정을 참고하여 가장 편안한 독서 환경을 만들어 보세요. 이 작은 실천이 독서 몰입과 지속 가능성의 차이를 만듭니다.

▶ 처음에는 어느 정도의 시행착오를 감수하더라도 나에게 꼭 맞는 최적의 값을 찾는 것이 중요합니다.

항목	권장 설정	실천 포인트
글꼴 종류	나눔고딕, Kopup 바탕체 등	가독성 우선 선택
글꼴 크기	12~16pt	너무 작거나 크지 않게
줄 간격	1.2~1.5배	답답함 완화
밝기 설정	주변보다 약간 낮게	자동 밝기 기능 활용 가능
배경색	세피아, 미색, 회색	눈의 피로 완화
블루라이트 차단	ON(특히 야간)	나이트 시프트(Night Shift), 필터 앱 사용
기기 유형	전자잉크 리더기	장시간 독서에 적합
눈 휴식	20-20-20 규칙	집중력 유지에 효과적

자동 독서 습관

몰입을 위한
독서 환경 최적화 전략

독서의 몰입도를 높이고 집중력을 지속시키기 위해서는 적절한 자세와 분위기 조성이 필수적이다. 많은 사람들이 편안한 침대에 누워 책을 읽다가 잠들거나, 공공장소에서 주변 소음 때문에 독서에 집중하지 못하는 경험을 했을 것이다. 이는 우리가 처한 환경과 신체 상태가 독서의 지속 시간과 몰입 강도에 직접적인 영향을 미친다는 것을 보여준다. 그러나 어느 순간 독서가 습관이 되면 이러한 조건은 사실 크게 중요하지 않다. 소음 등 주변의 조건에 상관없이 내가 책을 읽는 순간 그곳이 나만의 작은 독서실이 되기 때문이다.

아무튼 최적의 독서 환경을 만들기 위한 물리적, 심리적 환경 설정은 매우 중요하다. 이를 위해 우선 물리적 공간을 확보하고 정리하는 것이 첫 번째 단계다. 특히 독서 초보자의 경우 책상 위에 불필요한 물건을 치우고, 가능한 한 조용하고 정돈된 '독서 지정석'을 마련하는 것이 좋다.

디지털 방해 요소를 최소화하는 것도 중요하다. 스마트폰 알림은 우리의 주의력을 분산시키고 독서 흐름을 끊어놓기 때문에, 독서 시간에는 스마트폰을 무음 모드로 설정하거나 알림을 꺼두는 것이 좋다.

그리고 장시간 같은 자세를 유지하면 근육이 경직되므로 30분마다 자세를 바꾸거나 가벼운 스트레칭을 해주는 것이 좋다.

또한 사람마다 선호하는 분위기는 다르지만, 많은 사람들이 가사 없는 음악, 백색소음, 자연의 소리 등을 통해 집중력을 높일 수 있다고 한다. 나는 개인적으로 집중이 필요한 책을 읽을 때는 보통 집에서 음악 없이 조용한 환경에서 독서를 하는 편이다. 하지만 대중교통 등에서 짬짬이 책을 읽을 때는 이어폰으로 잔잔한 음악을 들으면서 독서를 한다. 음악이 오히려 주변의 소음과 산만함을 차단해 주어 나만의 이동 독서실을 조성하는 데 도움을 주기 때문이다. 이렇게 환경을 최적화하면 독서에 더욱 몰입할 수 있다. 또한 독서 시간의 지속성을 높여주며, 때로는 독서 자체를 하나의 의식처럼 만들어 특별한 경험을 쌓게 해준다.

그러나 독서 중 몰입을 방해하는 요소는 언제든지 발생할 수 있다. 앞서 언급된 것처럼 스마트폰 알림 한 통이나 '책만 읽으려고 하면 어김없이 찾아오는 피로감'으로 독서를 중단하는 경우가 많다. 주변에서 나는 공사 소음이나 대화 소리 등도 쉽게 집중을 깨뜨린다. 이러한 방해 요소들은 독서 흐름을 끊어버리고, 다시 몰입 상태로 돌아가는 데 일정한 시간이 소요

자동 독서 습관

된다. 실제로 한 연구에 따르면, 독서 중 방해가 발생한 후 다시 몰입 상태로 돌아가는 데 최대 25분이 걸린다고 한다.[*] 이처럼 몰입이 쉽게 깨지는 상황에서는 미리 대비할 수 있는 전략을 마련해 두는 것이 중요하다.

저명한 심리학자 미하이 칙센트미하이의 '플로우Flow 이론'에 따르면, 깊은 몰입 상태는 매우 섬세하고 사소한 자극에도 쉽게 깨지며, 한 번 흐름이 끊기면 재몰입하기까지 많은 시간과 인지적 노력이 필요하다.[**] 그래서 몰입 방해 요소가 발생했을 때, 이를 효과적으로 대처하는 방법을 미리 준비하고 연습하는 것은 몰입을 지속하는 데 매우 중요한 전략이다. 이를 통해 독서는 더 이상 방해 요소에 의해 쉽게 흐트러지지 않으며, 방해가 발생해도 빠르게 복귀할 수 있게 된다.

1단계: 방해를 차분하게 인지하고 수용한다.

주변 소음이나 잡념 등 방해가 발생했을 때, 짜증이나 자책을 피하고, 일단 방해받았다는 사실을 차분히 받아들이는 것이 중요하다. 감정적인 동요는 방해를 더욱 증폭시키기 때문이다.

- Regaining Focus in a World of Digital Distractions. January 26, 2023 Donald Bren Schoold of Information & Comprter Sciences https://www.informatics.uci.edu/regaining-focus-in-a-world-of-digital-distractions/?utm_source=chatgpt.com
- 미하이 칙센트미하이, 『몰입의 즐거움』, 이희재 번역, 해냄, 2021.

2단계: 내적 방해와 외적 방해를 구별하여 각 상황에 맞는 대처 방법을 적용한다.

내적 방해는 주로 잡념, 피로, 집중력 저하 등이 있다. 예를 들어 잡념이 떠오를 때는 그 생각을 잠시 관찰하고 흘려보낸다. 이때 중요한 생각이 떠오르면 키워드만 빠르게 메모해 두고 다시 독서로 돌아가는 방법을 사용할 수 있다. 집중력 저하나 피로가 발생했을 때는 억지로 읽기보다 잠시 책을 덮고 짧은 휴식을 취하는 것이 효과적이다. 독서 속도를 잠시 늦추는 것도 하나의 방법이 될 수 있다.

외적 방해에는 주로 소음, 사람, 전화 등이 있다. 예를 들어 소음이 심한 환경에서 독서를 할 때는 귀마개나 백색소음 기기를 활용하거나 조용한 다른 장소로 이동하는 방법이 있다. 뜻하지 않은 전화의 방해가 있을 때는 당황하지 않고 미리 저장해 둔 수신 거부 메시지를 통해 '잠시 뒤에 다시 연락드릴게요'라며 독서에 복귀할 수도 있다. 이처럼 사전에 방해 상황에 대한 대처 방법을 정해두면 몰입을 빠르게 회복할 수 있다.

3단계: 방해가 사라지면, 독서 흐름을 빠르게 되찾을 수 있는 방법을 사용하여 독서에 복귀한다.

책갈피나 포스트잇으로 정확한 위치를 표시한 뒤, 그 자리에 바로 돌아가면 복귀가 수월하다. 또한 심호흡을 몇 번 하며 차분하게 마음을 가다듬고, 읽던 부분의 약간 앞 단락이나 문장부터 다시 읽기를 권장한다. 이를 통해 독서 흐름을 자연스럽게 되찾을

자동 독서 습관

수 있다. 더불어 시간 관리 기법인 '포모도로 기법'을 활용하는 것도 도움이 된다. 예를 들어 30분 읽고 5분 정리, 휴식을 진행하면서 방해가 발생했을 때, 다시 독서에 몰입할 수 있도록 시간 단위로 구조화된 관리법을 활용한다.

몰입과 집중은 학습 과정에서 우리가 아주 오랫동안 관심을 기울여 온 주제이기도 하다. 독서의 몰입을 떠나 근본적으로 자신의 삶에 몰입과 집중의 기술을 접목하고 싶다면, 이번 기회에 자신의 첫 번째 독서 목표로 이와 관련된 책들에 도전해 보는 것은 어떨까.

고전의 반열에 오른 책이라 이미 접한 사람들도 많겠지만, 미하이 칙센트미하이의 『몰입의 즐거움』은 '몰입'이라는 개념을 널리 알린 책으로, 우리가 완전히 빠져들어 시간 가는 줄 모르고 최적의 경험을 하는 심리적 상태인 몰입에 대해 친절하게 설명한다. 이 책은 자신의 기술 수준과 과제 난이도가 균형을 이룰 때 몰입이 발생한다고 말한다. 이 원리를 이해하면, 학습이나 독서에서도 몰입 상태를 유도하고 유지하는 방법을 알 수 있다. 또한, 어떤 활동에 빠져들고, 어떤 활동은 지루하게 느껴지는 이유를 탐구하며 몰입의 본질을 이해할 수 있다.

앞에서도 언급했던 칼 뉴포트의 『딥 워크』 또한 현대 사회의 끊임없는 방해 요소 속에서도 깊이 있는 집중력을 발휘하는 방법을 제시한다. 이 책은 딥 워크의 중요성을 강조하며, 고도의 집중 상태에서 최상의 결과물을 만들어 내는 방법을 다룬다. 디지털 기기나 멀티태스킹처럼 집중을 방해하는 요소를 차단하고, 방해받지 않는 작업 시간을 확보하는 전략을 제시한다. 독서와 학습 시간을 온전히 집중하여 밀도 높게 보내고 싶은 사람에게 매우 유용한 책이다.

결론적으로, 자신에게 맞는 독서 환경을 조성하고 몰입을 방해하는 요소가 발생했을 때 이를 효과적으로 대처할 수 있는 방법을 미리 마련해 두는 것은 독서의 질을 높이는 핵심 전략이다. 특히 물리적 공간의 정비, 신체적 준비, 심리적 안정이라는 세 요소가 유기적으로 결합될 때, 독서는 단순한 정보 습득을 넘어 자기 성장의 중요한 계기가 된다. 최적의 환경을 만들기 위한 작지만 꾸준한 노력은 독서 습관 형성에도 긍정적인 영향을 미치며, 더욱 풍요롭고 지속 가능한 독서 경험으로 이어질 것이다.

자동 독서 습관

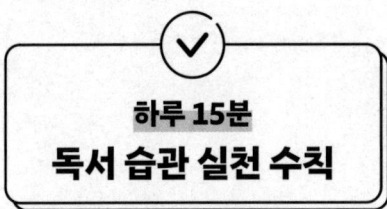

하루 15분
독서 습관 실천 수칙

➤ 독서 방해 상황은 언제라도 일어날 수 있습니다. 그러나 사전에 방해 상황에 대한 대처 방법을 정하거나 미리미리 준비를 해두면 몰입을 빠르게 회복할 수 있습니다. 나중으로 미루지 말고 지금 당장 다음의 내용들을 체크해 보세요.

- 스마트폰의 '모드' 기능을 활용하여 문자 메시지 알람 등을 독서에 최적화 된 형태로 미리 설정해 두세요.
- 혼잡한 곳에서 독서를 할 경우 몰입에 도움이 될 만한 백색소음이나 음악 들을 미리 플레이리스트에 담아 두세요.
- 내외적인 방해 요소를 그대로 인정하며 감정적인 동요를 최대한 억제하는 '마음챙김 명상' 방법을 찾아 미리 연습해 두세요.

3장

효율적이고
깊이 있는 책 읽기

자기독서경영 3단계

실행

① 책 전체 훑어보기

깊이 있는 이해를 위한
'프리 리딩' 5분의 과학

자 이제, 그동안 독서 목표를 세우고 여러 과정과 단계를 거쳐 어렵게 고르고 준비한 책을 드디어 펼쳐 읽을 차례다.

하지만 본격적인 책 읽기에 앞서 다시 5분을 투자해야 하는 마지막 관문이 기다리고 있다. 이 5분의 준비는 독서의 효율성과 몰입도를 크게 향상시킬 수 있는 중요한 과정이다. 운동 전에 스트레칭을 하거나, 요리에 앞서 레시피를 훑어보는 것처럼, 독서에도 이와 같은 준비가 반드시 필요하다.

프리 리딩Pre-reading 5분은 책의 구조와 주요 내용을 미리 파악하고, 독서 목표를 명확히 설정함으로써 집중력과 이해도를 극대화하는 준비 단계이다. 이는 마치 회의 전에 자료를 훑어보며 내용을 예측하고, 논의에 참여할 준비를 하는 것과 같다. 이 간단한 준비를 통해 책에 대한 몰입을 자연스럽게 유도하고, 독서가 더 효율적이고 목표 지향적으로 이루어질 수 있다.

이 5분을 투자하는 과정은 독서를 시작하는 데 원활한 흐름을 만들어 준다. 책의 전반적인 구조와 핵심 내용을 파악하고, 독서 목표를 명확히 설정하면, 독서가 시작될 때부터 그 내용을 보다 효과적으로 이해할 수 있다. 이렇게 준비된 상태에서 독서를 시작하면, 그 후의 과정이 더 원활하게 이어지며, 독서가 더 집중적이고 목적 있는 경험으로 이어지게 된다.

실제로 학습 전 독서 목표를 명확히 설정하고 책의 내용을 미리 탐색하는 활동은 학습 동기와 성과에 긍정적인 영향을 미친다. 최근의 한 연구에 따르면, 독서 목표 설정과 전략적 안내를 병행한 학습자가 단순히 텍스트를 읽은 집단보다 독해력과 학습 동기 면에서 유의미한 향상을 보였다.[*] 이는 독서 전에 책의 구조를 파악하고 핵심 주제를 예측하는 것만으로도 독서의 몰입도와 이해도를 크게 높일 수 있음을 시사한다. 또한, '록의 목표 설정 이론'에 따르면, 목표를 명확히 설정할수록 성과가 높아진다고 한다.[**] 이처럼 목표 설정과 사전 정보 탐색은 독서 효율을 높이는 중요한 요소로 작용한다. 따라서, 독서 시작 전 5분 동안 책과 친숙해지고 목표를 설정하는 것만으로도 독서의 효율성과 몰입을 크게 향상시킬 수 있다.

- Wang, Y., & Li, X. (2023). The effects of integrating goal setting and reading strategy instruction on English reading proficiency and learning motivation: A quasi-experimental study. ResearchGate.
  https://www.researchgate.net/publication/313784343
- Locke, E. A., & Latham, G. P. (2002). Building a practically useful theory of goal setting and task motivation: A 35-year odyssey. American Psychologist, 57(9), 705–717.
  https://doi.org/10.1037/0003-066X.57.9.705

독서 시작 전 5분은 책과 친숙해지고 독서의 방향성을 설정하는 시간을 제공한다. 이를 효과적으로 활용하려면, 다음과 같은 구체적인 단계를 따르는 것이 좋다.

첫째, 책과 첫인사 나누기(약 2분)

책을 고르는 과정에서 이미 했던 작업이지만, 다시 한 번 책의 표지와 목차, 서문을 빠르게 훑어보며 책의 전반적인 흐름과 주제를 예측한다. 표지와 날개 등에 적혀 있는 텍스트를 통해 저자 소개나 책의 개요를 살펴보며 책의 집필 의도와 배경을 이해하는 과정도 필요하다. 이를 통해 자신이 읽으려는 책이 어떤 목적으로 쓰여졌는지 최종적으로 확인할 수 있다.

둘째, 독서 목표 설정하기(약 1분)

'나는 이 책을 왜 읽으려고 하는가?', '이 책을 통해 무엇을 얻고 싶은가?'라는 질문을 스스로 던지며 예전에 수립했던 자신의 독서 목표를 환기한다. 예를 들어 'AI 트렌드 이해해 업무에 적용할 아이디어를 얻자'와 같은 구체적인 자신의 목표를 다시 한번 떠올려 보며 독서의 방향을 명확히 한다.

셋째, 배경지식 활성화하기(약 1분)

책의 주제와 관련된 자신의 기존 지식이나 경험을 잠시 떠올려 본다. 예를 들어 AI 관련 서적을 읽기 전에 이전에 읽었던 AI 서적의 제목이나 그 책에서 얻은 핵심 인사이트를 짧게 되짚어본다.

이런 배경지식을 미리 떠올리면, 새로운 정보와 기존의 지식 사이에서 연결고리가 만들어져 책을 읽을 때 정보의 이해도가 높아진다. 기존 지식을 짧게 메모하거나, 이전에 얻은 핵심 인사이트를 기억하는 것만으로도 새로운 정보를 받아들이는 데 도움이 된다.

넷째, 독서 환경 준비하기(약 1분)

독서에 집중할 수 있도록 환경을 정리하는 것도 중요하다. 독서를 방해하는 요소를 치우고, 편안한 자세를 취하며 독서할 시간과 공간을 확보한다. 앞에서 살펴본 대로 핸드폰 알림을 끄고, 조용한 공간에서 책을 읽을 수 있도록 주변을 정리한다. 이렇게 정리된 환경은 독서에 몰입할 수 있도록 돕고, 더욱 효과적인 학습을 가능하게 한다.

이처럼 간단하지만 지나쳐 버릴 수 없는 '프리 리딩 5분'은 독서의 몰입도와 집중력을 높일 수 있는 마지막 부스터가 된다. 독서 전에 이러한 준비를 하는 것만으로도, 심리적으로 준비가 된 상태에서 책을 펼쳤을 때 부담감이 줄어들고 자연스럽게 책에 몰입할 수 있게 된다. 예를 들어 소설을 읽을 때 서문에서 작가의 배경을 알면 등장인물의 동기를 더 쉽게 공감할 수 있다. 또한, 이론서나 전문 서적을 읽을 때, 목표 설정과 배경지식 활성화는 책을 더 깊이 이해하는 데 매우 중요하다.

프리 리딩의 핵심은 간결하게 진행하는 것이다. 5분 내외로 빠르게 책의 전반적인 흐름과 주제를 파악하는 데 집중해야 한다. 지나치게 많은 시간을 할애하거나 세부 사항에 얽매이면 본 독서 시간을 단축시키고, 오히려 효율성이 떨어질 수도 있다. 따라서 프리 리딩은 전체적인 그림을 그리는 데 집중하고, 핵심 목표를 간단히 설정하는 것이 바람직하다.

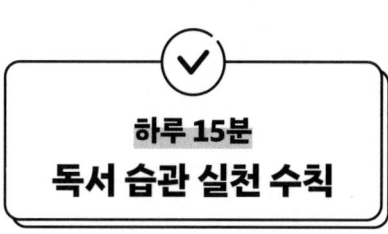

하루 15분
독서 습관 실천 수칙

➤ 독서 목표에 따라 자신이 고른 책을 본격적으로 읽기에 앞서 프리 리딩 5분을 직접 실천해 보세요. 아직 책을 고르지 못했다면, 지금 읽고 있는 이 책을 처음 읽는다고 가정하며 연습해 보세요.

사실 위에 나오는 체계적인 과정이 아니더라도 당신은 이미 본능적으로 프리 리딩 5분과 비슷한 과정을 거쳐 책 읽기를 시작했을 가능성이 매우 높습니다.

내용을 알고 난 뒤에도 반복하며 점검해 보는 연습은 자동 독서 습관으로 가는 지름길입니다.

내용과 구조를 빠르게
파악하는 '스키밍' 기술

매일 쏟아지는 방대한 정보 속에서 모든 글을 처음부터 끝까지 정독하는 것은 현실적으로 어려운 일이다. 이럴 때 유용한 기술이 스키밍Skimming, 바로 훑어 읽기 기법이다. 스키밍은 마치 신문이나 온라인 뉴스의 헤드라인을 훑어보며 주요 소식을 빠르게 파악하거나, 잡지를 넘기며 흥미로운 기사를 골라보는 것과 비슷하다. 즉, 글의 세부 내용에 얽매이지 않고, 전체적인 윤곽, 핵심 아이디어, 구조를 신속하게 파악하는 독서 기술이다.

정보 과잉 시대에 우리는 효율적인 정보 선별 능력을 길러야 한다. 스키밍은 일반적인 독서에 비해 훨씬 빠르게 글을 훑어볼 수 있게 해주어 시간 자원을 효율적으로 사용할 수 있도록 돕는다. 실제로 스키밍을 통하면 정보 탐색 시간을 30%에서 50% 이상 단축시킬 수도 있다. 이는 중요한 정보와 그렇지 않은 정보를 빠르게 구분하는 능력을 키워, 제한된 시간 안에 더 많은 자료를 검토하고 필요한 내용을 선별하는 데 효과적이다.

스키밍의 핵심은 중요한 정보를 빠르게 추려내는 것이다. 이를 위해 몇 가지 실천 방법을 따른다면 스키밍을 더욱 효과적으로 활용할 수 있다.

첫째, 핵심 지표에 집중하라.

글 전체를 읽으려 하지 말고, 제목, 소제목, 첫 문장, 마지막 문장을 주로 읽는다. 또한, 편집에 따라서는 굵은 글씨나 이탤릭체로 강조된 단어, 도표나 그림 같은 시각 자료, 요약 부분 등을 주의 깊게 살핀다. 이러한 요소들은 대개 중요한 정보나 핵심적인 메시지를 담고 있기 때문에, 이를 통해 빠르게 글의 요점을 파악할 수 있다.

둘째, 시선을 빠르게 이동시켜라.

글을 읽을 때 시선을 빠르게 이동시키며 전체 흐름을 따라간다. 마치 페이지를 지그재그(Z)나 S자 형태로 훑어내리듯 시선을 움직이며, 모든 단어를 읽으려 하지 않고 전체적인 흐름을 따라가는 데 집중한다. 이를 통해 빠르게 개요를 파악하고, 글의 핵심 주제를 미리 잡을 수 있다.

셋째, 큰 그림을 파악하는 데 주력하라.

스키밍의 목적은 세부 사항을 완벽히 이해하는 것이 아니라, 핵심 주제가 무엇인지, 글이 어떤 구조로 전개되는지를 파악하는 것이다. 세부 내용에 대한 궁금증이 생기더라도 일단은 전체를 훑는 데 집중하는 것이 중요하다. 예를 들어 역사책을 스키밍할 때는 사건의 디테일보다는 시대적 흐름과 주요 인물을 중심으로 큰 그림을 이해하는 데 집중한다.

넷째, 꾸준히 연습하라.

스키밍은 정기적으로 연습하면서 능숙해질 수 있다. 처음에는 쉬운 텍스트를 스키밍하며 연습을 시작하고, 점차 난이도가 높은 텍스트를 스키밍하는 연습을 통해 점점 더 빠르고 정확하게 핵심 정보를 추출할 수 있게 된다. 예를 들어 신문 기사나 블로그 포스트를 스키밍하는 것부터 시작하고, 점차 책 한 권을 30분이나 10분 내에 훑어보는 방식으로 난도를 높여 나간다.

스키밍은 독서의 효율성을 높이고 시간을 절약하는 데 매우 유용한 도구이지만, 항상 이 방식으로만 책을 읽을 수도 없고, 물론 그래서도 안 된다. 스키밍은 전체적인 흐름을 파악하는 데 유용한 기술이지만, 내용을 깊이 이해해야 하는 경우에는 적합하지 않다. 특히, 철학 서적이나 복잡한 과학 서적을 스키밍만 한다면, 핵심 논리를 놓치거나 오독할 위험이 크다. 인간은 제한된 정보를 바탕으로 무의식 중에 상상하는 버릇이 있기 때문에, 저자의 의도나 사실과 다른 엉뚱한 상상으로 책을 읽는다면 아예 책을 읽지 않은 것만도 못한 결과를 초래할

자동 독서 습관

수도 있다. 따라서 스키밍은 반드시 제한적이고 보조적인 수단으로만 활용해야 한다. 경우에 따라서는 워밍업 과정을 확장하여 30분 정도의 시간을 들여 스키밍을 한 뒤에, 전체 그림을 머릿속에 담아놓은 상태에서 다시 앞에서부터 차근차근 정독하는 방식을 선택하기도 한다.

이번 기회에 꾸준한 스키밍 연습을 통해 핵심 정보를 추출하는 능력을 더욱 키운다면, 비단 독서 영역뿐만 아니라 정보 과잉 시대에 더 효율적으로 자료를 선별하고, 필요한 내용을 빠르게 습득할 수 있는 위력적인 무기가 되지 않을까.

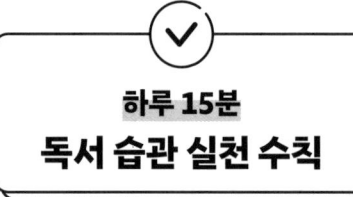

하루 15분
독서 습관 실천 수칙

▶ 이 책을 대상으로 스키밍(훑어 읽기) 연습을 해봅시다. 지금 읽고 있는 이 페이지에 책갈피를 꽂아두거나 포스트잇을 붙여 자신의 독서 위치를 표시한 뒤, 다음 페이지부터 빠르게 스키밍을 합니다. 시간이나 분량을 목표로 할 필요는 없습니다.

▶ 이 책의 경우 각 [전략]의 소제목에 주목하며, 본문 중간에 굵은 활자로 강조된 부분이나 예시 차원으로 정리해 둔 시각 자료 그리고 각 꼭지의 마지막 부분에 나타나는 결론을 눈여겨보는 것이 효과적일 것입니다.

▶ 이렇게 핵심 요소들을 중심으로 스키밍을 하면 글의 전반적인 흐름을 빠르게 이해할 수 있고, 글의 핵심 아이디어와 구조를 신속하게 파악할 수 있습니다.

▶ 스키밍은 온라인 기사 등의 디지털 콘텐츠나 회사 보고서 등 일상의 모든 텍스트를 대상으로 언제나 연습과 적용이 가능합니다.

자동 독서 습관

원하는 내용만 빠르게
찾아 읽는 '스캐닝' 기술

스캐닝은 정보를 빠르고 정확하게 추출하는 독서 기법으로, 특정 정보나 키워드, 숫자, 이름 등의 데이터를 신속하게 찾아내는 데 유용하다. 예를 들어 전화번호부에서 특정 이름을 찾거나, 사전에서 단어의 뜻을 확인하는 것, 또는 웹페이지나 문서 파일에서 Ctrl+F를 사용해 필요한 정보를 검색하는 작업이 모두 스캐닝, 즉 찾아 읽기에 해당한다.

스키밍Skimming과 스캐닝Scanning은 둘 다 텍스트를 빠르게 훑어보는 독서 기법이지만, 그 목적과 사용 방식에서 차이가 있다. 스키밍은 글의 전체적인 흐름과 핵심 아이디어를 파악하는 데 초점을 맞추고, 글의 큰 그림을 이해하는 데 유용하다. 반면, 스캐닝은 특정 정보나 키워드만을 빠르게 찾아내는 데 집중한다.

예를 들어 경제 서적에서 특정 연도의 GDP 성장률을 찾아내는 것이 스캐닝이다. 즉, 스키밍은 숲 전체를 빠르게 조망하는 작업이라면, 스캐닝은 넓은 바다에서 진주를 찾는 작업이라고 할 수 있다.

스캐닝의 가장 큰 장점 또한 스키밍과 마찬가지로 시간 절약이다. 특정 데이터를 빠르게 추출함으로써 의사결정이나 정보 분석을 효율적으로 수행할 수 있게 돕는다. 요리책에서 재료 목록만 빠르게 뽑아낸다거나, 경제 서적에서 시장 점유율에 대한 데이터를 찾는 것처럼 특정 정보를 찾는 데 매우 효과적이다.

최근에는 사실상 모든 데이터가 디지털화되어 있기 때문에 Ctrl+F 기능이나 전자책 뷰어의 검색 기능을 사용하면 정말로 편리하게 스캐닝을 할 수 있다. 또한 AI를 활용하는 것도 대안이 될 수 있다. 그러나 단순한 키워드가 아닌 내가 필요한 정보나 통찰을 효과적으로 스캐닝하기 위해서는 몇 가지 실천 방법을 따라야 한다.

스캐닝을 시작하기 전에 무엇을 찾고자 하는지 목표를 명확히 설정하고 관련된 키워드를 구체적으로 뽑아보는 것이 중요하다.

예를 들어 어떤 책 속에서 'AI 트렌드에 대한 정보'만 골라서 보려고 한다면 단순히 'AI 트렌드'라는 문구만 찾기보다는 핵심 기술과 관련된 '생성형 AI', '머신러닝', '딥러닝'이나 '미래', '전망', '동향', '예측', '경향' 등과 같이 트렌드와 혼용될 수 있는 키워드 그리고 '최신'이나 '부상', '변화', '영향', '효과'와 같은 단어도 고려할 수 있을 것이다. 물론 키워드가 너무 광범위할 경우 원하는 정보를 찾기 어렵기 때문에 전략적인 선택이 매우 중요하다.

종이책에서 스캐닝을 활용하려면, 검색 도구가 없기 때문에 더욱 감각적이고 직관적인 접근이 필요하다. 시선을 빠르게 이동시키며 페이지 전체를 넓게 훑어내려야 한다. 문장이나 문단을 읽으려 하지 말고, 텍스트를 스캐너처럼 스치듯 지나가야 한다. 이렇게 하면 시선이 분산되지 않고 목표 정보를 빠르게 추출할 수 있다. 예를 들어 역사책에서 특정 날짜나 사건을 찾을 때, 그 외의 세부적인 정보는 신경 쓰지 않고, 목표 정보만을 빠르게 추출하는 데 집중하는 방식이다.

이 경우 색인Index과 목차를 활용하는 것도 스캐닝의 효율성을 높이는 방법이다. 예를 들어 법률 문서나 경제 보고서에서 특정 조항이나 데이터를 찾을 때, 목차를 활용해 관련된 부분으로 빠르게 이동할 수 있다. 필요한 경우 손가락으로 시선을 유도하거나 종이를 접거나 자를 대고 줄을 따라가며 읽는 속도를 높일 수도 있다.

또한 목표 외의 내용은 의식적으로 무시해야 한다. 스캐닝은 핵심 정보를 찾아내는 데 집중하는 기술이기 때문에, 그 외의 불필요한 내용은 의도적으로 무시하고, 목표 정보에만 집중해야 한다. 이 방법은 빠른 속도로 필요한 정보를 추출하는 데 유리하다. 사실 이런 까닭에 고작 스캐닝을 하고서 '책을 읽었다'고 하면 안 되는 것이다.

스캐닝은 스키밍과 달리, 책을 모두 읽은 뒤에도 여러 가지 이유로 필요한 부분을 다시 찾을 때 매우 유용하다.

예를 들어 책을 다 읽고 나서 혹은 책을 읽는 도중에라도 특정 주제나 정보를 다시 찾아야 할 때, 스캐닝을 통해 빠르게 원하는 내용을 정확히 찾을 수 있다. 뒤에 소개될 '정독'의 과정에서도 책 내용의 이해를 높이기 위해서는 이러한 스캐닝 기법을 병행하며 효율적인 도구로 활용할 수 있는 것이다. 이는 스캐닝의 큰 장점 중 하나로, 책을 처음부터 다시 읽는 번거로움 없이 효율적으로 필요한 부분만 추출할 수 있다.

'속독'에 대해서도 다시 설명하겠지만, 스캐닝이나 스키밍이 독서의 범주에 포함된다고 해서 우리가 선택할 수 있는 독서의 기본적인 방법론 중 하나로 인식하는 것은 위험하다. 그저 필요에 따라 사용하는 독서의 보조적인 도구로 여기는 것이 바람직할 것이다.

특히 스캐닝은 스키밍보다도 전체적인 맥락이나 심층적인 이해를 하는 데 절대적으로 불리하기 때문에, 반드시 정독이 수반되어야 한다. 스캐닝은 목표 정보를 신속하게 추출할 수 있지만, 맥락을 무시하고 단편적으로 정보를 모은다면 오히려 왜곡된 이해를 초래할 수도 있다.

독서에는 편법이 있을 수 없다. 정확한 이해와 심도 있는 탐구를 이루기 위한 정독만이 우리의 독서 목표를 실현시키는 옳은 길이다. 스키밍이나 스캐닝 같은 기술은 시간을 절약하거나 특정 정보를 빠르게 추출하는 데 유용할 수 있지만, 결국 깊이 있는 통찰이나 장기적인 지식 축적으로 이어지지 않는다.

자동 독서 습관

독서의 진정한 가치와 목적은 정독을 통해 실현되며, 지적 성장과 자기 발전을 이끌어낼 수 있다는 점을 명심해야 한다.

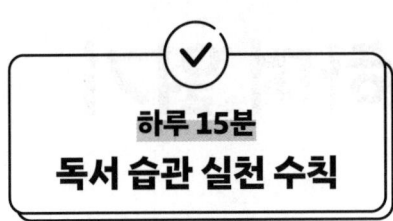

하루 15분
독서 습관 실천 수칙

➤ 스캐닝은 원하는 키워드나 내용을 책에서 빠르게 찾아 읽는 기법입니다. 지금까지 이 책에서 중요하게 다룬 키워드 중 하나가 바로 '독서 목표'입니다.

　잠시 시선을 돌려 앞에서 읽은 부분 중 '독서 목표'와 관련된 내용을 몇 군데 찾아 다시 한 번 빠르게 훑어보세요.

② 내용 이해 및 분석하며 읽기

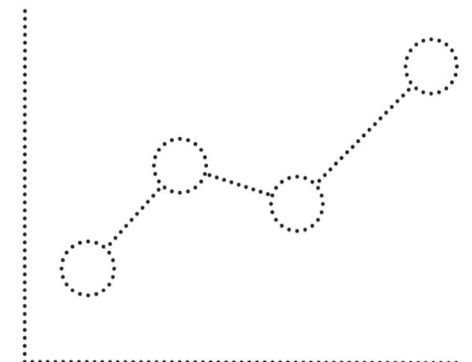

'정독'으로 얻는
이해와 성찰의 시간

'정독精讀'을 한자어 뜻 그대로 풀면 '정성[精]을 다하여, 자세하고[精] 꼼꼼하게[精], 글의 핵심[精]과 정수[精]를 파악하며 읽는[讀] 것'을 의미한다. 영국의 철학자 프랜시스 베이컨은 '학문에 관하여Of Studies'라는 글에서 독서 방법을 세 가지로 나누어 설명했다.

"어떤 책은 맛보기만 하고, 어떤 책은 삼켜버리고, 또 어떤 몇 권의 책은 잘 씹어서 소화해야 한다."

여기에 등장하는 '잘 씹어서 소화해야 하는 몇 권의 책'만큼 정독의 의미를 잘 나타내는 표현은 없을 것이다. 공자가 만년에 '책을 묶은 가죽 끈이 세 번 끊어질 정도'로 『주역周易』을 탐독했다는 데에서 나온 '위편삼절韋編三絶'이나, 위나라 학자 동우가 제자들에게 주자의 독서법을 전하며 '책을 백 번 읽으면 그 뜻이 저절로 나타난다'고 했다는 '독서백편기의자현讀書百遍其義自見' 역시 정독의 중요성을 강조하고 있다.

동서고금을 막론하고 독서는 인류의 대표적인 학습 수단이었으며, 특히 정독은 단순한 지식 습득이나 정보 획득을 넘어서, 책 속의 깊고 본질적인 의미를 탐구하는 중요한 과정이었다. 삶의 방향을 설정하고 자아를 완성해 가는 중요한 수행의 일환이기도 했다.

'남아수독오거서男兒須讀五車書'라는 성어는 '남자라면 다섯 수레 정도의 책은 읽어야 한다'는 뜻인데, 『장자』의 맨 마지막 「천하天下」편에서 유래한 말이다. 그 당시 책의 형태와 분량을 고려할 때, 다섯 수레의 책은 지금으로 치면 몇 권 분량이나 될까? 공자가 『주역』을 읽고, 장자가 다섯 수레 분량의 책을 이야기하던 시대와 비교하면, 오늘날 AI 시대를 살아가기 위해 필수적으로 알아야 할 정보와 통찰의 양은 실로 엄청난 차이가 있을 것이다.

특히 AI 기술의 급격한 발전은 우리의 업무 방식을 혁신적으로 변화시켰다. 이제 AI는 방대한 양의 텍스트를 신속하게 생성하고, 데이터 분석을 수행하며, 반복적인 작업을 자동화하는 데 큰 역할을 한다. AI가 제공하는 정보는 빠르고 방대하지만, 그것이 정확하고 유효한지, 편향되지 않았는지, 맥락에 맞는지 등을 판단하는 것은 결국 인간의 몫이다. AI가 제공한 데이터를 이해하고, 그것을 분석하고, 중요한 정보를 선별해 낼 수 있는 능력은 결국 문해력에 기초한다. 그래서 이 문해력이 AI 시대에 더욱 중요한 핵심 역량으로 부각되고 있는 것이다.

실제 직장에서 문해력은 다양한 방식으로 활용된다. 예를

자동 독서 습관

들어 매일 아침 쏟아지는 이메일을 빠르게 파악하고, 중요도에 따라 업무 우선순위를 정하는 데 문해력이 필요하다. 또한, 복잡한 보고서나 기술 문서를 읽고, 핵심 내용을 요약하여 보고하거나, 데이터가 포함된 자료를 분석해 인사이트를 도출하는 일 역시 문해력이 그 결과를 좌우할 것이다. 문해력이 뛰어난 사람은 복잡한 지침이나 규정을 빠르게 이해하고, 논리적으로 정리하여 실행 가능한 계획으로 바꾼다. 데이터를 해석하고 이를 바탕으로 의사결정을 내리는 데 필요한 리더의 능력 역시 문해력에 뿌리를 두고 있다.

정독은 글을 천천히, 깊이 읽으며 단어와 문장, 문단의 의미와 논리적 연결을 꼼꼼히 파악하는 읽기 방식으로 특히 문해력을 향상시키는 데 매우 중요한 작용을 한다. OECD가 2023년에 실시한 '성인 역량 조사Survey of Adult Skills'에 따르면, 문해력이 높은 사람일수록 학업 성취도와 직무 수행 능력이 모두 뛰어난 것으로 나타났다. 문해력이 뛰어난 사람은 복잡한 정보를 더 효과적으로 처리하고, 문제 해결력과 직업 적응력이 높게 나타났다.[*]

또한 2021년 국제 학업 성취도 평가PIRLS에서는 정독이 독해 능력 향상에 유의미한 영향을 준다는 결과가 제시되었다.

* OECD. (2023). Survey of Adult Skills 2023: Insights and Interpretation. OECD Publishing.
https://www.oecd.org/en/publications/survey-of-adult-skills-2023-country-notes_ab4f6b8c-en/united-states_427d6aac-en.html

PIRLS는 전 세계 4학년 학생들의 읽기 능력을 평가하는 국제 비교 연구로, 학생들의 읽기 전략과 이해 능력을 분석하는데 조사 결과 정독을 습관화한 학생들은 그렇지 않은 학생보다 정보 이해도와 해석 능력이 높았으며, 그 격차는 최대 35% 수준까지 벌어졌다. 이러한 결과는 정독이 단순한 독서 성취뿐 아니라, 장기적으로 학습 효율과 직업적 성공을 좌우하는 핵심 전략임을 시사한다.[*]

이러한 정독의 과정은 독서자의 의식적인 노력과 집중을 요구한다.

첫째, 앞에서 공부한 스키밍이나 스캐닝과는 달리 책 읽는 속도를 의식적으로 늦추고 글에 집중해야 한다.

빠르게 훑어 읽으려는 습관에서 벗어나, 시간적 여유를 두고 텍스트에 온전히 집중하는 자세가 필요하다. 이를 통해 글의 진정한 의미를 깊이 이해할 수 있다.

둘째, 모르는 단어나 생소한 개념을 만나면 이를 그냥 넘어가지 않고 반드시 사전이나 참고 자료를 찾아 그 의미를 정확히 파악해야 한다.

어휘 하나하나의 의미가 모여 전체 글의 뜻을 이루기 때문이다.

* IEA. (2021). PIRLS 2021 International Results in Reading. International Association for the Evaluation of Educational Achievement. https://pirls2021.org/

이를 통해 단어와 개념에 대한 명확한 이해가 이루어지고, 그 내용이 글의 핵심 메시지와 어떻게 연결되는지 알 수 있다.

셋째, 문장 구조를 분석하며 문장의 주어, 동사, 수식 관계 등을 파악해야 한다.

이를 통해 글이 전달하려는 메시지를 정확히 해석할 수 있다. 만약 문장이 복잡하거나 어려운 경우에는 여러 번 반복해서 읽거나 소리 내어 읽어보는 것도 좋은 방법이다. 이를 통해 문장의 뉘앙스와 숨겨진 의미까지 이해할 수 있다.

넷째, 문단별 핵심 내용을 파악하고 이를 자신의 언어로 요약하는 연습이 필요하다.

각 문단의 중심 생각과 이를 뒷받침하는 내용을 구분하고, 글 전체의 논리적 흐름을 따라가면서 그 내용을 연결하는 것이 중요하다. 이렇게 하면 글의 전체적인 의미를 한 번에 파악할 수 있다.

다섯째, 정독은 능동적 읽기를 요구한다.

'왜 저자는 이렇게 생각했을까?', '이 주장의 근거는 타당한가?', '이 내용이 나에게 어떤 의미가 있는가?'와 같은 질문을 던지고 답을 찾아가는 과정이 필요하다. 이를 통해 텍스트와 능동적으로 상호작용할 수 있다. 또한, 기존 지식이나 경험과 연결하며 비판적으로 성찰하는 과정도 중요하다. 이 과정에서 얻은 통찰력은 글을 더 깊이 이해하고, 새로운 관점을 형성하는 데 도움을 준다.

'속도'가 중요한 경쟁력으로 여겨지는 시대에 이렇게 번거롭고 시간이 많이 걸리는 책 읽기가 달갑지 않게 느껴질 수도 있다. 그러나 반복적인 훈련을 통해 모든 과정이 내 몸에 익숙해지고 나면 책 읽는 시간도 단축되기 마련이다. 그저 시간에 쫓겨 혹은 시간이 부족하다는 핑계로 이 과정 중 어느 하나라도 생략하거나 소홀히 하게 되면 독서의 효과는 확연히 다를 수밖에 없다.

정독은 상당한 시간과 노력을 요구하는 독서 방식이지만, 그 과정을 통해 우리는 텍스트의 의미를 깊이 이해하고 비판적으로 사고하는 능력을 키울 수 있다. 이는 아주 오래된 독서의 미덕이기도 하다. 또한 문해력이라는 핵심 역량을 쌓는 중요한 과정이며, 복잡한 정보 사회에서 주체적으로 살아가고 AI 시대를 현명하게 헤쳐 나가기 위해 필수적인 도구이기도 하다. 결국 깊이 있는 이해와 성찰을 가능하게 하는 정독은 당신을 더 나은 사고와 성장으로 이끌어 주는 확실한 지름길이 되어 줄 것이다.

자동 독서 습관

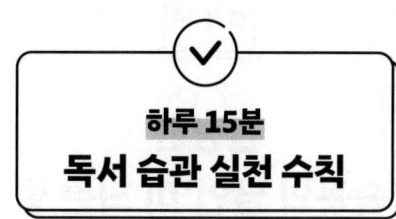

하루 15분
독서 습관 실천 수칙

▶ 앞에서 말한 대로 정독은 '자동 독서 습관'의 핵심 중 하나입니다. 위의 본문에서 굵은 활자로 강조한 정독의 다섯 가지 실천 수칙을 다시 한 번 '정독'하며 의미를 되새겨 보세요.

전략 24

진정한
'속독의 달인'이 되는 법

속독은 정보를 빠르고 효율적으로 처리하는 데 중요한 기술로, 의식적인 훈련을 통해 읽기 속도를 높이면서도 일정 수준의 이해도를 유지하는 과정이다. 이는 단순히 빨리 읽는 것뿐만 아니라, 읽기 속도를 향상시켜 정보 처리의 효율성을 극대화하는 데 중점을 둔다. 그래서 앞에서 언급한 스키밍이나 스캐닝과는 분명한 차이가 있다. 스키밍과 스캐닝을 속독의 전략으로 소개하며 장려하는 전문가들도 있지만, 이 책에서는 이 두 가지를 엄격하게 구분하고 있다.

〈생활의 달인〉은 우리 일상의 특정 분야에서 뛰어난 기술을 가진 사람들을 소개하는 다큐멘터리 형식의 티비 프로그램이다. 제목 그대로 생활 속 달인들의 비범한 능력뿐만 아니라, 이들이 해당 경지에 이르기까지 쏟은 노력과 열정과 역경을 극복하는 과정도 다룬다. 시청자들은 이 프로그램을 통해 꾸준한 노력과 성실함이 가져오는 결과의 중요성을 배우며, '평범함 속의 비범함'과 '꾸준한 노력의 가치'에 대한 메시지를 전달받는다.

속독은 일정한 분량의 책을 남들보다 '빨리' 읽거나, 제한된 시간에 남들보다 '많이' 읽는 달인의 기술로 이해할 수 있다. 〈생활의 달인〉을 보면 코너 마지막에 반드시 능력 검증을 위한 미션 단계가 있다. 예를 들어 '속독의 달인'이 출연해 남다른 '빨리 읽기' 신공을 선보인다고 가정해 보자. 그렇다면 이 능력을 검증하기 위한 미션은 무엇이 적합할까? 아마도 빨리 읽어낸 책의 내용을 정확히 파악하고 있는지 확인하는 절차가 필요할 것이다. 그런데 만약 프로그램 담당자가 묻는 질문에 제대로 답을 하지 못한다면 과연 달인이라고 할 수 있을까? 책을 빨리 읽는 것만으로는 의미가 없다. 더욱이 독서 고유의 목표에 비추어 볼 때, 내용을 제대로 이해하거나 기억하지 못하는 속독을 과연 독서라고 할 수 있을까?

숙련된 운전자일수록 신호와 도로 표지판은 물론 차량의 흐름과 심지어는 갑자기 발생하는 돌발 상황까지 운전에 필요한 여러 정보들을 빠르고 정확하게 인지하는 것처럼, 우리 뇌는 훈련을 통해 텍스트를 더 빠르고 효율적으로 처리하도록 적응할 수 있다. 운전자가 그저 빠른 정보 처리를 위해 위에서 언급한 여러 정보들 중에서 한두 가지를 포기한다고 하면, 누구도 안전운전을 담보할 수 없다.

모든 일이 그러하듯 자꾸만 반복하면 익숙해지기 마련이고, 속도 역시 횟수와 시간에 비례해 향상되기 마련이다. 그러

나 수많은 '생활의 달인'들을 통해 이미 보았듯이 시행착오를
거치며 얼마나 의지를 가지고 노력했는가에 따라 그 결과물은
크게 달라질 것이다. 속독을 훈련하기 위한 구체적인 방법도
마찬가지다.

우선 읽기 속도를 제한하는 가장 큰 요인 중 하나는 '속발
음Subvocalization'이다. 이는 글자를 읽을 때 머릿속으로 단어를
따라 말하거나 소리를 떠올리는 습관으로, 이 과정을 줄이는
것이 속독 능력 향상의 핵심 과제이다. 나 역시 어디선가 '소리
내며 읽는 방식이 이해력을 높인다'는 이야기를 들은 뒤부터
생긴 '입으로 중얼거리며 책 읽는 습관'을 고치기 위해 여러 가
지 노력을 기울였던 기억이 있다.

그러나 속발음은 물론 입으로 소리를 내어 책을 읽는 방식
이 때때로 책의 이해를 돕는 자연스러운 과정일 수 있다. 중요
하거나 이해가 잘 되지 않는 부분을 읽을 때 무의식적으로 속
발음을 하거나 아예 입으로 중얼거리며 읽은 경험이 누구나
있을 것이다. 따라서 속발음을 완전히 없애는 것을 목표로 할
필요는 없다. 일본의 가와시마 류타와 같은 뇌과학자는 오히려
하루 2분 정도의 음독만으로도 뇌를 활성화하는 데 큰 도움을
준다고 주장한다.• 독서와 관련된 거의 대부분의 전략들은 온
전히 내 의지로 통제하고 적절하게 활용할 때 의미가 있다.

이외에도 시선을 부드럽고 빠르게 이동하도록 하고, 불필

• 가와시마 류타, 『독서의 뇌과학』, 황미숙 번역, 현대지성, 2024, p.95-99.

자동 독서 습관

요한 '반복 읽기', '되돌아가 읽기'를 줄이는 것도 시간 단축 독서에 큰 도움이 된다. 또한 속독 능력 향상을 위해 시중의 다양한 훈련법을 찾아보거나, 국문과 영문을 기반으로 스스로 훈련할 수 있는 앱을 활용하는 것도 한 방법일 것이다.

무조건적인 독서의 전제조건으로 장려하는 것은 아니지만, 속독의 장점만큼은 분명하다. 무엇보다 많은 양의 정보를 빠르고 효율적으로 처리할 수 있어 시간을 절약할 수 있다. 여기에 앞서 배운 스키밍이나 스캐닝까지 효율적으로 접목해 활용한다면 엄청난 속도를 자랑할 수 있을 것이다.

예를 들어 바쁜 직장인이 반드시 읽어야 할 여러 문서나 보고서를 빠르게 검토할 수 있으며, 학생들이 시험 기간에 대량의 교재를 살펴보는 데도 유용하다. 또한 속독 능력과 비례하여 다량의 정보를 빠르게 습득하고, 더 많은 정보를 처리할 수 있다는 자신감을 덤으로 얻게 될 것이다. 그러나 속도와 비례하여 적절한 이해도를 유지하는 연습이 필요하다는 점을 명심해야 한다.

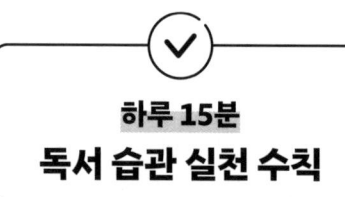

하루 15분
독서 습관 실천 수칙

▶ 만약 '속발음' 습관 때문에 독서에 방해를 겪고 있다면 이를 극복하기 위한 다음의 몇 가지 팁을 참고해 보세요. 이 방법은 미국의 기업교육 전문회사인 아이리스 리딩(Iris Reading)의 창립자 폴 노왁의 훈련법을 응용한 것입니다.*

구분	실천 사항	기대 효과
시선 유도 도구 활용	손가락, 펜, 커서 등으로 줄을 따라가며 읽기	시선을 강제로 이동시켜 속발음 시간 단축
속도 향상, 시간 제한 연습	타이머 설정, 일정 시간 내 분량 읽기 반복량 읽기 반복	속도 집중으로 속발음 감소, 점차 이해도도 향상
내적 발성 기관 활용	허밍, 숫자 세기, 껌 씹기 등	발음 기관의 주의 분산으로 속발음 억제
시폭 확대, 의미 단위 읽기	여러 단어를 묶어 한 번에 읽기, 핵심어 중심 읽기	개별 단어 발음 억제, 의미 추출 능력 강화

• Paul Nowak, Speed Reading Tips: 9 Ways to Minimize Subvocalization, 2014.12.29.
https://irisreading.com/speed-reading-tips-5-ways-to-minimize-subvocalization/

자동 독서 습관

효율과 이해를 동시에 잡는
'기어 변속' 전략

책의 내용과 난이도, 독서 목적에 따라 읽기 속도를 유연하게 조절하는 전략은 마치 운전을 할 때 도로 조건과 차량의 흐름에 따라 고속도로와 간선도로, 아파트 단지 내 도로의 주행 속도가 모두 다른 것과 유사한 원리다. 텍스트의 특성에 맞춰 적절한 속도를 선택함으로써 독서의 효율성과 이해도를 동시에 관리할 수 있다.

독서 활동에서 속도 조절이 중요한 이유는, 모든 부분을 최고 속도로 읽으려 하면 이해도가 떨어지기 쉽고, 반대로 모든 부분을 지나치게 꼼꼼히 읽으면 시간이 너무 많이 소요되기 때문이다. 따라서 앞에서 살펴본 정독과 속독을 적절하게 병행하는 속도 조절법은 이러한 양극단의 문제를 해결하고, 시간 효율성과 내용 이해도의 균형을 맞추는 독서 전략이다.

독서 활동에 어느 정도의 자신감이 생기고 경험이 쌓이게 되면, 독서 목표 수립 단계에서 읽어야 할 책이 선정되는 순간이나, 프리 리딩 단계에서 이미 이 책을 노선마다 어떤 속도로 운전할지 자연스럽게 예측할 수도 있다. 이러한 가능성까지 반영한 효과적인 속도 조절 독서를 위한 실천 방법은 다음과 같다.

이 전략의 장점은 명확하다. 시간 효율성을 높이면서도 깊이 있는 이해를 유지할 수 있어 유연한 독서가 가능하다. 또한 책의 난이도와 독서 목적에 맞춰 속도를 조절함으로써 장시간 독서를 할 경우에도 피로도를 관리할 수 있다. 고속과 저속 운전 구간이 반복되면 자연스럽게 독서에 리듬감이 생겨 의외로 집중도가 높아지는 부수적인 효과도 있다. 명절 전후의 꽉 막힌 고속도로에서 갑자기 길이 뻥 뚫리는 순간을 상상해 보면 쉽게 이해가 될 것이다.

하지만 이 전략에도 몇 가지 단점과 주의할 점이 있다. 먼저 속도 조절을 적절히 하려면 경험이 필요하다. 처음에는 어떤 부분에서 속도를 높이고 낮춰야 할지 판단하기 어려울 수 있다. 예를 들어 단순한 예시나 책의 주제에서 조금 벗어난 사족과도 같은 부분까지 정독하면서 시간을 낭비할 수 있다. 속도 전환이 습관화되기까지 적잖은 노력이 필요하다. 초기에는 의식적으로 속도를 조절해야 하므로, 이를 자연스럽게 익히는 데는 상당한 시간이 걸릴 수도 있다.

이보다 더 중요한 것은 무엇보다 이해도가 기준이 되어야 한다는 것이다. 속도만 높이기 위해 중요한 내용을 놓치거나, 이해가 부족한 채 빠르게 읽어서는 안 된다. 예를 들어 매뉴얼 성격의 책이나 법률 문서 등을 속독하려다 중요한 항목을 놓

〈효율적인 독서 속도 조절법 실행 전략〉

구분	속도 조절법 실행 전략		주요 내용
목표 수립	독서 전 목표 설정 및 텍스트 난이도 예측		책을 읽기 전에 목표를 명확히 설정하고, 책의 목차나 서문을 빠르게 훑어보며 전체적인 구조와 내용 난이도를 예측한다. 例 역사책을 읽을 때 중요한 사건은 정독하고, 배경 설명은 빠르게 스키밍한다.
독서 활동	상황에 맞는 속도 조절 (기어 변속)	정독 (저속 기어)	중요한 개념이나 어려운 내용, 자신의 독서 목표와 직접 관련된 부분은 천천히 읽으며 꼼꼼하게 정독한다. 例 철학 서적에서 주요 논점을 깊이 파악하기 위해 한 문장을 여러 번 읽고 요약한다.
		속독/스키밍 (고속 기어)	부연 설명, 이미 알고 있는 내용, 익숙한 부분 등은 빠르게 읽어 시간을 절약한다. 例 뉴스 기사를 읽을 때 경제 관련 기사는 정독하고, 스포츠 섹션은 헤드라인과 경기 결과 중심으로 읽는다.
환류	지속적인 이해도 점검		읽는 동안 '이해하고 있는가?', '이 내용이 내 목표에 충분한가?'라고 스스로 질문하며, 이해도가 부족할 경우 속도를 줄여 정독으로 전환한다. 例 학술 논문을 읽을 때 이해가 되지 않는 부분이 있으면 다시 읽고, 익숙한 배경 이론은 빠르게 지나간다.
지속 가능 전환	의식적인 속도 전환 연습		처음에는 속도 조절이 어색할 수 있지만, 반복적으로 연습하면서 기어 변속하듯 속도를 조절하는 연습을 한다. 例 소설을 읽을 때 감정 묘사는 천천히 음미하고, 배경 설명은 빠르게 읽는다.

칠 수 있으므로, 이런 경우는 반드시 정독이 필요하다. 속도 조절의 목표는 절대로 이해를 희생하지 않는 범위 내에서 시간 효율을 가져와야 한다는 점이다.

결론적으로 정독과 속독을 병행하는 속도 조절법은 독서 효율성을 높이고, 이해도와 시간을 균형 있게 관리할 수 있는 중요한 전략이다. 메타인지 차원에서 수시로 자신의 이해도를 점검하고, 텍스트의 특성에 맞는 적절한 읽기 속도를 선택하는 능력은 오늘날의 독서 환경에서 필수적인 기술이라고도 말할 수 있다. 이 전략을 통해 우리는 정보 과부하 시대에서 더욱 효과적으로 독서하고, 시간을 관리할 수 있을 것이다.

자동 독서 습관

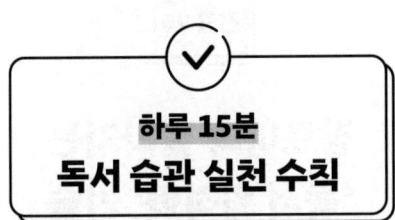

하루 15분
독서 습관 실천 수칙

➤ 독서 속도 점검 가이드

· 지금까지 이 책을 읽어 온 흐름을 잠시 멈추고, 스스로의 독서 속도를 점검해 보세요.

· 먼저 앞에서 소개한 전략들을 얼마나 잘 이해하고 있는지 확인한 뒤, 자신의 독서 목표에 맞는다면 지금의 독서 속도를 그대로 유지해도 좋습니다.

· 만약 이해가 부족하다면, 새로운 개념이나 구체적인 실천 방법이 나오는 부분에서는 속도를 늦추며 정독을 하고, 예시나 보충 이론이 제시되는 부분에서는 조금 더 빠르게 읽는 식으로 속도에 변화를 만들어 보세요.

· 이렇게 리듬감 있게 읽다 보면 내용에 더 깊이 집중할 수 있고, 지루함도 줄어듭니다.

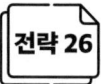
장르마다 달라지는
'독서 최적화' 기술

이즈음 요리 프로그램이 인기다. 레거시 미디어는 물론 유튜브나 OTT 플랫폼을 통해 '먹방'에서부터 맛집 소개, 조리법 가이드, 경연에 이르기까지 다양한 요리들이 시청자의 눈길을 사로잡는다. 이때 조리 도구나 재료만 봐도 앞으로 대략 한식 밥상이 차려질지, 중화요리가 나올지, 서양의 파인 다이닝 메뉴가 소개될지 짐작할 수 있다. 모든 요리에 동일한 조리 도구를 사용하는 것은 비효율적이다. 재료나 요리법에 따라 그에 맞는 도구를 효율적으로 활용해야 하는 것처럼, 책의 장르나 유형에 따라 책 읽는 방법에도 차이를 두는 것이 좋다.

이미 지금까지의 독서 경험만으로도 잘 알고 있듯이 책의 장르에 따라 각기 다른 정보 전달 방식, 구조, 목적을 가지고 있다. 예를 들어 이론서에서는 논리적 구조와 개념 정의가 중요하고, 문학 작품에서는 비유와 상징, 감정 묘사가 중심이 된다. 따라서 각 장르에 맞는 독서 전략을 사용하는 것이 그 책의 내용을 제대로 이해하고, 필요한 정보를 가장 효율적으로 얻는 방법이다. 따라서 도서 유형별 맞춤 읽기 전략은 각 책이 가진 고유한 가치를 제대로 흡수하고, 독서 시간을 효과적으로 활용하는 중요한 전략이라고 할 수 있다.

각 분야의 이론서부터 인문학 서적, 자기 계발서와 에세이, 문학서에 이르기까지 우리는 독서 현장에서 다양한 유형의 책과 만날 수밖에 없다. 그러나 양적 성과에만 집중해 독서 목표와 장르 특성을 무시하고 획일적으로 접근한다면, 이는 제대로 된 독서 활동이라고 할 수 없다. 각 장르에 맞는 적절한 읽기 전략을 통해 더 깊이 있는 이해와 풍부한 사고를 할 수 있으며, 이를 통해 독서의 진정한 가치를 더 잘 느낄 수 있을 것이다. 독서 목표를 설정할 때부터 책의 특성에 맞춰 전략을 수립하고, 그에 맞는 독서 방법을 적용함으로써 보다 효과적이고 균형 잡힌 독서 활동을 할 수 있다.

소설이나 시집처럼 유형이 명확한 책도 있지만, 독서 초보자가 책의 유형을 정확하게 판단하는 것은 때때로 어려운 일일 수 있다. 특히 '복합 장르' 성격을 가진 책을 고른 때는, 어떤 독서 전략을 적용해야 할지 몰라 난감한 경우도 있다. 예를 들어 에세이 형식의 과학기술 서적이나 인문학과 자기 계발 성향이 혼합된 책을 선택할 경우, 어느 부분에 더 집중해야 할지 고민이 될 수 있다. 이런 경우에는 처음 책을 선택할 때 설정한 독서 목표에 따라 전략을 결정하는 것이 가장 효율적이다.

예를 들어 에세이 형식의 과학기술 서적을 선택했다면, 과학기술 관련 새로운 정보를 습득하는 것이 주요 목표일 수 있다. 이 경우, 텍스트에서 과학적 사실이나 최신 기술 동향에 집중하며 정독하는 것이 중요하다. 또한 인문학과 자기 계발 성향이 혼합된 책을 고른 경우, 만약 인문학적 주제에 대한 탐구가 독서의 주요 목표라면, 해당 부분에 더 집중하고, 자기 계발적인 내용은 필요한 부분만 빠르게 스키밍하는 방식으로 접근할 수 있을 것이다.

따라서 독서 목표를 명확히 설정하고, 그에 맞는 전략을 유연하게 적용하는 것이 중요한 포인트다. 이를 통해 독서 시간을 단축하면서도 더 깊은 이해와 학습 효과를 얻을 수 있을 것이다.

자동 독서 습관

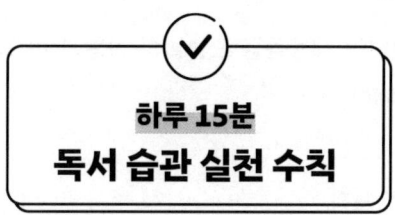

하루 15분
독서 습관 실천 수칙

➤ 도서 유형별 읽기 전략

1. 이론서

이론서나 교과서와 같은 책에서는 개념을 명확히 이해하고, 논리적 연결을 파악하는 것이 가장 중요하다. 이 경우, 정독을 통해 각개념과 주장을 깊이 이해하는 것이 필요하다. 예를 들어 경제학 이론서에서는 경제 모델을 하나씩 정독하며 그 원리를 명확히 하고, 논리적인 흐름을 이해하는 데 집중한다. 자신만의 학습 노하우가 있다면 이를 적용해 중요한 개념과 핵심 주장을 요약해서 메모하는 등의 방법도 효과적이다.

2. 인문학 서적

인문학 서적, 특히 역사서나 고전을 읽을 때에는 시대적 배경과 저자의 관점을 이해하는 것이 핵심이다. 이러한 책들은 정독을 하는 가운데 스스로 다양한 질문 던져보고 이에 대한 답을 탐구하며 읽는 방식이 효과적이다. 예를 들어 『자본론』이나 『목민심서』 같은 고전을 읽을 때에는 저자의 사회적, 정치적 맥락을 고려하고,

저자가 주장하는 내용들을 오늘날의 상황과 비교하며 분석하는
접근이 필요하다.

3. 경제/경영 서적

경제나 경영 관련 서적은 기본적으로 스키밍 이후에 정독을 결합
하여 다시 읽는 방식이 좋다. 예를 들어 경제학 책에서 최신 트렌
드나 데이터를 다룬 부분은 먼저 스키밍을 통해 개요를 파악하고,
중요한 데이터나 실용적 시사점이 포함된 부분은 정독할 때 다시
차근차근 여유를 가지고 심층 분석을 한다. 이와 같은 방식으로
빠르게 정보를 추출한 뒤, 필요한 세부 정보는 정독을 통해 이해
도를 높일 수 있다.

4. 자기 계발서

자기 계발서는 핵심 메시지와 실천 방법을 파악하는 데 중점을 둔
다. 이때는 속독과 정독을 병행한다. 중요한 실천 방법이나 동기
부여 문장을 하이라이트하고, 그에 따라 자신의 계획을 세우는 방
식이다. 예를 들어 '목표 설정'에 관한 책에서는 구체적인 실행 방
법을 빠르게 훑고, 실제로 적용할 수 있는 부분에 대해서는 정독
하여 나만의 실천 계획을 수립하는 식이다.

자동 독서 습관

5. 실용서

실용서는 스캐닝을 통해 필요한 정보만 정확히 파악하고, 그 후 필요한 부분을 정독하는 방식이 효율적이다. 예를 들어 요리책이나 기술 입문서 등의 책을 읽을 때에는 특정 레시피나 기법을 스캐닝하여 빠르게 필요한 정보를 찾고, 그 방법을 실제로 따라 하거나 머릿속에 적용 시뮬레이션을 해보며 내용을 완벽하게 이해하는 것이 중요하다. 때로는 도식화된 이미지를 살피는 것만으로도 원하는 정보에 접근할 수 있다.

6. 과학기술 서적

과학기술 서적은 정독을 통해 기본 원리와 기술적 과정을 정확히 이해해야 한다. 예를 들어 기술 서적에서는 핵심 이론과 실험 과정, 최신 동향을 차근차근 읽으며 이해하고, 복잡한 공식을 따를 때는 반복해서 확인하는 과정이 필요하다. 이때 시각 자료나 그래프를 활용하여 이해를 돕는 것도 중요한 방법이다.

7. 트렌드 서적

AI와 같은 최신 트렌드 서적은 스키밍을 통해 최신 동향과 핵심 키워드를 빠르게 파악하고, 그 이후 중요한 부분을 정독하여 여러 관점을 이해하는 방식이 필요하다. 예를 들어 AI 기술에 관한 책에서 핵심적인 개념과 예측을 빠르게 훑고, 다양한 의견이나 사례에 대해서는 깊이 있게 분석한다.

8. 소설/문학 서적

소설은 주로 몰입하여 읽기에 중점을 두지만, 때로는 분석적 정독을 활용하여 인물 관계나 주제에 대해 깊이 파악하는 것이 유효하다. 예를 들어 문학 작품에서 주요 인물의 감정 변화나 상징적 의미를 분석하고 이해하는 데 집중하면서 읽는다. 소설이나 문학 작품은 '쉼'의 독서인 경우가 많다. 무언가를 의도하기보다는 시간을 여유 있게 가지고 눈길과 마음이 가는대로 편하게 읽는 것도 한 방법이다.

9. 에세이

에세이는 작가의 경험과 관점을 이해하는 데 중점을 둔다. 편안하게 읽되 메시지 파악에 집중하는 방식이다. 예를 들어 에세이에서 작가의 개인적인 경험이나 사회적 관점을 읽으며 그 의미를 자신에게 연결하여 이해하는 방식이다. 특히 에세이 장르가 가지고 있는 고유의 미덕에 주목하여 사색을 곁들이며 여운을 느끼는 방법도 좋다.

10. 외국어 서적

독서자의 독해 수준이나, 국내에 미번역된 책을 원서로 읽느냐 아니면 외국어 학습을 위한 독서냐에 따라 차이가 있을 수 있다. 경우에 따라서는 책의 내용 이해는 물론 외국어 독해 능력까지 향상시킬 수 있는 일거양득의 독서도 가능하다. 외국어 서적은 정독을

자동 독서 습관

통해 어휘와 문법을 학습하며, 내용의 이해도를 높여 나가는 방식
이 가장 무난하다. 예를 들어 영어 원서로 트렌드 서적을 읽는다
면 아직 국내에 정립되지 않은 용어나 개념들을 별다른 선입견이
나 오해 없이 수용할 수 있는 장점도 있다.

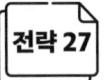

AI를 활용한
독서 활동의 두 얼굴

AI는 더 이상 먼 미래의 첨단 기술이 아니라, 이미 우리 일상의 깊은 곳까지 자연스럽게 스며들었다. 챗봇과 자료 분석 도구, 코드 생성, 그리고 콘텐츠 제작에 이르기까지 다양한 방식으로 활용되며 우리의 '일하는 방식'을 근본적으로 변화시키고 있다. 이제 AI를 어떻게 활용하느냐에 따라 개인과 조직의 경쟁력이 결정되기도 한다.

독서 활동에서도 AI를 중요한 보조 도구로 활용할 수 있다. AI 기반 검색 및 질의응답 활용 전략은 독서 중 발생하는 궁금증을 즉각적으로 해결하고, 배경지식을 확장하며, 개념 이해를 심화하는 데 효과적인 방법이다. 이는 마치 독서 여정에서 지식과 정보를 빠르게 찾아주는 개인 비서나 나에게 꼭 맞는 조언을 아끼지 않는 개인 교사를 두는 것과도 같다. 과거에는 책을 읽다가 생소한 용어나 사건, 개념이 등장했을 때 다른 자료를 찾아보는 데 많은 시간이 걸렸지만, 이제는 간단한 검색이

자동 독서 습관

나 AI 질문을 통해 관련 정보를 즉시 얻을 수 있다.

　신입 사원 시절, 팀마다 한 대씩 설치된 '공용 단말기'에 앉아 PC통신에 접속하거나 비용 전표 처리를 하던 때가 있었다. 그 당시 업무에 필요한 자료를 찾는 일은 매우 번거로웠다. 회사 건물 4층에 있는 자료실로 가서 백과사전이나 참고 도서를 뒤지며 복사하는 수고를 하거나, 이마저도 불가능하면 버스를 타고 국립중앙도서관이나 국회도서관까지 가야 했다.

　시간이 오래 지나지 않아 인터넷이 일반화되고 개인 PC도 지급되었지만, 이번에는 수많은 정보 중에서 옥석을 고르는 일이 만만치 않았다. 지금은 사업이 종료된 어떤 검색엔진에서는 '사랑'이라는 키워드로 찾은 검색 화면을 보여주며 자기 사이트에는 몇 만 개의 '사랑'이 있다는 식의 광고를 하루에도 수없이 틀어댔다. 무조건 많이 찾아내는 게 미덕인 시절이었다. 그러나 내가 원하는 '단 하나 정보'에 접근하기 위해서는 다시 지난한 검증의 과정을 거쳐야 했다. 무슨 고릿적 이야기냐며 의아해 하는 독자들도 많겠지만, 이 변화는 불과 2~30년 사이의 일이며, 그 속도는 상상을 초월할 정도로 빨라지고 있다.

　지금 이 책을 쓰면서도 나는 여러 개의 AI를 마치 조수처럼 부리고 있다. 내가 인용하려는 개념이 내 의도에 부합하는 것인지, 근거로 삼으려는 자료의 출처가 올바른 것인지 간단한 문답과 몇 단계의 재확인 과정을 거치면 나 스스로 신뢰할 만한 검증이 가능하다. 마감 일정에 쫓기면서도 '귀한 자료'를 찾으러 도서관으로 향하는 버스에 몸을 싣고 차창 밖 풍경을 무심히 바라보던 이십 몇 년 전의 내가, 오늘날의 이런 장면을 상상이나 할 수 있었을까?

이 전략의 핵심은 이처럼 AI 도구를 활용해 독서 효율성을 높이는 것이다.

첫째, 독서 중 발생하는 궁금증을 AI로 즉시 해결한다.

예 개념과 용어가 생소한 인문학 서적을 읽을 때 '헤겔의 변증법이란?'과 같은 질문을 던지며 궁금증을 바로바로 해결하는 방식이다.

둘째, 복잡한 내용은 쉬운 비유나 예시로 설명을 부탁한다.

예 경제학 책을 읽을 때, '게임 이론을 일상적인 예시로 쉽게 설명해 줘'라고 AI에게 요청한 뒤, 그 직관적인 설명을 책의 내용과 비교해 보며 이해도를 높이는 방식이다.

셋째, 주제와 관련된 최신 정보나 동향을 추가로 검색한다.

예 특히 출간 시기와 독서 시점 사이에 간격이 있는 경우 효과적인 방법이다. 가령 몇 년 전 출간된 AI 관련 서적을 읽으면서 'AI 윤리의 최신 동향'을 검색해 변화된 내용을 보완한다면, 독자는 마치 스스로 이 책의 개정판이나 증보판을 편집하는 듯한 의미 있는 독서 활동을 할 수 있다.

넷째, 독서를 마친 뒤 책의 내용을 AI로 요약하고, 자신의 생각과 비교해 본다.

예 독서 활동과 자신의 생각에 확신이 부족한 경우, 다른 사람의 도움 없이도 이를 검증해 볼 수 있는 가장 효율적인 방법이다. 이러한 비교 과정을 반복하다 보면 어느새 자신감이 생길 수도 있다.

하지만 단점과 위험성도 분명히 존재한다.

첫째, AI가 제공하는 모든 답변은 비판적으로 검토해야 한다.

AI는 부정확한 정보나 잘못된 답변을 제공할 수 있는 위험이 있다. 예를 들어 AI가 제시한 역사적 사건의 세부사항이 잘못된 경우도 흔하다. 답변 내용이 점점 정교화되는 추세이기는 하지만 반드시 정보를 교차 확인하는 습관이 필요하다.

둘째, AI의 답변은 정보 편향성을 가질 수 있다는 걸 감안해야 한다.

AI는 특정 관점을 강조하거나 일부 데이터를 생략할 수 있기 때문에, 이를 신중하게 검토해야 한다.

셋째, AI에 과도하게 의존하게 되면, 스스로 생각하는 능력이 저하될 수 있다.

독서는 비판적 사고와 창의성을 자극하는 활동이므로, AI에 지나치게 의존하면 이러한 능력을 개발하기 어렵다. 따라서 독서 초보자의 경우 AI에 휘둘리지 않을 자신이 없다면, 자기주도적인 독서 활동이 자리 잡을 때까지 아예 AI를 배제하는 것도 한 방법이다.

넷째, AI 도구를 자주 사용하면 독서 흐름이 끊기거나 집중력이 분산될 수 있다.

강의 중 너무 잦은 질문으로 흐름을 끊는 수강생의 경우처럼 뒤에 나올 내용을 미리 묻거나 자꾸만 다른 예시를 요구하는 질문은 오히려 독이 될 때도 있다. 따라서 효과적인 질문(프롬프트)을 작성하는 연습을 통해 AI에게 더욱 정확하고 유용한 답변을 얻어 내는 기술도 병행되어야 한다.

여기서 가장 중요한 점은 AI는 보조 도구일 뿐, 독서의 주체는 독자 자신임을 잊지 말아야 한다는 것이다. 질문과 답변, 그리고 질문의 빈도 모두 자기주도적인 판단에서 이루어져야 한다. 자신의 루틴을 만들어서 독서 흐름을 방해하지 않도록 쉬는 시간 전후로 질문을 몰아서 하는 식으로 집중력을 유지하는 것이 좋다.

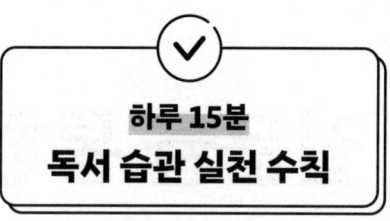

하루 15분
독서 습관 실천 수칙

▶ AI를 활용한 독서 활동의 장단점에 대하여 AI와 대화를 나누어 봅시다.

▶ 아래 도표는 'AI를 활용한 독서 활동의 장단점을 정리해 달라'는 요청에 대한 ChatGPT의 답변입니다. 앞선 본문의 내용과 비교해 보는 것도 흥미롭고, AI가 자신의 신뢰성을 의심하며 스스로 한계를 인정하는 듯한 내용도 눈길을 끕니다.

구분	장점	단점
이해 보조	복잡한 개념을 비유·예시로 쉽게 풀어 설명해 줌	설명이 단편적이거나 깊이가 부족할 수 있음
최신성 보완	오래된 책의 내용을 최신 자료와 비교·업데이트 가능	정보의 신뢰성과 출처 확인이 필요
학습 효율	요약·정리 기능으로 핵심 파악이 빨라짐	스스로 정리하는 훈련이 줄어들 수 있음
탐구 확장	책에서 다루지 않은 관련 주제를 추가 탐구 가능	범위가 넓어져 집중력이 분산될 위험
맞춤형 학습	독자의 수준·관심에 맞춘 질문과 대화형 학습 가능	과도한 의존으로 비판적 사고가 약화될 수 있음

③
핵심 질문을 통한
능동적 읽기

질문으로 여는
'능동적 독서'의 길

    책을 읽을 때 독자는 마치 탐험가처럼 핵심 질문을 스스로 찾아내 던지며, 그 답을 추적하는 적극적인 방식을 취할 수도 있다. 이 전략은 독자가 책을 읽으며 주제와 관련된 중요한 질문을 설정하고, 그 질문에 대한 답을 찾기 위한 방향으로 독서 활동을 이끌어 가는 과정이다.

    독서는 단순한 텍스트의 해석을 넘어서, 그 속에 숨겨진 깊은 의미를 찾고자 하는 과정이다. 예를 들어 리처드 도킨스의 『이기적 유전자』를 읽을 때, '저자가 말하는 이기적 유전자란 무엇이며, 그것이 인간 행동을 어떻게 설명하는가?'라는 질문을 던지고 그 답을 찾는 방식이다.

    '탐구 학습Inquiry-based learning' 이론에 따르면, 학습자가 스스로 질문을 만들어 그 답을 찾는 과정은 정보 이해도와 기억력을 크게 향상시킨다.* 독서 중에 스스로 던진 질문은 독서의

•   Wikipedia, '탐구 학습', https://ko.wikipedia.org/

목적을 명확히 하고, 독자가 텍스트에서 중요한 내용을 빠짐없이 탐색하게 만든다. 이 전략은 독서의 깊이를 더하며, 단순한 정보 습득을 넘어 사고와 성찰을 촉진한다. 우리는 보통 '모순'이나 '의문'을 부정적으로 받아들이는 경우가 적지 않은데, 오히려 그다음으로 해결해야 할 문제를 발견했다는 의미다. '인식의 진전'이라는 관점에서는 긍정적인 존재인 것이다.[**]

능동적인 독서를 유도하는 이 전략은 독서에 분명한 목적의식을 부여하여 독자가 중요한 부분에 집중하게 만드는 효과가 있다. 스스로 질문을 찾아 던짐으로써 독자는 단순히 텍스트만 읽는 것이 아니라, 텍스트와 풍부한 상호작용이 일어나며 이 과정에서 적극적으로 글을 읽는 태도와 능력을 갖추게 된다. 또한 질문 기반 독서는 이해도 향상과 기억력 증진에 효과적이다.[***] 예를 들어 『데미안』을 읽을 때 '자아 발견의 과정은 어떻게 전개되나?'라는 질문을 통해 인물의 심리적 갈등에 더욱 주목하며 이해할 수 있다.

이 과정에도 몇 가지 주의할 점이 있다. 우선 질문이 너무 좁거나 너무 넓으면 독서의 초점이 흐려질 수 있다. 예를 들어 너무 구체적이거나 좁은 질문은 책의 다른 중요한 통찰을 놓치게 할 수 있다. 반대로 너무 광범위한 질문은 독서의 목적을

[**] 니시바야시 가츠히코, 『안다는 착각』, 박귀영 번역, 21세기북스, 2025, pp.122-123.

[***] 한국어문교육연구소, 『독서교육사전』, 교학사, 2006, p.452.

흐리게 만들 수 있다. '저자는 무엇을 말하려 했나?'보다는 '저자는 인간 본성을 어떻게 설명하는가?'처럼 구체적이고 핵심을 꿰뚫는 질문을 설정하는 것이 좋다.

초보 독자의 경우에는 좋은 질문을 설정하는 데 어려움을 겪으며 독서 속도가 느려질 수도 있다. 이는 꾸준한 연습을 통해 얼마든지 개선할 수 있는 부분이다. 이런 경우에는 억지로 질문을 만들려고 애쓰기보다, 반복적인 독서 활동 속에서 스스로 질문을 찾아가는 성장을 차분히 지켜보는 것도 한 방법이다. 따라서 지금 당장 적당한 질문이 떠오르지 않는다고 조바심을 낼 필요는 없다. 또한 한 권당 너무 많은 질문을 설정하는 것은 집중력을 분산시킬 수 있으므로, 처음에는 부담 없이 적은 분량의 질문에서 시작하는 것이 좋다.

사람에 따라 차이가 있겠지만, 일상에서 일어나는 여러 가지 현상에 의문을 가지고 질문을 던지며 탐구하는 습관을 책 읽기에도 그대로 적용할 수 있다. 이렇게 책을 읽으면 독서의 의미는 더욱 커지며 지적 성찰을 위한 뜻깊은 여정이 된다. 이 전략을 꾸준히 적용하면 당신의 독서 목적을 더욱 명확히 하고, 이해도를 높이며, 깊이 있는 사고를 할 수 있게 만들어 줄 것이다.

하루 15분
독서 습관 실천 수칙

▶ '핵심 질문 던지며 읽기' 실천 수칙 5단계

구분	실천 전략	주요 내용
1단계	핵심 질문 설정하기	책을 읽기 전 또는 초반에 책의 주제, 목차, 서문 등을 바탕으로 핵심 질문을 설정한다. 예 『사피엔스』를 읽기 전, '인류 진화에서 가장 중요한 전환점은 무엇인가?'라는 질문을 설정할 수 있다. 이는 독서의 방향성을 제시해 준다.
2단계	본문을 읽으며 답 찾기	설정한 질문에 대한 답을 찾기 위해 본문을 읽는다. 각 챕터를 읽을 때마다 질문과 관련된 답이나 단서를 찾아보며 읽는다. 예 『자유론』을 읽으며 '밀은 개인의 자유를 어떻게 정의하는가?'라는 질문에 대한 답을 찾아가는 것이다.
3단계	세부 질문 추가하기 (선택 사항)	필요하다면 각 챕터별로 더 구체적인 세부 질문을 추가한다. 예 '이 장에서 자유의 한계는 어떻게 설명되나?'와 같은 질문을 통해 더 깊이 있는 분석을 한다.
4단계	답을 기록하고 정리하기	질문에 대한 답이나 단서를 독서 노트에 기록하며, 책의 핵심 메시지를 정리한다. 예 『이기적 유전자』를 읽으며 '이기적 유전자란?'이라는 질문에 대한 답을 간단히 요약하며 핵심 문장과 예시를 기록한다.
5단계	독서 후 점검하기	책을 다 읽은 후, 처음 설정한 질문에 대해 답을 명확히 할 수 있는지 점검한다. 예 '이 책의 핵심 메시지는 무엇인가?'에 대해 스스로 정리하고 답을 기록해 보는 것이다.

자동 독서 습관

작가를 향한
'플러팅' 기술

'폐인'이라는 말은 원래 일상생활에 지장을 줄 정도로 어떤 일이나 활동에 지나치게 빠져드는 사람을 가리킨다. 최근에는 '마니아'를 대신하는 비유적인 표현으로 흔히 사용한다. 몇 년 전 방영 이후 지금까지 많은 이들을 '폐인'으로 만든 드라마 중에 〈도깨비〉라는 작품이 있다. 이 드라마는 시간과 공간을 초월한 사랑을 다룬 판타지로, 많은 사람들에게 깊은 인상을 남겼다. 이 드라마를 보며 오래 전에 읽었던 양귀자의 소설 『천년의 사랑』이 떠올랐다. 지금의 감각으로 보면 특별할 것 없는 제목의 이 연애소설을 다시 꺼내든 이유는 내용과 상관없이, 바로 '천년의 사랑'이라는 제목이 주는 울림 때문이다.

우리의 독서 활동은 작가의 이야기를 경청하는 과정이라 할 수 있다. 그리고 바로 앞에서 이야기한 대로 그 과정에서 질문과 대답이 제대로 이루어진다면, 독서는 작가와 나누는 깊은 대화의 여정이 되기도 한다. 특히 아주 오래전 세상에 나와 오늘날에도 여전한 생명력으로 우리에게 통찰을 주는 고전의 경우, '천년의 사랑'이라는 수식어가 너무나 잘 어울린다.

저자가 이 책을 통해 전달하려는 의도, 주제를 선택한 이유, 그리고 독자에게 미치려는 영향을 파악하며 읽는 것은 독서의 깊이를 더하는 중요한 요소다. 작가의 의도를 이해하는 것은 텍스트의 표면적인 내용 이상을 파악할 수 있게 해주며, 작가가 글을 쓰는 데 사용한 언어와 논리적 전개 방식은 자신의 의도와 메시지를 전달하는 핵심적인 도구로 작용한다. 작가가 선택한 이러한 도구를 분석하는 과정 또한 독자의 비판적 사고를 촉진하며 글의 핵심 메시지를 더욱 명확하게 이해할 수 있도록 돕는다.

이처럼 작가의 의도를 파악하며 읽는 것은 단순히 책의 내용을 수동적으로 받아들이는 것이 아니라, 책 속에서 숨겨진 의미와 저자의 관점을 능동적으로 탐구하는 과정이 된다. 이를 통해 독자는 더 풍부하고 깊이 있는 독서 경험을 얻을 수 있다.

작가와의 대화를 효율적으로 나누기 위해서는 책을 읽기 전에 작가에 대한 기본적인 조사를 마치는 것이 중요하다. 독서 목표 설정이나 책을 고르는 단계에서 이미 작가의 약력이나 다른 저작물에 대한 기초적인 조사를 해 두었겠지만, 책을 읽는 과정 중에도 필요하다면 추가적인 조사를 병행할 수 있다. 예를 들어 『총, 균, 쇠』를 읽기 전에 저자 재러드 다이아몬드가 생리학, 지리학, 생물학, 인류학 등 다양한 분야의 전문성을 가진 이른바 '통섭적 인물'이라는 사실을 알면, 그가 왜 인

자동 독서 습관

류 문명의 발전 경로 차이를 설명하는 가장 중요한 변수로 '환경'을 제시하는지 이해하는 데 적지 않은 도움이 될 것이다.

작가의 약력과 더불어 책의 서문이나 머리말을 통해 저자가 직접 밝힌 집필 의도나 목표를 확인하는 것도 꼭 필요한 과정이다. 주변을 보면 의외로 서문을 '패싱'하는 경우가 많은데 이는 아주 잘못된 독서 습관이다. 『사피엔스』의 서문을 통해 유발 하라리가 인류 역사에 대한 통합적 설명을 목표로 했다는 내용을 알고 책을 읽게 되면, 독서 활동 내내 전체적인 방향을 잃을 염려가 없다. 혹시 이 책의 머리말을 패싱한 독자가 있다면 지금이라도 꼭 찾아 읽을 것을 권한다.

책을 읽으며 글의 어조, 자주 사용하는 어휘, 강조점 등을 분석하여 저자의 관점과 의도를 추론하는 것도 좋은 방법이다. 예를 들어 이 책에서 '독서 목표', '정독', '효율성', '자기주도', '능동', '실천', '지속 가능' 등의 단어가 지금까지 자주 언급된 점에 주목한다면, 이 책의 저자인 내가 독서 활동에서 어떠한 가치를 중요하게 여기는지 여러분들은 충분히 짐작할 수 있을 것이다.

작가의 의도를 파악하는 것은 텍스트의 표면 아래 숨겨진 의미나 맥락을 더 깊이 이해하는 데 도움이 된다. 예를 들어 조지 오웰의 『동물농장』을 읽으며 작품 내내 흐르는 비유와 풍자에서 전체주의와 권력의 부패에 대한 조지 오웰의 비판 의도를 제대로 탐색할 수 있다. 이렇듯 저자의 성향이나 특정 관점을 파악하면 그의 주장을 객관적으로 평가할 수 있는 근거가 된다. 더불어 정치적 성향이나 경제적 배경을 이해하면, 저자가 제시하는 논리적 전개나 근거를 비판적으로 분석할 수도 있다.

결론적으로 작가의 의도를 파악하며 읽는 독서 전략은 저자와의 지적 교류를 통해 책의 숨겨진 의미와 맥락을 파악하는 데 큰 도움을 주기도 하지만, 지나치게 주관적인 해석이나 과도한 추측은 독서의 본질을 왜곡하거나 불필요한 시간 낭비를 가져올 수도 있기 때문에 객관적이고 균형 잡힌 접근이 필요하다.

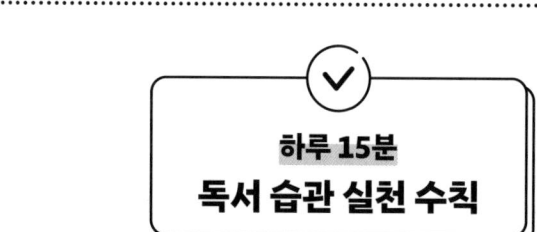

하루 15분 독서 습관 실천 수칙

▶ 이 책의 머리말을 속독이나 스키밍으로 다시 읽고, 현재 자신의 독서 목표가 저자의 의도와 얼마나 부합하는지 확인해 봅시다.

▶ '작가의 의도 파악하며 읽기'의 핵심은 작가의 의도에 무조건 동의하는 것이 아니라, 저자의 관점을 능동적으로 분석하고 이를 바탕으로 자신의 독서 목표를 더 정교하게 조정하며 실천을 준비하는 데 있습니다.

자동 독서 습관

'자기 참조 효과'로 독서를 내면화하는 법

낯선 곳으로 여행을 가면 종종 반복적인 경험을 하게 된다. 예를 들어 현지에서 새로운 음식을 맛볼 때마다 내가 평소에 좋아하는 음식과 비교하게 된다거나, 처음 가보는 해외 관광지에서 유년 시절의 경주 수학여행이나 얼마 전 제주도 가족 여행의 추억을 떠올리게 되는 식이다. 이처럼 사람들은 누구나 새로운 경험을 통해 얻은 정보와 자신의 과거 경험을 자연스럽게 연결 지으며 해석하는 경향을 보인다. 이는 인간이 새로운 정보를 기존의 지식과 비교하고 대조하며 의미를 이해하고 기억하려는 본능적인 습성 때문이다.

독서 활동에서도 때로는 책의 내용을 자신의 경험, 감정, 생각과 연결하여 더 깊은 의미를 재구성하고, 내면화하는 과정이 필요하다. 지금 이 책을 읽으면서 평소 자신의 독서 습관을 떠올리거나, 건축 관련 에세이를 읽으면서 과거에 방문했던 인상 깊은 건축물들을 회상하는 방식이 여기에 해당한다.

왜 자신의 경험과 연결하며 읽는 것이 중요한가? 인지심리학에 '자기 참조 효과Self-reference effect'라는 이론이 있다. 이는 자신과 관련된 정보일수록 기억하기 쉽고 이해가 깊어진다는 개념이다.[•] 책의 내용을 자신과 연결 짓는 순간, 그것은 단순한 정보나 지식이 아니라 '나의 이야기'로 바뀌게 된다. 이 과정은 독서의 몰입도를 높이고, 내용에 대한 기억력과 이해도를 증진시키는 데 큰 도움이 된다.

책을 읽는 동안 굳이 의식하지 않아도 자연스럽게 기억이 소환되는 경우도 있지만, 의식적으로 연결점을 찾아야 하는 경우도 있다. 예를 들어 자기 계발서를 읽으며 '이 부분에서 저자가 말하는 방법을 내 생활에 어떻게 적용할 수 있을까?' 하는 식으로 자신의 삶과 연결 짓는 방식이다.

'나라면 이 상황에서 어떻게 했을까?', '이 내용이 내 삶에 과연 어떤 의미가 있을까?'와 같은 질문을 던지며 책의 내용을 자신의 경험에 대입해 보는 것도 좋은 방법이다. 예를 들어 소설을 읽으면서 '내가 이 상황에 놓인다면 어떤 선택을 했을까?'와 같은 가정을 통해 등장인물과 더욱 깊이 연결될 수 있다.

그리고 책에서 제시된 내용이나 주장이 자신의 기존 생각이나 신념과 일치하는지, 혹은 어떻게 다른지 비교해 보는 것도 마찬가지다. 예를 들어 역사 서적을 읽으면서 '이 내용은 평소 내가 생각하던 역사 인식과 일치하는가?'를 되짚어 보며 읽

[•] Wikipedia, '자기 참조 효과와 생성 효과', https://ko.wikipedia.org/

을 수 있다.

뒤에서 다시 설명하겠지만, 이때 떠오른 생각이나 느낌을 종이책의 여백이나 별도의 독서 노트에 기록하는 것도 좋은 습관이다.

이 전략에서 중요한 점은 지나치게 주관적인 해석에 빠지거나 자신의 경험에 지나치게 의존하는 것을 피해야 한다는 것이다. 그렇지 않으면 저자가 전달하려는 보편적인 가치나 더 넓은 관점을 자신만의 경험에 국한시켜 왜곡할 위험이 있다. 또한, 특정 주제에 대한 감정적인 반응이 일어나면 몰입에 방해가 될 수 있다. 예를 들어 인간관계나 자기감정 조절과 같은 민감한 주제를 다룬 책을 읽을 때는 감정의 과잉이나 부정적인 추억이 방해 요소로 작용할 수 있다. 이럴 경우, 잠시 휴식을 취하거나 '낯설게 하기'를 통해 감정을 조절하며 읽기 과정을 균형 있게 유지하는 것이 중요하다.

자신의 경험과 연결하며 읽기는 책과 '나' 사이에 깊은 공감대를 형성하고, 독서를 통해 얻은 정보를 실생활에 적용할 수 있게 해주는 전략이다. 이 과정은 자기 참조 효과를 활용하여 책의 내용을 더 잘 기억하고 이해하며, 책에서 얻은 교훈을 자신의 삶에 적용할 수 있도록 돕는다. 그러나 지나치게 개인적인 해석에 빠지지 않도록 주의하며, 책의 핵심 메시지와 저자의 의도를 존중하는 균형 잡힌 독서가 필요하다.

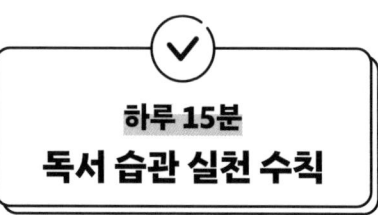

하루 15분
독서 습관 실천 수칙

➤ '자기 경험과 연결하며 읽기' 실천 수칙

· **경험 연계**

책의 내용을 자신의 상황이나 경험에 적용할 수 있는 방법을 생각하며 읽습니다.

· **비교와 점검**

주장이나 정보가 기존 신념과 어떻게 다른지 확인하며 읽습니다.

· **기록 습관**

중요한 아이디어나 떠오른 생각을 간단히 메모합니다.

· **감정 조절**

민감한 주제에서 감정 과잉이 몰입을 방해하지 않도록 주의합니다.

· **균형 있는 분석**

자신의 경험과 연결하면서도 다양한 관점과 저자의 의도를 함께 고려합니다.

· **실천 연결**

작가와 독자 사이의 공간대를 바탕으로 책의 교훈을 일상에 적용할 방법을 고민합니다.

자동 독서 습관

균형과 비판을
동시에 유지하는 독서 전략

직장생활 등 공적인 사회생활은 물론 가족이나 친구들과의 사적 네트워크 안에서 '비판적인 캐릭터'라는 평가는 사실상 부정적인 평가에 닿아 있을 때가 많다. 일상생활에서 비판적 시각을 유지할 경우 정보의 진위와 타당성을 합리적으로 평가할 수 있는 장점이 있지만, 지나치면 불신으로 이어져 긍정적 관계 형성이나 원활한 소통에 어려움을 겪을 수도 있다.

독서 활동에서 비판적인 시각을 유지하는 것도 마찬가지다. 결론부터 이야기하자면, 새가 온전한 좌우의 날개로 하늘을 가르듯 균형을 유지하는 일이 무엇보다 중요하다.

우리가 책을 읽을 때 제시된 정보나 주장을 무조건적으로 수용하는 것은 위험할 수 있다. 예를 들어 건강 정보를 다룬 책에서 '이 주장을 뒷받침하는 과학적 근거는 충분한가?', '다른 전문가의 의견과는 어떤 차이점이 있나?'라는 질문을 던지는 것이 바로 비판적인 시각을 유지하며 읽는 전략이다. 이는 단순히 정보를 수용하는 것에 그치지 않고, 제시된 정보의 진위와 타당성을 꼼꼼히 분석하며, 그 속에 숨겨진 논리적 오류나 가정을 찾아내어 능동적으로 평가하는 독서 태도를 의미한다. 이 전략은 정보의 진실성을 확인하고, 다양한 관점을 통해 텍스트를 깊이 이해하는 데 중요한 역할을 한다.

오늘날 우리는 정보의 홍수 속에 살고 있다. 그만큼 주어진 정보나 주장에 대해 비판적인 사고를 유지하는 것이 더욱 중요하다. 비판적 사고 능력은 학업 성취, 문제 해결, 의사 결정 등 삶의 여러 영역에서 중요한 역할을 한다.

이는 독서 활동에도 그대로 적용된다. 텍스트에 제시된 주장과 근거를 분리하고, 그 신뢰성을 스스로 평가함으로써 정보의 정확성과 타당성을 파악할 수 있다. 또한 논리적이고 객관적인 사고력을 기를 수 있으며, 균형 잡힌 시각을 유지할 수 있다.

그러나 저자의 주장을 검토하고 논리적 오류를 찾는 과정이 거듭되다 보면 자연스레 책 읽는 속도가 느려지거나 몰입에 방해가 될 수도 있다. 따라서 책의 주제를 다양한 시선으로 탐색하는 효율적인 수단으로 활용할 수 있는 지혜가 필요하다.

또한 지나치게 비판적인 시각을 유지할 경우, 책 속의 긍정적인 측면이 오히려 축소되거나 핵심 메시지를 잘못 해석할 위험도 있다. 결국 비판적인 사고는 건설적이어야 하며, 단순히 반박을 위해 반박하는 태도는 아무런 의미가 없다. 비판적 사고는 반드시 합리적 근거에 기반한 문제 제기여야 한다.

자동 독서 습관

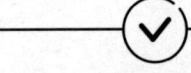

하루 15분
독서 습관 실천 수칙

➤ '비판적인 시각 유지하며 읽기' 실천 수칙

구분	실천 전략	주요 내용
전략1	주장과 근거 구분 및 평가	저자의 주장과 이를 뒷받침하는 근거를 명확히 구분하고, 제시된 근거가 타당한지, 신뢰할 수 있는 출처에서 나온 것인지 확인한다. 예 다이어트 관련 책을 읽으며 저자의 '저탄수화물 식사가 체중 감소에 효과적'이라는 주장과 이를 뒷받침하는 임상 연구를 구분하여 평가
전략2	논리적 오류 검토	텍스트에서 성급한 일반화나 인과관계 오류, 감정에 호소하는 오류 등 논리적 문제를 찾아낸다. 예 정치 서적에서 '모든 경제 위기는 정부 정책 때문'이라는 주장은 복잡한 문제를 지나치게 단순화한 성급한 일반화임을 지적
전략3	숨겨진 가정과 편견 파악	저자가 전제하는 가정이나 특정 관점에 치우친 흔적을 탐지한다. 예 기술 관련 트렌드 서적을 읽으며 저자가 기술 발전을 지나치게 낙관적으로 보는 편향을 감지하고, 기술의 부정적 영향을 간과했는지 분석
전략4	다른 관점과 반론 고려	제시된 주장에 반대되는 사례나 다른 관점을 찾아보며, 저자의 주장을 균형 잡힌 시각으로 바라보도록 한다. 예 분배 위주의 담론을 다룬 경제 서적을 읽으며, 성장 위주의 정책과 비교한 항목별 반론 고려
전략5	교차 검증	책에서 제시된 정보와 자신의 기존 지식 또는 외부 자료를 대조하고 비교하여 정보의 정확성이나 타당성을 검토한다. 예 AI 시대의 윤리에 관한 책을 읽으면서 최신 논문이나 보고서를 찾아 책의 주장을 교차 검증
전략6	계속해서 질문하기	'정말 그럴까?', '왜 그렇게 생각할까?'와 같은 질문을 계속 던지며 책의 내용을 끊임없이 평가한다. 예 건강 서적에서 '하루 10분 운동으로 건강 증진'이라는 주장을 읽으며 '모든 사람에게 동일한 효과가 있을까?' 등의 질문을 하며 비판적으로 접근

4장

독서를 실질적 성과로 연결하기

자기독서경영 4단계

적용

① 독서 경험을 체계화하는 정리 기술

책에 쓰고 표시하는
'지저분한 독서'의 힘

이따금 주변에서 책을 너무나 신성하게 다루는 사람들을 본다. 책을 대하는 마음의 자세가 그렇다는 게 아니라, 자신이 읽는 종이책의 상태를 언제나 갓 출고된 신간 수준으로 유지하는 사람을 말하는 것이다.

초등학교 시절 몇 차례 공공도서관에서 운영하는 '방학 독서교실'에 참여한 적이 있다. 보통 2~3주 동안 진행되는 과정의 첫 시간에는 으레 책 다루는 법 등의 '예절'에 대한 강의를 들었다. '도서관의 책은 여러 사람이 이용하는 소중한 자료이므로 깨끗하고 조심스럽게 다뤄야 한다, 책을 읽기 전에는 손을 깨끗이 하고 읽는 동안에는 음식물이나 음료를 멀리해야 한다, 책에 밑줄을 긋거나 낙서를 하면 안 된다, 페이지 접기(귀 접기) 등을 하지 말고 책갈피를 사용해야 한다' 등의 내용이다. 말 그대로 책에 대한 기본적인 예의 차원의 내용들이지만 '여럿이 함께 읽는 책'과 '나만 읽는 책'을 다루는 법에는 차이가 있을 수 있다.

학부모를 대상으로 하는 독서 강의에서 내가 강조하는 내용 중 하나는 책을 마치 장난감처럼 친숙하게 느끼도록 만들라는 것이다. 특히 발달 단계가 낮은 영유아일수록 이러한 내용을 강조한다. 물리적으로 훼손하는 수준이 아니라면 책으로 블록 쌓기를 하든, 방바닥에 펼쳐놓고 퍼즐 놀이를 하든 아이들의 상상을 초월하는 독창적인 '책놀이'에 가급적 개입하지 말라는 이야기를 한다. 책을 '신성'시하는 부모들의 잘못된 훈육이 자칫 잘못하면 아이들이 책과 멀어지는 원인이 되기도 하기 때문이다.

책 나눔처럼 좋은 일이 없지만, 애초부터 중고거래를 염두에 두고 책을 지나치게 '베스트 컨디션'으로 유지하려는 태도는 바람직하지 않다. 전자책이 보편화되면서 책을 조심스럽게 다뤄야 한다는 강박에서 벗어날 수 있게 된 점은 한편으로 다행스러운 변화다.

이 전략에서 말하고자 하는 내용은 바로 책을 좀 '지저분하게 읽자'는 것이다. 정확히 말하면 책이 지저분해지는 걸 두려워하지 말고, 오히려 책의 빈 공간을 적극적으로 활용하자는 것이다.

지금 우리가 살펴보고 있는 『자동 독서 습관』의 세부 전략들은 대부분 책 속에 담긴 생각과 메시지를 내 것으로 만들기 위한 방법들이다. 이를 위해 읽기 자체에 더 깊이 관여하는 능동적인 활동 중 하나가 바로 읽으면서 표시하고 메모하는 것이다. 예를 들어 중요한 문장을 형광펜으로 밑줄 긋거나, 여백에 간단한 의견을 메모하는 행동만으로도 독서의 몰입도와 집중력이 확연히 달라진다. 마치 여행 중 지도에 메모를 남기거나 사진 위에 손글씨를 더하듯, 책 속에 나만의 흔적을 남기며 독서 경험을 확장해 나가는 것이다.

사람들은 정보를 수동적으로 받아들이는 것보다, 직접 쓰거나 표시하며 신체를 사용하는 방식으로 학습할 때 더 잘 이해하고 오래 기억하는 경향이 있다. 독서 과정에 응용할 수 있는 가장 대표적인 활동이 바로 밑줄 긋기와 메모 남기기다. 이러한 활동은 단순히 책을 읽는 차원을 넘어, 텍스트와 상호작용하며 독자의 사고를 자극하는 학습 활동으로 기능한다.

이 전략의 핵심은 읽는 순간 '무엇을 남길 것인가'를 고민하며, 텍스트와 즉각적으로 반응하는 것이다. 즉 읽기와 기록이 동시에 이루어지며, 물리적 또는 디지털 방식으로 책 위에 사고의 흔적을 새긴다는 점에서 독서 후 정리하는 '독서 노트 작성'과는 구별된다. 독서 노트 작성이 나중에 정리하는 독립적 활동이라면, 이 전략은 읽는 과정 그 자체에 포함된 반응의 기록이다.

예를 들어 철학서를 읽다가 이해하기 어려운 문장이 나오면 파란색 형광펜으로 표시하고 여백에 간단히 '이해 부족'이라고 메모를 남길 수 있다. 문학 작품을 읽으며 감명 깊은 문장에는 초록색 형광펜으로 밑줄을 긋고, '내가 이 구절에 공감하는 이유는……' 정도로 시작되는 짧은 생각을 남겨볼 수도 있다. 포스트잇을 활용하면 책이 더러워지는 부담을 조금은 줄일 수도 있다. 전자책의 경우에는 간편하게 중요한 문장을 드래그하여 하이라이트하고, 관련된 키워드(#자기 계발, #팀워크 등)를 태그로 추가하거나 간단한 의견을 메모 기능으로 남기는 방식도 있다.

왜 읽으면서 메모하는 것이 중요할까? 손으로 쓰거나 표시하는 행위는 뇌를 자극하여 기억력을 강화하는 데 매우 효과적인 수단이며, 읽은 내용을 다시 요약하거나 핵심을 추려내는 과정에서 독자는 자연스럽게 정보를 재구성하고 내면화하게 된다.

디지털 도구를 활용할 때는 그 장점이 더 분명하게 드러난다. 예를 들어 전자책 앱의 하이라이트와 메모 기능은 표시한 내용을 자동 저장하고, 검색이나 공유도 가능하다. 전자책에서 하이라이트한 문장을 독서 이력 관리 앱에 연동하거나, 자신이 주로 사용하는 메모 앱으로 보내 정리하면 하나의 독서 데이터베이스가 자연스럽게 형성된다. 이처럼 메모하며 읽는 습관은 독서 후에도 그 정보를 다시 활용하고 반복 학습할 수 있는 발판이 된다.

하지만 무조건 표시하고 메모한다고 해서 모두 효과적인 것은 아니다. 지나치게 많은 부분을 밑줄 긋거나 페이지마다 포스트잇을 붙이는 경우, 오히려 책의 핵심을 파악하기 어려워지고 가독성이 떨어질 수 있다. 독서 흐름이 자주 끊기면서 몰입도도 저하될 수 있다. 따라서 자신만의 표시 기준을 정해두고, 정말 중요한 부분이나 나중에 꼭 다시 보고 싶은 내용 위주로 선별적으로 표시하는 습관이 필요하다. 예를 들어 '핵심 주장', '새로운 개념', '반론 가능한 문장', '적용 가능한 사례' 등을 중심으로 구분해 표시하는 방법이 있다. 형광펜을 사용할 때는 너무 진한 색을 피하고, 디지털 메모는 키워드 중심으로 간결하게 남기는 것이 좋다.

이 전략을 실천하면서 주의할 점도 있다. 메모 자체가 목적이 되어서는 안 된다는 점이다. 메모는 어디까지나 이해를 돕고, 기억을 보완하며, 나중에 활용하기 위한 도구일 뿐이다. 따라서 '기록을 위한 기록'에 집착하기보다는 '지금 이 정보를 어떻게 이해하고 있는가?'라는 본질적 질문을 중심에 두어야 한다.

또한 아날로그 도구와 디지털 도구는 각각 장단점이 있으므로 자신의 독서 성향과 환경에 맞게 선택하거나 병행하는 것이 좋다. 종이책은 손으로 쓰며 몰입하기에 좋지만, 검색과 정리에 불편이 따르고, 전자책은 효율성과 확장성이 뛰어나지만 디지털 기기에 익숙하지 않은 사람은 어려움이 따를 수도 있다.

결국 독서 도구를 활용해 메모하며 읽는 전략은 단순한 독서의 경계를 넘어서, 읽는 동시에 사고하고, 정리하며, 실천으로 이어지는 독서의 확장된 가능성을 열어준다. 표시된 문장과 메모는 독서 노트, 데이터베이스 구축, 주기적 복습 등 후속 활동의 기반이 되며, 독서를 통해 얻은 지식이 현실과 연결될 수 있는 다리 역할을 한다.

책은 더 이상 읽고 책장에 꽂아 두는 장식품이 아니라, 그 안에 나만의 흔적을 남기며 사고를 확장하는 열린 공간이 된다. 이 전략을 습관화한다면 우리는 단순한 독자가 아니라, 정보를 제구성하고 이를 토대로 실천하는 능동적 사고자로 성장할 수 있다.

하루 15분 독서 습관 실천 수칙

➤ 위 내용에 공감한다면 더 이상 망설이지 말고, 이 책을 '지저분하게 읽기'로 결심하고 바로 실천해 보세요.

중요한 부분에는 밑줄을 긋고, 별표를 표시하며, 여백에는 짧은 감상이나 질문을 직접 적어 보세요.

➤ 전자책을 읽는 경우에는 뷰어의 '필기 모드', '하이라이트', '메모' 기능을 하나씩 시험해 보며, 앞으로 어떻게 활용할지 자신만의 계획을 세워 보세요.

통찰을 자산으로
만들어 주는 '독서 노트'

20여 년 전 돌아가신 어머니의 유품을 정리하던 중 깜짝 놀란 경험이 있다. 생전에 자식들에게 언제나 책 읽는 모습을 보여주시던 어머니가 남긴, 여러 권의 '대학노트' 때문이었다. 내가 공부하던 책상 옆에 작은 상을 펴고 앉아 밤마다 무언가를 끄적이시던 희미한 기억이 스쳐갔다. 겉표지가 낡아 손때가 묻은 그 노트들은 평생 동안 읽으신 수백 권의 책에 대한 감상과 생각으로 빼곡히 채워져 있었다. 독서 중에 떠오른 사색과 문장에 대한 해석, 그리고 삶의 고민과 희망까지 섬세하게 적혀 있었다. 함께 남긴 일기장과 더불어, 그 독서 노트는 어머니의 삶이 고스란히 담긴 분신이자, 시간이 지나도 지워지지 않는 고귀한 유산처럼 느껴진다.

일기가 '숙제'이던 어린 시절, 어머니는 '일기 쓸 게 없다'며 투덜거리는 나에게 독서 일기 쓰는 법을 가르쳐 주시기도 했다. 그리고 굳이 선생님이 할당한 일기장 분량에 구애 받지 말고, 줄글로 표현하기 싫으면 독후감상을 동시로 써보라는, 지금 생각해도 퍽 세련된 독서교육을 해 주시기도 했다. 이제는 내가 사용하는 모든 디지털 기기에 편리하게 동기화되는 메모장 앱이 독서 노트 역할을 대신하고 있지만, 독서 기록은 나의 오래된 습관이기도 하다.

독서 노트는 단순히 '기억 보관함'이 아니라, 사고를 깊게 하고 지식을 자기화하는 '생각의 실험실'이기도 하다. '독서 노트 작성 습관화와 활용법 전략'은 바로 그 '생각을 남기고 다시 꺼내는 습관'을 말한다. 독서 노트는 단순한 기록 이상의 기능을 한다. 읽은 내용을 구조화하여 정리하고, 스스로에게 질문을 던지며, 지식과 경험을 연결하는 반복 학습의 장이 된다. 중요한 것은 멋지게 쓰는 것이 아니라, 꾸준히 쓰는 것이다. 손글씨든 디지털 메모든 상관없다. 핵심은 읽은 책을 내 방식대로 다시 '되새기고', 나중에 다시 활용할 수 있도록 '기록'하는 것이다. 책 속 지식을 일회성으로 소비하지 않고, 삶의 무기이자 사고의 자산으로 만들어가는 길. 바로 그것이 독서 노트의 진짜 역할이며, 이 전략이 전하고자 하는 핵심이다.

책 한 권을 다 읽고 덮었을 때, 머릿속에 남는 것이 거의 없다는 건 흔한 일이다. 한때는 감명 깊었다고 느꼈던 문장도, 새로운 통찰을 준 개념도 시간이 지나면 흐릿해지고 만다.

이 전략은 앞에서 살펴본 '메모하며 읽기'와는 명확히 구분된다. 메모하며 읽기가 책을 읽는 도중 중요한 부분을 표시하거나 즉각적으로 반응하는 활동이라면, 독서 노트는 책을 모두

자동 독서 습관

읽은 후 내용을 종합하고 구조화하며 나만의 방식으로 재구성하는 정리의 과정이다. 또한 이어서 살펴볼 '리뷰 작성'이 타인과의 공유를 염두에 두는 것이라면, 독서 노트는 철저히 자기 자신과의 대화를 위한 글쓰기다. 어쩌면 책을 소재로 한 일기라고 생각해도 무방하다. 우리는 이미 어린 시절부터 일기의 미덕을 너무나 잘 알고 있다.

그렇다면 왜 굳이 이처럼 귀찮은 일을 반복해야 할까? 단순히 읽는 것보다 쓰고 정리하는 과정에서 뇌는 더 깊이 정보를 처리하고, 그 결과 기억력과 이해도가 높아진다는 것은 이미 수많은 연구에서 입증된 바 있다. 이미 앞에서 인용한 대로 손을 써서 정보를 기록하는 행동은 운동피질과 해마를 자극해 장기 기억으로 전환되는 가능성을 높인다. 실제로 손으로 필기한 학생들이 노트북으로 타이핑한 학생들보다 개념 이해와 문제 해결 능력에서 더 뛰어났다는 연구 결과도 있다.[*]

뿐만 아니라 노트를 쓰는 행위는 자신의 생각을 점검하고 정돈하는 과정이기도 하다. '내가 이 문장을 왜 중요하게 여겼는가?', '이 내용이 내 경험과 어떤 관련이 있는가?'와 같은 질문을 통해 독자는 자기 내면을 들여다보고 사고의 틀을 확장

* Mueller, P. A., & Oppenheimer, D. M. (2014). The pen is mightier than the keyboard: Advantages of longhand over laptop note taking. Psychological Science, 25(6), 1159 – 1168. https://www.psychologicalscience.org/observer/writing-notes?utm_source=chatgpt.com

해 나간다. 이러한 사고의 연결은 때로는 전혀 다른 책이나 삶의 경험과 만나 창의적인 아이디어로 이어지기도 한다.

그러나 모든 전략이 그렇듯, 독서 노트 작성도 몇 가지 주의할 점이 있다. 먼저 모든 것을 다 담으려고 무리해서는 안 된다. 책 전체를 일관된 비중과 형식으로 요약하려면 부담이 커지고, 오히려 실천이 어려워진다. 자신에게 울림을 준 부분에 집중하는 것이 핵심이다. 다음으로 완벽하게 쓰려는 마음을 내려놓을 것. 처음부터 예쁘고 완성도 높은 노트를 만들겠다는 생각은 오히려 지속을 방해한다. 짧게, 자유롭게, 불완전하게 시작해도 괜찮다. 중요한 건 꾸준히 '쓰는 행위'를 이어가는 것이다.

또한 독서 노트는 쓴 후 꼭 다시 보는 습관이 필요하다. 정기적으로 다시 읽고, 지금의 시각으로 과거의 기록을 되짚는 일은 그 자체로 '사고의 대화'이자, 지식의 재활용과 확장의 과정이다. 이렇게 한 권, 두 권 기록이 쌓이면 그것은 더 이상 단순한 독후 감상이 아니라, '지식의 자산화'로 이어지는 나만의 정보 창고가 된다.

독서 노트를 쓰는 일은 생각보다 어렵지 않다. 다만 단숨에 결과를 기대하지 말고, 천천히 습관처럼 들여야 한다. 커피 한 잔과 함께 한 페이지를 채우는 시간, 또는 취침 전 짧은 정리 시간만으로도 충분하다. 독서는 책을 읽을 때 완성되는 것이 아니라, 읽은 내용을 정리하고 되새길 때 비로소 완성된다는 사실을 기억하자.

그리고 무엇보다 중요한 것은, 이 노트가 남에게 보이기 위한 것이 아니라 '나를 위한 글쓰기'라는 점이다. 그 글은 언젠가 당신의 사고와 성장을 고스란히 보여주는 지적 일기가 되어줄 것이다.

하루 15분
독서 습관 실천 수칙

▶ 독서 노트 작성은 흔하고 오래된 독서 활동 중 하나입니다. 이제는 학창시절의 '의무'에서 벗어나 스스로 기록하고 회고하며 오직 당신만을 위한 글쓰기를 시작해 보세요.

▶ 독서 노트 작성 방법(예시)

구분	주요 내용	예시 및 가이드
기본 정보 기록	책 제목, 저자, 읽은 날짜 등	독서 시작 시 기본 기록으로 활용
중요 문장 필사	핵심 문장 3~5개를 골라 필사 후 짧은 의견 작성	예 『총, 균, 쇠』: 유럽이 세계를 지배한 이유는 지리 때문 → 문명의 우열 편견 깨짐
내용 요약	전체 또는 챕터별 핵심 내용 정리	나에게 의미 있는 부분을 중심으로 작성하며 남을 의식하며 작성할 필요는 없음
질문 기록	이해되지 않은 점, 궁금한 주제, 연결하고 싶은 지식	핵심 내용, 작가 의도, 비판적 시선과 관련한 질문을 통해 사유의 폭 확대
실천 항목	독서 내용을 삶에 적용할 구체적 행동 지침 작성	예 『생각에 관한 생각』: 중요 결정 시 시스템2 활성화
정리 형식	· 코넬 노트법: 키워드/본문/ 요약&생각 정리 · 마인드맵: 주제 중심 시각적 구조화 · 3색 구분법: 형광펜, 색펜으로 구조화 · 자유식: 일기처럼 자유롭게 기록	정해진 정답이 없으므로 각자 스타일에 맞게 자유롭게 선택이 가능하며 혼용도 무방
디지털 도구 활용	S-Notes, Notion, Evernote 등 기존의 기록 앱 활용 기능, 템플릿 제작	효율적 기록 및 습관 유지, 자신만의 템플릿 제작 가능

자동 독서 습관

당신의 지적 영토를
넓히는 리뷰의 마법

독서는 일면 고요하고 고독한 행위이지만, 그 감동과 깨달음이 누군가에게 전달되는 순간, 독서 경험은 새로운 차원으로 확장된다. 책의 마지막 장을 넘기며 머릿속에 떠오르는 생각을 누군가에게 들려주고 싶은 충동이 일어난다면 이미 당신은 '리뷰 작성'이라는 활동을 본능적으로 준비하고 있는지도 모르겠다.

생태학자 최재천은 주변에 "글 쓰는 놈이 왕이다"라는 말을 자주 한다. 그는 『과학자의 서재』를 비롯한 여러 저서와 강연을 통해, 유년 시절의 문예 활동과 글쓰기 훈련이 학자로서의 경력에 큰 영향을 미쳤다고 고백했다. 그리고 독서와 더불어 글쓰기 또한 새로운 지식을 창출하는 데 필수적이라고 강조한다. 그래서 '글 쓰는 놈이 왕'이라는 말은, 결국 글쓰기를 통해 지식을 표현하고 세상에 영향을 미치는 사람이 오늘날과 같은 지식 사회의 '권력자'와 다름없다는 의미로 해석된다.

독서의 효용은 셀 수 없이 많지만, 책을 통해 얻은 생각을 나만의 언어로 재구성하고 누군가와 공유하는 일은 '글쓰기의 미덕'을 실현하는 아주 의미 있는 실천이다. 독서는 그 자체로도 충분히 가치 있지만, 기록과 공유를 통해 더 오래, 더 넓게 남을 수 있다.

책을 읽은 뒤, 글을 쓰고 공유하는 방식도 다양해졌다. 특히 이즈음처럼 적극적인 연결과 공유가 가능한 시대에는, 독서 리뷰를 남기는 것 자체가 하나의 사회적 독서 행위로 받아들여지고 있다.

방학숙제로 추천도서를 읽고 독후감을 써서 제출하던 기억은 누구에게나 있을 것이다. 이 책의 프롤로그에서 회고한 대로, 당시의 독후 활동이 단순한 '실적 증빙'과 비슷한 차원이었다면 지금의 리뷰는 확실한 독서 목표와 자기주도적인 독서 활동 차원에서 자신의 감상을 누구보다 진솔하게 정리해 누군가와 나누는 온전한 '기록과 소통의 과정'이 되어야 한다. 실제로 책을 읽자마자 블로그에 서평을 올리거나, 인스타그램에 인상 깊은 문장을 사진과 함께 올리며 감상을 공유하는 이들이 점점 늘고 있다. 인터넷 서점이나 구독 플랫폼에 다시 들어가 별점을 주고, 리뷰를 남기는 활동도 과거보다 훨씬 활발해졌다.

그런데 이런 채널들마다 조금씩 다른 특징을 갖고 있다. 블로그는 분석 중심의 서평에 적합하고, 인스타그램은 시각적인 감성과 공감이 중요하며, 온라인 서점이나 구독 플랫폼은 간결한 정보 전달과 평점이 중심이 된다. 중요한 것은 자신이 하고자 하는 말의 '톤'과 '형식'을 조율하는 감각이다. 때로는 한 문

자동 독서 습관

장의 리뷰가 한 편의 긴 글보다 더 강한 인상을 남길 수도 있다. 무엇보다 글쓰기를 전문가만의 특별한 작업이라고 여기기보다, 짧더라도 자주 쓰려는 태도가 더 중요하다. 그리고 출간 가능한 수준과 형식, 분량의 글이 아니더라도 일상의 소소한 감상과 생각을 적는 일만으로도 충분히 의미 있는 글쓰기가 될 수 있다.

리뷰는 결국 같은 책을 읽거나 앞으로 읽으려는 일반 독자들이 서로 공감과 해석을 나누는 과정이자, 책의 구조를 다시 되짚고 자신의 생각을 정돈하는 기회가 되기도 한다. 이러한 리뷰를 잘 쓰기 위한 몇 가지 원칙이 있다.

1. 진솔함

감상은 포장된 문장보다 내 안에서 자연스럽게 우러난 언어가 독자에게 더 깊이 닿는다.

2. 핵심 파악

장황한 설명보다 책의 핵심 메시지와 그것이 나에게 어떤 의미였는지를 명확히 드러내야 한다.

3. 대상 독자 고려

어떤 독자를 염두에 두고 글을 쓰는지에 따라 글의 구성과 표현이 달라진다. 여기에 더해, 예비 독자에 대한 배려도 필요하다. 특히 소설이나 이야기 중심의 책을 리뷰할 때는 줄거리나 결말을 과도하게 드러내지 않도록 주의해야 한다.

4. 지속성
한 번의 훌륭한 리뷰보다 꾸준한 기록이 글쓰기 실력과 독서 이해도를 함께 높여준다.

5. 논리 기반
비판이 필요한 경우에도 저자나 책에 대한 평가는 감정이 아닌 논리와 근거를 기반으로 해야 하며, 리뷰에 달린 피드백이나 비판적 댓글에도 감정적으로 대응하지 않는 태도가 중요하다.

물론 리뷰를 작성하는 데는 시간과 에너지가 들지만, 그만큼 얻는 것도 크다. 내가 읽은 책을 타인과 공유하는 이 과정에서 우리는 표현력과 비판적 사고력, 정보 구성 능력은 물론, 독서에 대한 지속적인 동기와 자존감까지 함께 얻게 된다. 더 나아가 내가 남긴 리뷰가 누군가의 독서 선택에 결정적 계기가 되거나, 새로운 생각의 출발점이 되기도 한다.

짧은 리뷰에 익숙해졌다면, 본격적인 서평 쓰기에도 도전해 보자. 원고지 5매(약 1,000자) 내외의 일간지 칼럼 분량을 기준으로, 구조와 형식을 갖춘 한 편의 글을 써보는 것이다. 마치 어느 매체로부터 청탁을 받은 듯한 상상을 하며 글을 정리해 보면, 글쓰기가 낯선 사람에게도 색다른 경험이 될 수 있다.

결국 리뷰는 독서의 감상을 '기억'에서 '기록'으로, '기록'에서 '공유'로, 그리고 '공유'에서 '확장된 독서'로 이끄는 고리다. 독서 리뷰는 더 이상 선택이 아니라, 읽은 책을 세상과 연결하는 하나의 방식이다. 꾸준히 실천한다면 우리는 책을 혼자 읽는 독자를 넘어, 책을 통해 타인과 연결되고 소통하는 성숙한 독서자로 성장할 수 있을 것이다.

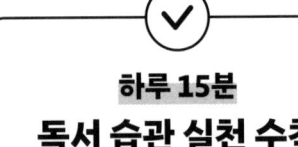

하루 15분
독서 습관 실천 수칙

▶ '나중에'라는 말은 당신의 실행력을 감소시키는 악마의 단어와도 같습니다. '지금 바로' 당신이 읽은 책 한 권을 골라 리뷰를 작성해 보세요.

▶ 1,000자 내외의 서평이 부담스럽다면, 인터넷 서점이나 구독 플랫폼에 들어가 짧은 리뷰와 별점을 남겨보세요. '귀차니즘'의 극복은 당신의 온전한 독서 습관을 위한 선결 과제입니다.

▶ 읽은 책이 마땅치 않다면 지금까지 읽은 이 책 『자동 독서 습관』에 대한 짧은 리뷰를 올려도 좋습니다. 머리로 생각만 하는 것과 직접 몸을 움직이는 것은 하늘과 땅만큼의 차이가 있습니다. 어딘가에 자신의 흔적을 남기는 작은 일이 때로는 커다란 변화의 출발점이 될 수도 있습니다.

▶ 위에 소개한 다섯 가지 원칙에 주목하면서, 단 한 문장이라도 좋으니 꼭 리뷰를 작성해 보세요.

자동 독서 습관

독서의 조각들로
지식의 탑을 쌓는 '독서 DB' 구축

책을 많이 읽는다고 해서 반드시 그만큼 성장한다고 말하기는 어렵다. 앞에서 살펴본 독서 '중'과 '후'의 기록들 또한 제대로 된 관리가 뒤따르지 못하면 그저 흔적으로만 남는 일이 자주 벌어진다. 이번 전략에서 다루고자 하는 것은 이렇게 남긴 흔적들을 체계적으로 정리하고 연결하는 '지식 저장소' 구축에 관한 것이다. 바로 '독서 데이터베이스DB'를 만들고, 더 나아가 AI 기술을 활용해 그 기록을 분석하는 방법이다.

여러분이 몸담고 있는 회사에도 업종에 따라 다양한 주제와 형식의 DB가 존재할 것이다. 지식과 정보가 곧 자산이 되는 시대, 특히 지적재산IP의 중요성이 날로 커지고 있는 지금, 이러한 DB를 어떻게 관리하고 운영하느냐는 단순히 정보를 정리하는 수준을 넘어, 기업의 자원을 전략적으로 활용해 부가가치를 창출하는 핵심 역량으로 여겨진다.

비단 독서뿐만 아니라 많은 사람들이 일상의 다양한 영역에서 경험하고 수집한 데이터를 자기만의 노하우로 정리하고 관리하는 경우를 흔하게 본다. 가령 영화나 맛집 리스트를 엑셀 등의 도구를 이용해 관리하듯 내가 읽은 책의 제목, 저자, 읽은 날짜, 장르, 별점, 핵심 요약과 나만의 메모, 그리고 떠오른 질문이나 실천 항목 등을 구조화해 기록하는 것이다.

이러한 독서 DB는 단순한 메모의 집합과는 차원이 다르다. 독서 노트가 한 권 한 권의 책에 집중한 개인적 기록이라면, 독서 DB는 여러 권의 책을 연결하고 재구성하여, 나만의 지식 지도를 만들어 가는 일이다. 앞으로 살펴볼 주기적 복습을 위한 검색성과 활용성의 기반이자, 나아가 AI 기술을 통해 업그레이드해 나간다면 독서를 통해 얻은 통찰을 자동으로 도출할 수 있는 '지식 인프라'로 발전할 수 있다.

구체적인 구축 방법은 다양하다. 가장 간단하게는 엑셀이나 구글 스프레드시트를 활용해 책 정보를 행 단위로 정리하고, 필터 기능으로 주제별 정렬을 해볼 수 있다. 이렇게 정리해 두면 예를 들어 '최근 3년 동안 읽은 자기 계발서 중 평점이 4점 이상인 책'만 골라내는 것이 가능하다.

한 단계 더 나아가 만약 Notion을 익숙하게 사용하는 독서자라면 이를 활용해 도서별 페이지를 만들고 표지 이미지와 내용 요약, 인상 깊은 구절, 관련 메모 등 자신이 마련한 기준에 따른 여러 정보들을 체계적으로 입력할 수 있다. 이때 각 책에 '#심리학', '#리더십', '#나중에 다시 읽을 책'과 같은 태그를 붙여 연결성을 강화하거나, 비슷한 책끼리 관계형 데이터로 연결할 수도 있다. 이미 Evernote 등의 메모 앱을 활용하고 있다면 웹에서 스크랩한 서평이나 기사도 함께 저장하며, 다양한 소스를 통합한 독서 기록 시스템을 만들 수 있다. 독서 DB의 필요성과 취지만 제대로 이해한다면 굳이 새로운 도구를 다운로드 받거나 구입할 필요 없이 평소 자신이 활용하고 있거나 비교적 익숙한 도구를 이용하는 편이 훨씬 더 효율적일 것이다.

이렇게 일정 기간 축적한 나의 독서 DB를 AI에 내보낸 뒤 적절한 질문 기법을 적용하면, DB를 운영하는 도구의 자체 메뉴를 이용해 필터링하는 것보다 훨씬 더 드라마틱한 분석도 가능하다. 예를 들어 AI가 '최근 3개월간 행동경제학 관련 도서에서 선택 편향이라는 키워드가 반복적으로 등장했으며, 관련한 질문이 자주 기록되었습니다'라는 식의 분석을 도출할 수도 있다. 나아가 나의 독서 수준과 취향, 지금까지 읽은 책의 주제 등을 고려하여 앞으로 더 읽어야 할 책들의 목록을 제공받을 수도 있다. 이런 경우는 앞으로의 독서 계획을 더욱 정교하게 설계하는 데 큰 도움이 된다.

사실 이렇듯 적극적인 시도와 이에 수반되는 다소의 번거로움은 어쩌면 '과도기적인 수고'에 지나지 않을 수도 있다.

내가 주로 사용하는 구독 플랫폼만 살펴봐도, 거의 하루가 멀다 하고 새로운 기능과 메뉴가 업데이트되고 있다. 일부 서비스에는 AI 기능이 점차 도입되고 있지만, 아직은 그 수준이 초보적이며 특정 출판사나 도서에 국한된 마케팅 성격의 기능에 머무르는 경우가 많다. 그러나 서비스의 질은 분명 점점 더 정교하고 고도화될 것이며, 이는 시간 문제일 뿐이다. 이 지점에서 내가 독서 전문가로서 상상해 본 '아주 가까운 미래의 독서 풍경' 한 장면을 소개해 보려고 한다.

서른다섯 살의 임송하 씨는 회사의 복지 포인트로 정기 결제를 하고 있는 구독 플랫폼을 어느덧 10년째 사용하고 있다. 신입사원 시절부터 차곡차곡 쌓아온 그의 독서 이력은 방대하고 다양하다. 플랫폼에 탑재된 '독서 메모장'을 열어 며칠 전 독서 세미나 때 급히 입력해 두었던 자료들을 정리한 뒤, 다음에 읽을 책을 고르기 위해 음성 기반 AI 북큐레이터와 상담을 시작한다.

AI는 최근 1년간 임송하 씨의 독서 시간과 간격, 장르 선호도, 완독률 등의 데이터를 바탕으로 독서 패턴을 분석한다. 분석 결과에 따르면 그는 주말 오전에 집중도가 높았고, 평일 저녁에는 독서 리듬이 일정하지 않았으며, 자기 계발서보다 인문학 에세이류에 더 높은 완독률을 보였다. 이를 바탕으로 AI 북큐레이터는 짧은 챕터로 구성된 인문 에세이를 평일 저녁 시간대에 배치해 조금씩 꾸준히 읽는 전략을 제안하고, 몰입이 필요한 자기 계발서 한 권을 주말 집중 독서 시간으로 배정해 임송하 씨의 독서 계획을 재구성해 주었다.

또한 하이라이트 된 문장들의 정서적 패턴을 정밀 분석한 AI는 '마음챙김'과 관련된 주제에 반복적으로 반응한 점을 근거로, 최근 출간된 정신건강 전문의의 에세이 한 권을

자동 독서 습관

추천했다. 임송하 씨는 일단 이 책을 자신의 개인 서재에 담아달라고 요청하며 상담을 마무리한다.

이 상상 시나리오의 핵심은, AI를 통해 '나도 몰랐던 나의 독서 패턴'을 발견하는 데 있다. 언제, 어떤 환경에서, 어떤 유형의 책에 몰입하는지를 AI가 객관적인 데이터로 밝혀주고, 이를 바탕으로 독자는 더 효율적이고 지속 가능한 독서 계획을 스스로 설계할 수 있다. 이는 단지 편의성과 기술의 결합을 넘어, 독서의 주도성과 몰입을 동시에 높여주는 전략이 된다. 물론 적절한 DB와 대화 기술만 뒷받침된다면, 지금의 AI 기술 환경에도 얼마든지 가능한 일이다.

지금 이 순간에도 파주나 판교의 어느 개발실에서는 출판 기획자, 데이터 기술자, UX 디자이너들이 모여 대한민국 독서 생태계를 더 풍요롭고 촘촘하게 만들기 위한 새로운 실험과 시도를 이어가고 있을 것이다. 독서의 미래는 생각보다 훨씬 가까운 곳에 와 있다.

지금 살펴보고 있는 독서 DB 구축과 AI 분석 전략의 장점 몇 가지를 정리해 보면 다음과 같다.

첫째, 단기적으로는 정보 검색과 회고가 쉬워지고, 장기적으로는 지식이 자산화되어 언제든 꺼내 쓸 수 있는 구조가 만들어진다.
둘째, 자신의 독서 습관과 편향을 객관적으로 파악하면서 독서의 균형과 방향성을 잡는 데 큰 도움이 된다.

셋째, 새로운 책을 고를 때에도 나에게 맞는 도서가 무엇인지 판단할 수 있는 기준이 생긴다.

넷째, 책을 단순히 소비하는 행위에서 벗어나, 축적하고 활용하는 방식으로 독서의 질이 한층 높아진다.

특히 여러 플랫폼을 동시에 이용하거나 다양한 이유로 플랫폼을 변경해 온 독자는 데이터가 파편화되거나 유실될 우려가 있다. 따라서 평소 독립적이고 지속적으로 활용할 수 있는 자신만의 독서 데이터베이스를 구축하고 관리하는 작업이 반드시 필요하다. 앞으로 독서 플랫폼이나 온라인 서점 서비스가 고도화되어도 이러한 문제점을 근본적으로 해결할 수 있는 방법이 없기 때문이다. 또한 앞에서도 몇 차례 언급했듯이 AI의 분석 결과는 항상 정답이 아니며, 추천된 책이나 답변은 어디까지나 참고일 뿐 자신의 주관적 판단과 결합되어야 진짜 가치 있는 인사이트로 발전할 수 있다.

결국 독서 데이터베이스 구축과 AI 기반 분석 전략은 단지 책을 많이 읽는 데서 멈추지 않고, 내가 읽은 책들을 '잊히지 않게' 만들고, '연결'하여 새로운 사고의 자양분으로 활용하는 데 초점을 둔다. 책장을 덮는 순간부터 시작되는 이 전략은, 나의 독서 인생 전체를 체계화하고 확장하는 유의미한 전략이 될 수 있다. 처음에는 간단히, 그러나 꾸준히 이 전략을 실천해 나간다면 우리는 단지 책 한 권을 읽는 것이 아니라, 차곡차곡 쌓고 있는 '거대한 지식의 탑'에 벽돌 하나를 올리는 셈이 된다.

자동 독서 습관

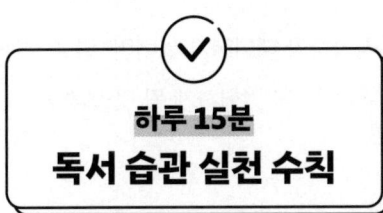

하루 15분
독서 습관 실천 수칙

▶ 독서 데이터베이스 구축은 이름만큼 거창한 일이 아닙니다. 책 한 권을 읽을 때마다 차곡차곡 쌓여가는 독서 기록은 마치 적금통장과도 같습니다. 시간이 지나면 원금이 늘어나듯, 독서 기록도 쌓일수록 가치가 커집니다. 여기에 '이자'도 붙습니다. 독서 데이터베이스에 AI를 접목하면 상상 이상의 다양한 활용이 가능하기 때문입니다.

▶ 엑셀, 구글 스프레드시트, Notion, Evernote 등 어떤 도구든 상관 없습니다. 자신이 가장 익숙한 프로그램을 활용해 이 책『자동 독서 기술』을 첫 번째 데이터로 입력해 보세요.

제목, 저자, 출판사, 출간일, 독서일과 같은 기본 정보는 물론, 직접 분류한 장르나 주제를 태그(#) 형태로 기록할 수 있습니다. 책 표지 이미지를 갈무리하거나, 내용 요약, 인상 깊은 구절, 리뷰, 평점, 질문 등을 함께 남겨두어도 좋습니다.

양식과 항목은 각자가 자유롭게 설정하고 나중에 얼마든지 수정 보완할 수도 있습니다.

➤ '독서 통장'에 차곡차곡 데이터가 쌓이면, 읽을 책들이 복리이자처럼 불어나는 행복한 기적을 경험하게 될 것입니다.

자동 독서 습관

MZ세대가 열광하는
'크로스 미디어' 독서 통찰

한 권의 책에서 출발해 다양한 미디어로 지식을 확장해 나가는 경험은 단순한 독서를 넘어서는 새로운 배움의 형태다. '크로스 미디어 정보 통합 정리' 전략은 하나의 주제나 책에서 출발하여 유튜브 강의, 뉴스 아티클, 다큐멘터리, 팟캐스트, 숏폼 콘텐츠 등 다양한 미디어를 넘나들며 정보를 비교하고 통합하는 방법이다.

이 전략은 전통적인 독서법과는 명확한 차별점이 있다. 과거에는 책 한 권을 중심으로 텍스트 내에서만 사고를 전개했지만, 이제는 책에서 얻은 개념을 중심축으로 삼아 다양한 미디어 정보를 수렴하고 상호 비교하며, 종합적인 관점으로 재구성하는 능력이 중요해졌다. 특히 디지털 시대에는 유튜브 쇼츠나 틱톡처럼 짧고 시각적인 숏폼 콘텐츠가 폭넓게 소비되며 정보 접근성이 높아졌고, 이를 활용해 독서와 연계하면 지식 습득 속도와 흥미도까지 높일 수 있다.

입사 5년차 미만의 MZ세대를 대상으로 독서 워크숍을 진행하던 중, 조별 활동으로 『넛지』를 매개로 한 크로스 미디어 정보 통합 실습을 진행한 적이 있다. 참가자들이 미리 읽어 온 책을 바탕으로, 각 조마다 다양한 형식으로 정보를 재구성하고 표현해 보는 방식이다. 공동 저자인 리처드 탈러의 강연 영상을 유튜브에서 찾아 짧은 쇼츠 영상으로 편집한 조와 책에 담긴 전략들을 실제 정책 사례와 연결해 인스타그램용 카드 뉴스를 제작한 조의 성과물은 지금도 인상 깊게 남아 있다.

실습 후 진행된 회고 시간에서 참가자들은 하나같이 흥미롭고 새로운 경험이었다고 입을 모았다. 책만으로는 다가가기 어려웠던 작가의 의도, 정책으로의 실현 과정, 현실적 맥락 등을 다양한 미디어 자료를 통해 입체적으로 파악할 수 있었다는 것이다. 이처럼 크로스 미디어 학습은 기존의 단선적인 이해를 확장하고, 사안을 다층적으로 해석할 수 있는 관점을 기르는 데 매우 효과적인 전략이 될 수 있다.

크로스 미디어 전략을 실천하면 정보를 입체적으로 바라볼 수 있어 주제에 대한 깊이 있는 이해가 가능하다. 그리고 다양한 미디어를 활용함으로써 학습의 흥미도를 높이고, 정보에 대한 접근성을 확장할 수도 있다. 또한 책에서 다루지 못한 최신 동향이나 현실 데이터를 보완할 수 있으며, 궁극적으로 융합적 사고력을 기르는 데 도움이 된다.

위에서 언급한 독서 워크숍 사례처럼 일정 수준의 미디어 제작 능력이 있거나, 서비스 운영 경험이 있는 사람이라면 아예 크로스 미디어 콘텐츠를 직접 기획해 만들어 보는 것도 획기적인 도전이 될 것이다. 이러한 창작 활동은 글쓰기의 또 다른 변주이기 때문이다.

하지만 독서 후 다양한 정보를 탐색하는 과정에 지나치게 몰입하다 보면 자칫 책의 핵심 내용을 놓치거나, 불필요한 시간 소모로 이어질 수 있다. 더불어 수집한 정보의 신뢰성을 판단하기 어렵거나, 단편적인 자료에 기대다 보면 오히려 내용이 피상적으로 흐를 위험도 존재한다. 특히 AI의 답변처럼 인터넷이나 숏폼 콘텐츠와 같은 자료 역시 검증이 부족하거나 자극적인 편집을 통해 편향된 내용을 담고 있는 경우도 적지 않다. 따라서 이 전략을 효과적으로 활용하기 위해서는 무엇보다도 명확한 목적의식과 비판적 사고력이 반드시 뒷받침되어야 한다.

정보를 통합하고 분석하는 과정 역시 빠뜨릴 수 없는 핵심 요소다. 단순히 링크만 나열하거나 텍스트를 복사해 두는 것이 아니라, 그 내용을 자신의 언어로 정리하고 하나의 관점으로 엮어내야 한다. 이렇게 정리된 정보 또한 독서 노트와 DB에 저장해 두면 향후 인용이나 토론 자료로 유용하게 활용할 수 있다.

결국 이 전략은 독서 중심의 사고 체계를 유연하게 확장하고 타인의 관점과 최신 정보를 비판적으로 흡수하는 통합적 사고의 훈련이라 할 수 있다. 책을 읽고 끝내는 것이 아니라, 그 책이 뻗어나갈 수 있는 방향을 여러 미디어로 넓혀가는 독서법을 통해 더 넓은 세상과 만나는 탐험가가 될 수 있다.

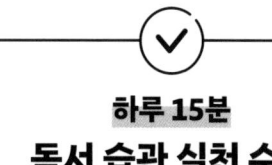

하루 15분
독서 습관 실천 수칙

➤ 크로스 미디어를 통한 독서 활동은 책 읽기를 더욱 풍성하고 재미있게 만들어 주며, 내용에 대한 이해를 높이는 의미 있는 도전입니다. 꼭 구체적인 결과물이 나오지 않아도 괜찮습니다. 읽은 책과 관련된 다양한 미디어 정보를 찾아 통합하고 분석하려는 시도 자체가 중요합니다. 다음의 가이드를 참고하여 크로스 미디어 활동에 도전해 보길 바랍니다.

➤ 크로스 미디어 활동 가이드 질문 등을 함께 남겨두어도 좋습니다.

[1단계] 키워드 중심 미디어 탐색

· 책에서 핵심 키워드 추출

　예 인플레이션에 관한 경제서를 읽은 경우: 인플레이션, 금리 인상, 통화 정책 등

· 다양한 매체에서 키워드 검색 실행

　예 유튜브 강의, 경제 기사, 정부 리포트, 팟캐스트 등

· 추천 알고리즘과 저자 관련 자료 적극 활용

　예 저자 인터뷰, 강연 영상, 참고 문헌 검토

· 온라인 독서 모임, 커뮤니티 등에서 관련 콘텐츠 수집

[2단계] 정보 구조화와 정리

· 책의 핵심 개념이나 주요 쟁점을 중심축으로 설정
· 각 미디어에서 얻은 주장이나 관점을 요약
  예 복지 제도의 효율성을 강조하는 책을 읽은 경우: 기본소득을 찬성하는 내용의 책, 현실적 재정 문제를 지적하는 뉴스, 정치적 타협 과정을 설명한 유튜브 등
· 다양한 시각을 비교·분석하여 자신의 입장을 정리
· 별도 양식 대신 기존 독서 노트나 DB 활용 가능
  예 간단한 마인드맵으로 시각적 구조화(독서 DB와 연동 가능)

[3단계] 숏폼 콘텐츠 보조 활용

· 숏폼은 개념 보완 및 사례 수집 용도로 활용 가능
  예 미니멀리즘 관련 책을 읽은 경우 유튜브 쇼츠 등으로 다양한 실천 사례 확인
· 자극적이며 단편적인 숏폼의 특성을 고려하려 크로스 미디어의 보조적 수단으로 활용

'독서 기록' 되돌아보기를 통한
지적 회고 전략

책을 다 읽은 후 서가에 가지런히 꽂아두는 것으로 독서가 끝났다고 생각하는 사람들을 이따금 본다. 마치 책을 한 번 읽으면 끝나는 일회용 콘텐츠처럼 여기는 것이다. 그러나 자기독서경영이 지향하는 독서 활동에는 읽은 내용을 수시로 자신의 생각과 연결하고 반복적으로 되새기는 '회고의 시간'이 분명히 포함되어 있다.

몇 년 전, 다락방의 짐을 정리하다가 우연히 대학과 대학원 시절에 쓴 서평들을 출력해 바인더에 정리해 둔 것을 발견한 적이 있다. 개인적으로 읽은 책은 물론, 전공이나 교양 수업의 과제로 제출했던 리포트, 학보사 기자로 활동하던 시절 문화면이나 학술면에 실었던 글들까지 정성껏 모아놓은 나만의 서평집이었다. 한 장 한 장 넘기며 읽어보니, 시간이 꽤 흘렀음에도 내용은 나름 일정한 수준을 유지하고 있었고, 무엇보다 그 시절의 독서 폭이 지금과는 비교되지 않을 만큼 넓었다는 사실에 놀라움을 느꼈다.

20대의 열정과 치열함이 글 곳곳에서 전율처럼 되살아났다. 여전히 생생하게 기억나는 어떤 책의 서평은 '내가 이런 생각을 했었나?' 하는 기특함과 함께 여전히 공감이 되었고, 반대로 어떤 글은 다소 유치하거나 낯설게 느껴지기도 했다. 하지만 곰곰이 생각해 보니, 바로 그 '어색함'이야말로 내가 그동안 얼마나 달라졌는지를 알려주는 지표가 아닐까 하는 생각이 들었다. 독서는 단지 책과의 만남이 아니라, 그 책을 읽었던 '내 자신'과의 대화이며 기록이었다는 사실을 다시 한 번 깨닫게 되었다. 지나간 생각의 궤적들이 고스란히 남아 있었기에 나는 나의 변화를 확인할 수 있었고, 그 시간들이 결국 지금의 나를 만들었다는 사실을 새삼 실감할 수 있었다.

이 전략에서 진정으로 강조하고자 하는 핵심은 단순히 '기록을 남기는 것'이 아니라, '그 기록을 되돌아보는 것'에 있다. 시간이 흐른 뒤 과거의 독서 기록을 다시 펼쳐보는 행위는, 마치 과거의 나와 지금의 내가 대화를 나누는 감동적인 장면과도 같다. 독서 노트와 책에 남긴 밑줄과 메모, 전자책의 하이라이트, 혹은 메모 앱에 적어 둔 짧은 코멘트까지 그 어떤 형태의 기록일지라도 다시 들여다보는 순간, 현재의 나에게 전혀 새로운 의미를 불러일으키는 단서가 될 수 있다.

이러한 활동은 과거의 경험을 의식적으로 되짚어 보며, 현재와 미래의 더 나은 선택으로 연결시키는 사고 훈련이라고 할 수 있다. 특히 학습과 기억의 영역에서는 반복 회고가 결정적인 역할을 한다. 에빙하우스의 망각 곡선에 따르면 사람은 학습 후 24시간이 지나면 절반 이상의 내용을 잊는다고 한다.[•] 하지만 일정한 주기로 복습하거나 과거의 기록을 되돌아볼 경우 망각을 억제하고, 지식을 장기 기억으로 전환하는 데 효과를 볼 수 있다.

이 전략을 실천하는 방식은 단순하면서도 체계적이다. 우선 검토 대상을 정해야 한다. 종이책에 남긴 메모, 전자책의 하이라이트, 독서 노트, 직접 쓴 리뷰나 블로그 글 등이 모두 대상이 될 수 있다. 그런 다음 자신의 일정에 맞춰 검토 주기를 설정한다. 예를 들어 매주 토요일 저녁에는 그 주에 읽은 책의 메모를 다시 읽어보고, 매월 말에는 한 달 동안 남긴 독서 노트의 핵심 부분을 정리한다. 그리고 연말에는 1년간 읽은 책 목록과 하이라이트들을 종합적으로 돌아보며 자신만의 '독서 결산'을 시도해 볼 수도 있다.

검토 방식도 다양하다. 단순히 다시 읽는 것도 좋지만, 과거의 생각에 대해 현재의 관점에서 코멘트를 추가하거나, 새로운 인사이트를 떠올리는 메모를 덧붙여 보는 방식이 유익하다. '이 생각은 지금도 유효한가?', '당시 이 문장이 와 닿았던 이유는 무엇이었을까?', '이 내용은 지금 내가 겪는 문제와 어떻게 연결될 수 있을까?' 등의 질문을 스스로에게 던져보는 것이다. 이렇게 함으로써 기록은 그저 과거의 흔적이 아니라 현재와

• 동양일보, 아름다운 소멸 망각의 의미, 2022.6.26.

자동 독서 습관

연결된 사고의 실험장이 된다.

디지털 도구를 활용하면 이 과정은 훨씬 더 효율적이다. 예를 들어 대부분의 메모 앱은 시기별로 작성한 메모를 정렬해주며, 키워드 검색이나 태그 기능을 통해 특정 주제의 기록만 골라 다시 볼 수 있도록 해준다. 구독 플랫폼에서도 전자책에서 하이라이트한 내용을 다시 리마인드할 수 있는 기능을 제공한다. 이러한 자동화 기능은 회고의 습관을 자연스럽게 생활 속에 녹여줄 수 있다.

물론 이 전략이 마냥 쉽고 유쾌한 것만은 아니다. 때로는 과거의 미성숙한 생각이나 실행에 옮기지 못했던 계획을 마주하게 된다. '이걸 왜 적었지?' 하는 민망함이나, '이걸 하겠다고 해놓고 결국 못했네'라는 자책감이 들기도 한다. 그러나 이 순간이 바로 성찰이 시작되는 중요한 지점이다. 실패를 마주하는 경험은 불편하지만, 이러한 경험이 나의 성장을 이끄는 밑거름이라는 사실을 인식하면 뜻깊은 경험이 될 수도 있다. 중요한 것은 과거의 나를 평가하는 것이 아니라, 그로부터 무엇을 배울 수 있을지를 묻는 태도다.

반복적으로 독서 기록을 검토하는 습관은 결국 지식이 장기 기억으로 전환되고, 잊히지 않는 내면의 자산으로 축적될 수 있는 원동력이다. 과거의 기록과 현재의 경험이 연결될 때 예상치 못한 통찰이 생겨날 수도 있다. 그리고 성장을 실감하며 학습 동기를 꾸준하게 유지할 수 있다. 특히 독서 노트나 기록이 단지 과거의 결과물이 아닌, 계속해서 살아 숨 쉬는 자료가 되어 현재의 의사결정과 학습에 활용될 수도 있다.

그러나 검토 그 자체가 목적이 되어서는 안 된다는 점을 기억해야 한다. 기록을 되돌아보는 행위는 어디까지나 사고의 확장과 성장을 위한 수단이다. 따라서 일정에 쫓기듯 '복습 체크리스트'를 수행하는 식이 되어서는 안 된다. 검토는 깊이 있는 대화를 나누듯, 성찰의 시간을 통해 현재의 나를 점검하는 과정이어야 한다. 또한 기록이 체계적이지 않다면 오히려 검토의 동기를 잃고 중도에 포기할 수 있으므로, 애초부터 제대로 된 기록이 중요하다.

결국 주기적인 독서 기록 되돌아보기 전략은 독서를 일회성 경험에서 반복 가능한 자산으로 바꾸는 힘을 가지고 있다. 이 전략이 습관이 된다면, 우리는 단순히 책을 많이 읽는 사람이 아니라, 책을 통해 스스로를 재구성하고, 현재와 미래를 설계해 나가는 사람으로 성장할 수 있다. 과거의 기록은 더 이상 추억의 흔적이 아니라, 앞으로 나아갈 길을 비추는 등불이 된다.

자동 독서 습관

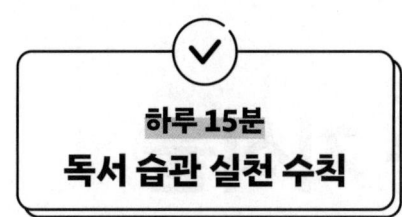

하루 15분
독서 습관 실천 수칙

➤ '책을 읽는 행위'가 독서 활동의 전부라고 오해하는 사람은 이제 아무도 없을 것입니다. 하루 15분 독서 실천은 자신이 책을 읽는 이유를 고민하는 순간부터 책을 고르고, 책을 읽고, 책을 읽은 뒤의 모든 과정을 포괄하고 있습니다.

➤ 위에서 강조하는 반복적이고 주기적인 '독서 결산'은 책으로부터 얻은 지식과 지혜를 지속 가능한 실천의 수단으로 만들어 주는 아주 중요한 습관입니다. 이미 수립한 당신의 독서 활동 계획을 다시 꺼내어 점검해 보고, 혹시 독서 기록을 정기적으로 검토하는 시간이 빠져 있다면 지금이라도 큰 글자로 적어두길 바랍니다.

② 책 속 지식을 현실에 적용하는 실천 전략

독서가 '성장 로드맵'이 되는
실천 전략

책을 읽다 보면 '정말 좋은 내용이다', '내 삶에도 적용해 보고 싶다'는 생각이 들 때가 있다. 그러나 그런 감정은 시간이 지남에 따라 옅어지고, 결국 일상 속에 묻혀 잊히기 마련이다. 독서를 통해 감탄하고 자극받는 것을 넘어, 그것을 구체적인 행동으로 옮기려는 노력이 없다면 변화는 일어나지 않는다.

독서가 단지 정보 습득이나 지적 유희에 그치지 않고, '삶을 변화시키는 실천 도구'가 되려면 책을 읽고 얻은 지식, 영감, 교훈 등을 바탕으로 개인적인 성장 목표를 설정하고, 그 목표를 달성하기 위한 실천 계획을 수립하는 과정이 필요하다.

이는 막연한 '변화 욕구'를 넘어, SMART 원칙이나 OKR^{Objectives-Key Results} 같은 구조화된 목표 설정 기법을 적용해 실현 가능성과 측정 가능성을 높이는 방향으로 나아가야 한다. 다음 전략으로 살펴볼 '작은 실험'이 아이디어나 습관을 테스트하는 단기적 실천이라면, 이 전략은 보다 장기적이고 포괄적인 '개인 성장 로드맵'을 수립하는 데 중점을 둔다.

예를 들어 『피터 드러커 자기경영 노트』를 읽고 자신의 하루 시간을 면밀히 분석한 뒤, '매일 아침 30분을 운동과 독서에 투자하기'라는 SMART 목표를 세우고, 이를 위한 주간 실천 계획을 수립할 수 있다. 또 어떤 사람은 제임스 클리어의 『아주 작은 습관의 힘』을 읽은 후, '팔굽혀펴기 1개'처럼 아주 사소한 실천부터 시작하여 점진적으로 운동 루틴을 확장해 나갈 수도 있을 것이다. 프로그래밍 언어 파이썬을 새롭게 배우고자 하는 직장인이 관련 입문서를 읽은 후, '6개월 안에 파이썬 기초 마스터 및 간단한 데이터 분석 프로젝트 완성'이라는 OKR을 설정하고, 주간 학습과 실습 계획을 구체화하는 방식도 가능하다. 『데일 카네기 인간관계론』에서 영감을 받은 사람이 '매주 1회 동료에게 진심 어린 칭찬하기'와 같은 소소한 실천을 꾸준히 이어간다면 아마도 긴 시간이 지나지 않아 책이 만들어 준 '변화'를 스스로 체험할 수도 있을 것이다.

현장에서 유효한 도구로 폭넓게 활용하고 있는 SMART 기법은 앞에서 독서 목표를 설정하는 단계에서 이미 적용해 보았다. 구글을 비롯한 다양한 조직에서 성과관리 프레임워크로 사용하고 있는 OKR은 영감을 주는 목표Objective와 측정 가능한 핵심 결과Key Results를 함께 설정하는 것이 특징이다. 보통 KR 달성 확률을 60~70% 수준으로 설정해 도전과 성장을 동시에 유도한다. 구글의 사업 성과와 연결한 OKR 관련 서적도 몇 권 나와 있으니 목표 설정 도구에 대해 관심이 생긴 독자라

자동 독서 습관

면 한 번 찾아 읽어볼 것을 권한다.

처음부터 거창한 목표를 세우기보다는 현실적인 수준에서 꾸준히 이어가다 보면 독서의 가치를 삶의 변화로 전환하여 자기 성장의 실질적인 기반으로 삼을 수 있다. 동시에 크고 작은 성취 경험은 독서 동기를 유지하는 근거가 되기도 한다. 이처럼 목표를 세우고 실천 계획을 수립하며 그 과정을 점검하는 습관이 쌓이면, 어느 순간 더 나아진 자신을 마주하게 될 것이다. 독서의 끝은 책장을 덮는 순간이 아니라, 삶의 변화가 시작되는 순간임을 기억하자.

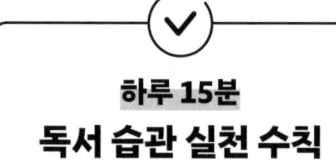

➤ 독서의 공통된 목표는 누구나 삶의 변화를 추구하는 도구로 활용하고 싶어 한다는 점입니다. 구체적인 독서 목표에 따라 책을 골라 읽은 뒤에는 개인의 성장과 변화를 위한 실천 계획을 직접 수립하고, 또 실천해야 합니다. 처음에는 조금 어려울 수도 있지만, 다음의 가이드를 참고하며 차근차근 반복하다 보면 당신이 원하는 삶의 변화를 직접 경험하게 될 것입니다.

➤ 개인의 성장과 변화를 위한 실천 계획 수립 가이드

[1단계] 목표 아이디어 포착

· 책을 읽으며 스스로 질문하기

　예 이 내용을 내 삶에 어떻게 적용할 수 있을까?

　예 내가 변화시키고 싶은 부분은 무엇인가?

· 떠오른 교훈이나 통찰 메모하기

[2단계] 목표 구체화

· 성장하고 싶은 영역을 명확히 설정하기

　예 업무 역량, 건강, 인간관계, 경제적 자유 등

- SMART 혹은 OKR 방식으로 목표 구조화하기
- '왜 이 목표를 세우는가?'라는 질문을 통해 개인적 의미 부여하기

[3단계] 실행 계획 수립

- 목표를 작은 단계로 쪼개기
- 언제, 어디서, 어떻게 실천할지 구체화하기

  예 매주 토요일 오전 10시, 카페에서 2시간 파이썬 학습
- 각 단계의 우선순위, 소요 시간, 필요 도구, 자원, 협력자 등 파악하기

[4단계] 실행&기록

- 당장 실천 가능한 작은 일부터 시작하기
- 일지, 플래너, 습관 추적 앱을 활용해 진행 상황 기록하기
- 계획대로 실천되고 있는지 정기적으로 점검하기

[5단계] 피드백&성찰

- 계획과 실행의 유효성 점검하기
- 실행 과정에서 얻은 교훈 정리하기
- 필요 시 멘토나 동료, 전문가의 피드백 받기
- 평가 후 작은 성공도 스스로 인정하고 축하하기(다음 실천의 동력 확보)

전략 39

빨리, 작게 실패하며
성장하는 독서 전략

책을 읽다가 문득 드는 생각을 행동으로 옮기는 건 말처럼 쉽지 않지만, 아주 작게 부담 없는 규모로 시도해 본다면 이야기가 달라진다.

이 전략은 말 그대로 책을 읽고 얻은 아이디어나 가설을 현실에서 시험해 보는 '작은 실험'에 관한 이야기다. 단순한 '좋은 정보 수집'에 그치지 않고, 책에서 얻은 통찰을 실제로 써먹어 보며 결과를 측정하고 학습하는 과정이다. 이는 '린 스타트업' 방식의 '빨리, 작게 실패하고 빠르게 배우자'는 철학과도 맞닿아 있는 일종의 '독서 기반 행동 실험'이라고도 할 수 있다.

스스로 확신이 없거나 아직 제대로 검증되지 않은 아이디어를 무작정 도입하는 것이 아니라, 최소한의 자원으로 실험을 설계하고 실행한 후 데이터를 분석함으로써 아이디어의 유효성을 객관적으로 점검하는 방식이다.

직장인으로 살아온 시간을 돌아보면, AI 이전에도 거대한

자동 독서 습관

변화의 물결이 몇 차례 있었다. 그중 하나가 바로 '닷컴 열풍'이었다. 당시 나는 교육 포털 사이트 기획을 맡아, 생소했던 UI, UX 개념을 익혀가며 레이블링 작업을 진행했다. 대상층에 맞는 카테고리 분류나 메뉴 구성 방식을 두고 수많은 선택지를 검토하며 시행착오를 반복했지만, 강의를 듣고 관련된 서적도 찾아보면서 기존 오프라인 콘텐츠를 웹에 맞게 재구성하기 위한 '작은 실험'들을 끊임없이 시도했던 시기이기도 하다. 특히 포털의 주제 분류에 대해 도서관식 체계보다는 사용자 중심의 접근 방식이 효과적이라는 책 내용을 참고해, '플래시 게임' 버튼을 주제 기준의 메인 레이블 맨 끝에 배치해 본 적이 있다. 그 결과 해당 콘텐츠의 접근성이 눈에 띄게 향상되었고, 페이지 뷰도 크게 증가했다. 당시 내 아이디어에 대한 팀리더의 칭찬에 우쭐해 하던 기억이 아직도 생생하다. 당시 내가 관여했던 교육 포털은 책에서 얻은 통찰을 곧바로 현실에 적용해 볼 수 있었던 살아 있는 '실험실'과도 같았다.

위의 사례에서 알 수 있듯이 이 전략의 핵심은 아이디어를 검증 가능한 가설로 구체화해서 실험으로 설계하고 실행한 뒤, 그 결과를 객관적으로 분석하며 학습하는 것이다.

실험을 실행할 때는 객관적인 지표를 미리 정해두는 것이 중요하다. 나의 '교육 포털' 사례에서처럼 '클릭률' 외에도 실험에 따라 머문 시간, 구매 전환율 등과 같은 측정 가능한 수치를 기준으로 삼아야 한다. 실험이 끝나면 데이터를 분석하고 가설이 지지되었는지를 판단한다. 정확한 수치는 기억나지 않지만, '플래시 게임' 버튼의 위치를 바꾼 이후에 클릭률이 몇 % 향상되었는지를 정확하게 측정해야 하는 것이다.

긍정적인 결과가 나왔다면 아이디어를 확장하거나 더 정교한 실험으로 발전시킬 수 있다. 만약 기대했던 결과가 나오지 않았더라도 그것은 실패가 아닌 학습의 기회로 인식하고 '왜 그런 결과가 나왔는지', '실험 설계에 문제가 있었는지', 아니면 '아이디어 자체에 근본적인 한계가 있었는지'를 성찰해 보아야 한다. 그리고 새로운 방향을 설정하는 계기로 삼아야 한다.

실행력과 학습 효과를 동시에 기대하며 삶의 변화를 기대할 수 있다는 점은 이 전략의 강점이다. 아이디어를 행동으로 전환하는 경험은 단순한 독서로는 얻기 힘든 실전 감각을 길러준다. 또한 일상에서 수없이 반복되는 의사결정의 근거를 합리적으로 마련하는 데이터 기반의 사고를 강화해 준다. 독서로 얻은 정보나 통찰을 머릿속에만 머물게 하지 않고, 행동과 변화로 이어지는 계기로 만들 수 있는 것이다.

이 전략을 꾸준히 실천하다 보면 분명 책을 읽는 자세가 달라질 것이다. 단순히 '좋은 문장을 기억해 두자'라는 수준에서 벗어나, '이 아이디어를 내가 실험해 본다면 어떤 결과가 나올까?'라는 진취적인 책 읽기가 가능해진다. 책이 실험실이 되고, 독자는 그 실험을 주도하는 선구자가 되는 것이다. 책에서 끝나지 않는 독서, 현실에서 이어지는 실천, 이 과정이 우리를 더 주도적이고 창의적인 독자로 성장시켜 준다.

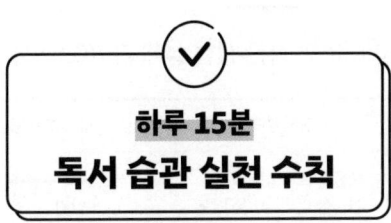

하루 15분
독서 습관 실천 수칙

▶ 〈글로 배운 연애〉라는 제목의 대중가요를 들어보면 "글로만 배운 연애 언제 써먹을까 (중략) 지식들은 넘쳐나는데 막상 써먹을 데가 없으니 말야"라는 가사가 등장합니다. 책으로 배운 지식을 자신의 삶에 적용하는 건 말처럼 쉬운 일이 아닙니다.

위에서 소개한 '작은 실험'은 책에서 배운 내용을 자신의 삶에 접목하는 데 아주 유용한 도구입니다. 세상에 저절로 이루어지는 일은 아무것도 없습니다. 아래의 예시를 살펴보며 '작은 실험'이 온전한 독서 습관이 될 수 있도록 직접 실천해 보세요.

▶ 『하버드 행복 수업』은 하버드 대학 심리학과의 자기 계발 수업 내용을 바탕으로 행복과 성공의 비밀을 담은 책입니다. 이 책에서 말하는 감사 습관의 핵심은, 감사를 막연하게 느끼는 데에 그치지 말고 의식적으로 '찾아내고' '기록하는' 적극적인 행위를 통해 행복의 기준을 바꾸는 것입니다. 가장 대표적인 실천 방법이 바로 '감사 일기(Gratitude Journal)' 작성입니다.

➤ 독서 기반 아이디어의 작은 실험 설계 가이드(예시)

단계	실천 수칙	감사 표현 습관화 예시
1. 아이디어 포착	책을 읽으며 삶에 적용 가능한 아이디어를 메모	『하버드 행복 수업』에서 감사 표현 습관 아이디어 발견
2. 가설 구체화	생각을 검증 가능한 가설로 전환	2주간 매일 1회 이상 감사 표현 → 관계 만족도 20% 이상 향상
3. 실험 설계	기간, 조건, 지표를 구체적으로 설정	• 기간: 2주 • 조건: 하루 1회 '구체적 상황 언급'하며 감사 표현하기 • 지표: 만족도 점수(1~10, 감사 표현 후 상대방 호응 및 만족도, 친밀감 등을 평가), 주요 반응 기록
4. 실행 & 측정	실천 후 데이터 수집	• 14일 중 12일 실천(86%) • 반응: 긍정적 피드백 다수 • 만족도: 6.5 → 8.0(+23%)
5. 분석 & 성찰	가설 검증+교훈 정리	• 감사 표현이 관계 개선에 효과 • 구체적 언급이 핵심 요인 • 100% 실천 위해 동기 관리 필요
6. 축적 & 확장	결과 기록 → 다른 영역으로 확장	• 감사 일기로 확장 • 감사 → 관계 강화 → 행복도 상승 사이클 구축

자동 독서 습관

전략 40

문제 해결의 실행력을
높이는 독서 전략

우리는 일상에서 무수한 문제를 마주하며 살아간다. 주어진 업무만 처리하기에도 늘 빠듯한데, 때로는 일상 업무보다 갑자기 발생하는 돌출 업무 때문에 난감한 상황에 처하기도 한다. 적용했던 기술에 문제가 생기면서 일정에 차질이 생기는 등 계획대로 되는 일은 없고, 사무실 분위기는 생각지 않은 갈등에 싸늘해지기 일쑤이며, 난데없이 걸려 오는 민원 전화 한 통에 모든 팀원들의 업무 집중도가 흐트러지기도 한다. 그러나 이런 문제들은 단지 감정이나 경험 등 소위 '짬바(짬에서 오는 바이브)'만으로 풀어나가기에 그 양상이 너무 복잡하고 다양하다.

과거 공공기관에서 성과평가 업무를 총괄하던 때의 일이다. 조직 전체의 성과 관리를 위해서는 우리 팀원들뿐 아니라 사내 50여 개 부서 성과 담당자들의 협력이 반드시 필요했다. 매 분기마다 각 부서에서 보고서를 제출받고 이를 분석·평가

한 후에 피드백을 주는 구조였는데, 보고서 제출 지연으로 전체 일정이 반복적으로 밀리는 문제가 발생했다. 확인해 보니 마침 조직 개편으로 성과 담당자가 교체된 부서가 많았고, 이들의 보고서 작성 경험 부족이 일정 지연의 주요 원인이었다.

나는 단기간에 보고서 작성 능력을 높이기 위한 대안으로 독서를 활용한 교육 프로그램을 기획했다. 적절한 도서를 선정하고, 합숙 세미나 형식으로 조별 독서와 토론을 진행했으며, 외부 전문가의 초빙 강연도 병행했다. 그 결과 이들이 보고서를 구조화하는 역량이 눈에 띄게 향상되었고, 다음 주기부터는 마감을 넘기는 부서가 급격히 줄어들었다. 나는 이 경험을 바탕으로 독서 세미나 내용을 정리해 아예 실무 매뉴얼로 제작해 두었다.

여기서 이야기하려는 전략은 [전략9 현실을 꿰뚫는 '문제 해결 독서' 4단계 전략]에 대한 구체적인 실천편인 셈이다. 우리는 이미 독서 목표 수립 단계에서 문제가 명확하게 정의되어야만 문제의 증상이 아닌 근본 원인에 집중할 수 있으며, 경우에 따라서는 관련된 모든 이해관계자가 문제에 대한 공감대를 형성하고 해결 노력을 한 방향으로 모을 수 있다는 사실을 확인한 바 있다.

막연히 '성과가 안 좋다'는 말로는 부족하다. '보고서 작성이 평균 5일 이상씩 소요되면서 전체 프로젝트 일정이 밀리고 있다'는 식으로 구체적으로 파악해야 한다. 이미 계획 수립 단계에서 살펴본 대로 '1H 5W 분석' 기법을 활용해 원인을 거슬러 올라가며 문제의 본질을 찾는 것도 좋다. 문제를 제대로 정의해야 그에 맞는 해결책을 책 속에서 찾아낼 수 있기 때문이다.

지금부터는 실제 적용 단계를 따라가 보자.

정보 탐색과 이를 위한 독서는 이 전략의 핵심 도구이지만, 단순히 책장을 넘기는 것만으로는 효과가 없다. 읽기 전에는 문제를 염두에 두고, 읽는 동안에는 '이 원리가 내 문제 해결에 어떻게 쓰일 수 있을까?'라는 질문을 스스로에게 던져야 한다.

예를 들어 팀 내 갈등이 반복될 때 『비폭력대화』나 『하버드 피드백의 기술』 같은 책을 읽으며 '적극적 경청'이나 '감정 구분'과 같은 개념을 현재의 상황에 어떻게 적용할 수 있을지를 고민한다.

그다음은 해결책을 구체화하고 실행하는 단계다. 이 과정에서는 독서에서 얻은 아이디어를 '현실화'하는 창의적 전환이 필요하다.

책의 해결책을 단순히 요약하거나 정리하는 데 그치지 않고, 이를 문제 해결을 위한 도구로 활용하려는 노력이 필요하다. 책에서 제시하는 방법이나 사례를 그대로 따라 하기보다는, 새롭게 습득한 대안들을 항목별로 분류하고 유형화해야 한다. 앞서 예로 들었던 '성과 보고서' 사례처럼, 독서에서 배운 원리를 팀 문화나 시스템에 맞게 조정해야 하는 것이다. 실행 단계에서는 한 번에 전면적으로 적용하기보다 파일럿 테스트나 제한된 범위에서 먼저 실험해 보는 방식으로 접근하는 것이 훨씬 안정적이며 부담도 덜하다.

마지막은 결과 평가와 피드백 과정이다. 해결 방안을 실행했다면, 과연 문제 상황이 개선되었는지 구체적인 수치나 정성적 변화로 평가해야 한다.

예를 들어 보고서 작성 시간이 실제로 줄어들었는지, 팀원들의 만족도나 협업 빈도가 높아졌는지 등을 살펴보는 방식이다. 성공했다면 그 요인을 정리하고 확산할 수 있지만, 실패했더라도 그것은 또 다른 학습의 기회가 된다. 중요한 건 '독서 → 실행 → 평가 → 재설계'의 반복을 통해 문제 해결 역량을 발전시켜 나가는 것이다. 직장에서의 문제 해결은 개인의 문제가 아니라 공동의 과제인 경우가 많다. 따라서 독서를 통한 대안 모색 과정에서도 이해관계자들이 공감대를 형성하고 각자의 역할을 나누어 적극적으로 참여할 때 더 효과적인 결과를 기대할 수 있다. 단순히 특정 개인의 '짬바'에 의존하기보다 이러한 '지식 기반 문제 해결 방식'을 적용했을 때 문제 해결의 성공률과 내재화 정도가 높아지는 것 또한 당연한 이치다.

현실적인 성공을 좌우하는 기준 중 하나는 근본적인 문제를 해결하려는 '의지'다. 체질 개선 없이 약물에 의존해 급하게 살을 빼려 하면 결국 부작용이 따르듯, 실질적인 변화는 시간이 걸리더라도 올바른 책을 찾아 읽고, 내용을 이해한 뒤 실행에 옮기는 과정을 거쳐야 한다. 이 과정에서 중도에 포기하고 싶은 유혹을 이겨내는 것이 무엇보다 중요하다. 더불어 조직 내부의 저항이나 자원의 부족 같은 현실적 제약에 좌절하지 않는 뚝심도 필요할 것이다.

자동 독서 습관

궁극적으로 이 전략은 독서라는 '인풋'을 현실 문제 해결이라는 '아웃컴'으로 전환하는 전략이다. 독서를 통해 사고하고, 그 사고를 바탕으로 현실을 바꾸는 작은 실천을 이어가는 과정이다. 지금 당신이 마주한 문제는 무엇인가? 분명히 그 문제를 해결해 줄 실마리를 담고 있는 책 한 권이 당신 손 닿는 곳에 있을 것이다.

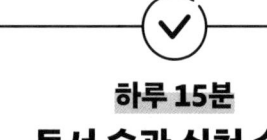

**하루 15분
독서 습관 실천 수칙**

➤ 책에서 얻은 지혜로 삶의 문제를 해결하는 것은 모든 독서가들이 꿈꾸는 일이기도 합니다. 독서가 습관이 되면 우리 삶에 '독서 → 실행 → 평가 → 재설계'의 과정이 자연스럽게 녹아들고, 그 속에서 문제 해결 능력 또한 함께 자라납니다.

➤ 당신의 일상에서 가장 시급한 문제를 생각해 보고, 지금의 독서만으로 해결책이 떠오르지 않는다면 이에 대한 독서 목표를 추가해 보세요.

➤ 본문에서는 독서를 통한 문제 해결과 역량 개발 과정을 단계별로 나누어 상세히 설명했지만, 실제 일상에서는 작은 불꽃으로 한순간에 폭발이 일어나듯 모든 과정이 찰나에 이루어질 수도 있습니다. 결국 문제 해결을 위한 한 줄기 영감은, 반복되는 독서 습관에 뿌리를 두고 있기 때문입니다.

자동 독서 습관

전략 41

일상의 루틴을 전환하는
독서 전략

직장인의 루틴은 대부분 비슷한 형태를 띠기 마련이다. 이메일이나 고객문의를 처리하는 방식, 회의를 준비하고 진행하는 과정, 업무를 지시하고 수용하는 형식 등 일련의 과정들이 '문제가 없다면 굳이 바꾸지 않아도 된다'는 식의 암묵적 합의 속에서 무비판적으로 지속되는 경우가 많다. 하지만 바로 그 익숙한 루틴이 업무 효율을 갉아먹는 구조적 비효율로 이어지는 경우가 대분이다.

이 전략은 이러한 반복의 굴레에서 빠져나오기 위한 '시선의 전환'이다. 특히 우리가 평소에 접하지 않던 분야나 새로운 시각을 가진 책들을 통해 지금까지 단 한 번도, 혹은 누구도 의심하지 않았던 일상의 루틴들에 대하여 새로운 질문을 던져보자는 것이다.

이 전략은 문제 상황이 발생한 이후 반응하는 [전략40 문제 해결의 실행력을 높이는 독서 전략]과는 차원이 다르다. 눈에 보이는 문제가 없어도, '이보다 나은 방식이 있을까?'라는 질문을 던지는 사람, 바로 그런 사람을 위한 전략이다. 독서를 통해 새로운 관점을 접하고, 그것을 아무도 문제 제기하지 않는 현재의 업무 루틴에 창의적으로 적용하려는 시도다. 그리고 그 독서는 가급적이면 자신의 분야 밖에서 시작하는 것이 좋다. 심리학, 디자인, 스포츠 전략, 생물학, 예술 등 전혀 다른 분야에서의 원리나 사례는 의외로 강력한 힌트를 제공하기도 한다.

마케팅 담당자가 『넛지』를 읽고 고객의 선택을 유도하는 '부드러운 개입'을 캠페인에 적용해 전환율을 높인 사례나, HR 담당자가 스포츠 코칭 전략에서 착안해 협업 기반의 보상 제도를 설계한 사례, 공공 도서관 사서가 기업의 고객 관리 사례를 참조해 회원 가입 프로세스를 간소화한 사례 역시 모두 이 전략의 유효성을 보여주는 좋은 예다.

이러한 변화를 가능하게 만드는 실행의 첫 단계는 '현재 프로세스의 재정의'다. 우리는 지금까지 해온 일의 방식이 '최적화된 상태'라고 생각하지만, 막상 간단한 도구들을 사용해 분석해 보면 중복되거나 불필요한 단계가 의외로 많다는 걸 발견하게 된다. 이 과정을 통해 어떤 부분에서 병목이 발생하는지, 누가 자주 손을 놀리거나 중복 작업을 하는지 객관적으로 분석할 수 있다.

그다음이 바로 독서다. 단순히 업무 연관 전문서를 찾아보는 것에 그치지 않고, 의도적으로 '낯선 분야'의 책을 읽는다. 특히 경영학 비전공자의 경우 다양하게 출시된 경영 관련 서적들을 펼쳐보면, '우리 회사 얘기가 여기 다 들어 있네' 하는 색다른 반가움(?)을 느끼게 될 것이다.

그리고 지금까지 반복해서 연습해 왔듯이, '어떻게 이런 방식을 내 일에 적용할 수 있을까?'라는 질문을 품고 읽다 보면, 어느 순간 스치듯 아이디어가 떠오를 것이다. 그러면 이 아이디어를 토대로 업무에 맞게 구체화한다. 예를 들어 '지속적인 피드백 문화'에 대한 사례를 접하고 '우리 부서 회의에 회고 시간을 도입해 볼까?' 하는 대안과 적용을 모색하는 식이다.

하지만 아무리 좋은 아이디어라도 실행이 뒤따르지 않으면 허상일 뿐이다. 필요하다면 실행에 필요한 세부적인 자원을 계획하고, 예상되는 성과와 그 측정 지표도 설정해 본다. 조직에서의 위치와 의사 결정 재량에 따라 성과가 크게 바뀔 수 있기 때문에 이러한 자원 분석을 통해 아이디어 현실화 여부를 스스로 측정해 보아야 한다. 필요할 경우 재량 범위가 넓은 매니저나 팀장의 동참을 유도하는 전략도 필요하다. 자신이 리더일 경우에는 팀원이나 후배들의 저항을 어떻게 설득하며 실행해 나갈 것인지에 대한 고민도 병행해야 한다. 낯선 시도일수록 구성원들은 쉽게 불안해지고, 변화를 두려워할 수 있기 때문이다.

실행 후에는 반드시 정량적 지표와 정성적 피드백을 모두 거쳐 개선안을 다듬고, 성공적으로 정착된 사례는 다른 부서에 공유하는 등 조직 문화 차원에서 얼마든지 활용할 수도 있다.

결국 이 전략은 독서를 통해 '지금보다 나은 방식'을 상상하고, 그것을 현실에서 구현해 내는 일이다. 그 출발은 사소한 호기심에서 시작될 수 있다. '혹시 다른 방법도 있지 않을까?' 하는 작은 질문에서 비롯된 책 한 권이 당신의 일하는 방식을 바꾸고, 팀의 성과를 바꾸며, 궁극적으로 조직 문화를 바꿀 수도 있다. 이 전략은 '써먹는 독서'의 대표적인 예라고 할 수 있다.

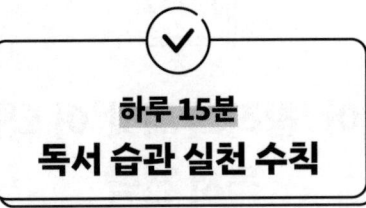

▶ 회사는 생계를 유지하기 위한 경제적 공간인 동시에 자아실현의 장이기도 합니다. 그런데 조직에서 아무리 주인의식을 강조해도, 실제로 내 뜻대로 할 수 있는 일은 많지 않습니다. 특히 업무 재량권이 적은 신입사원이나 저연차 직장인은 조직의 변화를 기다리기보다 더 나은 회사를 찾는 것이 현실적인 선택일 수 있습니다.

▶ 그러나 회사 상황을 이해하고 업무 프로세스를 개선할 방법을 고민하는 건 자기 삶의 변화를 위해서도 꼭 필요한 일입니다.

꾸준한 독서를 통해 얻은 통찰은 지적 성장에 그치지 않고, 실제 행동 변화를 이끄는 원동력이 됩니다. 소처럼 느릿느릿 움직이되, 호랑이의 눈으로 주변을 살피려는 노력이 필요합니다. 준비된 사람만이 기회를 잡을 수 있기 때문입니다.

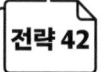

전략 42

책이 '창작의 씨앗'이 되는
독서 전략

책을 다 읽고 난 뒤, 마음 한편이 묘하게 일렁이거나 훈훈해질 때가 있다. 분명히 '무언가'가 스쳐 지나가지만, 말로 정확히 표현하거나 이미지로 떠올리기 어려운 순간도 있다. 이번 전략은 바로 이 순간을 포착해, 다양한 창의적 활동으로 확장해보는 실천의 과정이다.

앞서 살펴본, '목적이 있는 글쓰기'와는 다른 차원에서 '무언가 해내야 한다'는 부담을 내려놓고 좀 더 편안한 마음으로 접근해도 좋다. 글쓰기뿐만 아니라 그림, 음악, 무용, 연극, 프로젝트 기획 등 창작의 범주에 속하는 활동이라면 무엇이든 가능하다. 중요한 것은, 책에서 받은 감정과 영감 혹은 내면의 에너지를 바탕으로 '나만의 무언가'를 만들어 보는 경험 자체에 있다. 그래서 다른 전략들이 목표 달성이나 문제 해결 같은 수렴적 사고에 기초했다면, 이 전략은 '창조'라는 확산적 사고를 핵심에 둔다. 다시 말해, 독서를 정보를 얻는 도구에서 '창작의 씨앗'으로 바꾸는 것이다.

책 한 권이 그림이 되고, 노래가 되고, 누군가를 위한 이야기로 재탄생한다면 얼마나 근사한 일인가. 혹시 이 대목을 읽으며 갑자기 '마음 한편이 묘하게 일렁이거나 훈훈해'지는 독자가 있다면, 이 전략을 잘 살펴보고 한번 실행에 옮겨보길 바란다.

역사서적을 읽다 보면 나는, 잘 알려지지 않은 사건이나 인물의 이야기에 매료되어 문득 팩션 소설이나 드라마 한 편을 써보고 싶다는 충동에 빠질 때가 있다. 아직 완성된 작품은 없지만, 머릿속으로 플롯을 짜고 캐릭터를 설정하며 여러 편의 시놉시스를 구성해 놓기도 했다.

그중 하나가 바로 흑산도 출신의 문순득(1777~1847) 이야기다. 그는 1801년, 홍어를 구하러 나섰다가 풍랑을 만나 유구국(현재의 오키나와)에 표류했고, 조선으로 돌아오던 길에 또다시 풍랑을 만나 오늘날 필리핀의 루손 섬에 이르게 된다. 약 9개월간 그곳에 머문 후, 중국 상선을 타고 마카오에 도착해 3개월간 서양 문물을 접한 뒤, 다시 중국 본토를 거쳐 1805년 고향으로 돌아온다.

당시 평범한 사람이 이렇게 다양한 해외 문물을 직접 경험한 사례는 매우 드물다. 흑산도 유배 시절 그의 이야기를 들은 정약전이 『표해시말』이라는 기록으로 남겼고, 2005년 완역본이 출간되면서 세상에 알려지기 시작했다. 나도 이 소식을 접한 뒤 한동안 문순득의 삶을 상상하며 이야기를 구상해 본 적이 있다. 비록 작품으로 완성하지는 못했지만 지금 이 순간, 결코 미련은 없다. 이미 몇 년 전 어린이책『홍어 장수 문순득 표류기』가 출간되었기 때문이다. 그 책의 작가 또한 문순득의 이야기를 접하고, 나와 비슷한 '창작' 욕구를 느꼈던 게 틀림없다. 이런 생각을 한 사람이 비단 우리 둘뿐이었을까? 역시 누구 말처럼 '쓰는 놈이 왕'이다!

자연을 소재로 한 에세이를 읽고 떠오르는 풍광을 수채화로 표현하거나, 심리학 서적을 읽고 자신의 감정을 정리하는 에세이를 블로그에 연재하는 일도 가능할 것이다. 음악을 전공하거나 작곡에 소질이 있는 사람이라면 문학 작품 속 인물에게 어울리는 테마곡을 작곡할 수도 있고, 사회문제를 다룬 책을 읽고 지역 커뮤니티 안에서 캠페인을 기획하는 일도 가능하다.

이 전략을 실현하기 위한 첫걸음은, 책을 읽으며 떠오른 감정이나 이미지, 생각의 조각들을 놓치지 않고 기록해 두는 것이다. 굳이 앞에서 다룬 메모 기법을 동원해 틀에 박힌 기록을 남기기보다는 여백을 찾아 스케치하며 이미지로 형상화하거나, 스마트폰 녹음 기능을 이용해 즉흥적인 감상을 말로 표현하는 방법도 좋다. 아무튼 그때그때의 감각을 그대로 붙잡아 두는 것이 핵심이다.

꼭 예술가가 아니더라도 자신의 영감을 형상화하는 노하우는 사람마다 다를 수 있기 때문에 정해진 답이 있을 리도 없다. 다만 단편적인 기록들을 유기적으로 연결해 확장하거나,

자동 독서 습관

브레인스토밍 등의 과정을 거치며 구체적인 콘셉트로 다듬어 나가는 방식이 일반적이다.

형식이 정해지기 전이라면 정해진 콘셉트를 가장 잘 표현할 수 있는 장르를 선택하면 된다. 예컨대 '이 문장을 읽으니 아침 안개에 잠긴 소나무 숲이 떠오른다'라는 기록이 있다면 이를 기반으로 시를 적는 것도 가능하고, 그 느낌을 음악으로 표현하거나 그림으로 형상화하는 일 모두 가능할 것이다. 중요한 것은 자신이 가장 자연스럽게 표현할 수 있는 방식부터 시작하는 것이다.

앞에서 소개한 유년 시절의 일화처럼 지금도 가끔 책을 읽고 난 뒤 떠오르는 감상을 짧은 시로 표현해 보기도 한다. 요즘은 이렇게 만든 텍스트를 바탕으로 노래를 만드는 일이 대수롭지 않은 시대다. 바로 작곡 AI 덕분이다. 가사와 함께 곡의 분위기, 템포 같은 몇 가지 조건만 입력하면, 어디선가 들어본 듯한 수준 높은 가요 한 곡이 뚝딱하고 만들어지는 요지경 세상이다.

이 기술 덕분에 나는 종종 곡을 만들어 주변 사람들에게 '뜻깊은 선물'을 하기도 한다. 말 그대로 단 한 사람만을 위한 헌정곡이다. 예전에 이 방법을 직장 후배에게 알려준 적이 있었는데, 장모님 칠순 잔치에서 자신이 만든 노래를 틀며 분위기를 한껏 돋웠다는 이야기를 나중에 들은 적이 있다.

이 전략에서는 무엇보다 '과정'을 즐기는 태도가 중요하다. 처음부터 완성도 높은 결과물을 기대하면 오히려 멈칫하게 된다. 짧은 글을 쓰고, 낙서하듯 그림을 그려보고, 허밍으로 흥얼거린 멜로디를 녹음해 보는 식의 가벼운 시작이 좋다. 실패를 걱정할 필요도 없고, 엉성해도 괜찮다.

물론 완성된 창작물을 다른 사람들과 공유할 수도 있다. 블로그나 소셜 미디어에 올려 자랑하는 것도 방법이다. 독서 커뮤니티 사람들과 비슷한 창작물을 함께 감상하며 이야기를 나누는 것도 가능하다. 단, 이것은 어디까지나 선택 사항일 뿐 창작의 목적이 타인의 인정을 위한 게 아니라는 사실을 잊지 않아야 한다. 내 안의 울림을 나만의 방식으로 표현했다는 사실 자체가 중요한 성과다.

이렇듯 자신의 독서 경험을 창조적으로 표현할 때, 우리는 자아실현의 만족감을 느끼며 자신의 감정과 사고가 구체적으로 형상화되는 색다른 감동을 체험할 수 있다. 이 과정에서 숨겨진 재능이나 새로운 관심사를 발견하는 의외의 소득을 얻을 수도 있을 것이다.

글과 그림으로 소리와 행동으로 나의 생각을 풀어낼 수 있다면 독서는 더 이상 고독하고 고요한 활동이 아니라, 나의 내면과 세상을 연결하는 통로가 된다. 그리고 우리는, 우리의 삶을 재구성하는 창작자가 된다.

자동 독서 습관

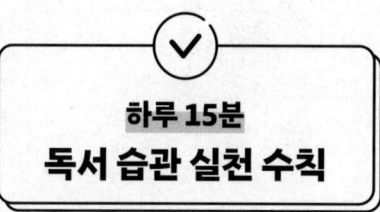

하루 15분
독서 습관 실천 수칙

▶ 독서를 통해 얻은 영감을 창작 활동으로 연결하기 위해서는 책을 읽으며 자신의 감상을 어떤 방식으로든 '기록'해 두는 일이 중요합니다.

▶ 책을 읽고 난 뒤의 감상을 시로 적은 뒤 SUNO 등 작곡 AI의 도움을 받아 한 곡의 노래를 만들어 보세요. 장난처럼 즐겨도 좋습니다. 15분이면 충분한 일입니다.

▶ 물감이나 색연필로 스케치북 위에 그림을 그려본 게 언제인가요? 요즘은 스마트폰 도구를 이용해 손쉽게 그림을 그릴 수도 있지만, 학창시절의 감성으로 돌아가 책을 읽은 뒤의 느낌을 도화지에 그림으로 표현해 보세요. '천원샵'으로 유명한 매장에서는 모든 화구를 새로 구입하더라도 단돈 몇천 원이면 충분합니다.

5장

꾸준한 독서를 위한 습관 들이기

자기독서경영 5단계

습관

① 사회적 연결 및 학습 확장 전략

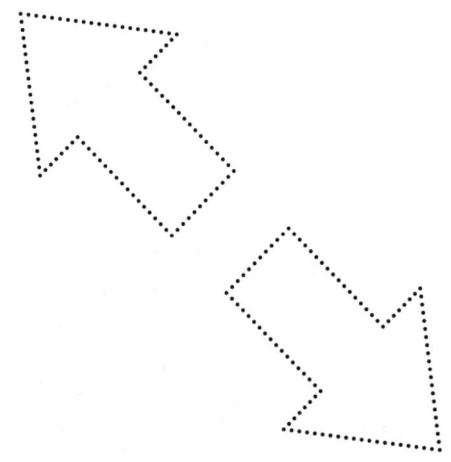

독서경영과 복습이
동시에 이루어지는 '독서 수다'

주변 동료들을 보면 유난히 입담이 좋거나 스몰토크에 뛰어난 사람들이 있다. 특히 월요일 아침, 팀원들을 모아놓고 주말에 다녀온 나들이나 본 영화, 드라마 등을 소재로 이야기를 맛깔나게 풀어내며 사람들의 귀를 쫑긋하게 만드는 경우가 종종 있다. 그들의 이야기는 짧은 시간 안에 기승전결이 확실하고, 흥미를 끌기 위한 반전 기술도 빼놓지 않는다. 또, 소소한 호기심을 자극해 자연스럽게 집중력을 높이기도 한다. 이런 점에서 관련 자기 계발서들이 꾸준히 출판되고, 많은 사람들에게 인기를 끄는 걸 보면 말하기 능력이 직장인에게 꼭 필요한 덕목임이 분명하다.

학창시절 공부 방법 중 하나로 자신이 공부한 내용을 친구에게 말로 설명해 보는 방식이 있다. 실제로 친구를 붙잡고 강의를 하는 것이 아니라, 내가 선생님이 되어 배운 내용을 설명하는 느낌으로 혼잣말을 하다 보면, 자연스럽게 내용이 정리되고 내 것으로 소화되는 신기한 경험을 하곤 했다. 이러한 학습 방법은 독서에도 충분히 적용할 수 있다. 특히 직장 동료들과 가볍게 나누는 스몰토크로 자연스럽게 변형할 수 있다면, '강의식 복습'을 통해 얻을 수 있는 학습 효과 외에도 커뮤니케이션 능력이나 사내 인간관계를 더욱 기름지게 만드는 계기가 될 수 있다. 더 나아가 책에서 얻은 내용을 바탕으로 조직 내 지식 자산의 흐름을 바꾸는 획기적인 실천으로 이어질 수도 있다.

자신이 알게 된 사실을 누군가에게 이야기하는 과정에서, 생각의 흐름은 논리정연하게 자연스레 정리된다. 내용을 요약하거나 설득력 있게, 때로는 흥미롭게 정리해서 전달해야 하기 때문이다. 만약 상대방이 질문을 할 것 같다면, 예상 질문에 대한 답을 미리 준비하는 방식으로 자신이 읽은 책 내용을 더욱 세밀하게 분석하고 정리할 수도 있다.

이처럼 동료에게 독서 내용을 공유하고 이를 바탕으로 토론하는 활동은 독서 노트나 서평을 작성하는 것과는 또 다른 차원에서 책에 대한 이해를 더욱 깊게 하고, 단순히 '좋은 책 추천'을 넘어서 조직 내 사고의 깊이를 확장하는 전략적 루틴이 될 수 있다. 결국 '자기독서경영' 전략을 조직의 독서경영으로 이끄는 의미 있는 도전이자 선한 영향력을 행사하는 방법이 될 수 있다.

독서 토론과 같은 거창한 타이틀이 아니더라도, 동료들과 점심을 하거나 차를 마시며 자신이 최근에 읽은 책 이야기를

자동 독서 습관

가볍게 나누는 것은 말하는 사람이나 듣는 사람 모두에게 크게 부담되지 않는 일이다. 우리는 이미 직장생활의 경험을 통해 지식 공유 문화가 잘 구축된 조직은 그렇지 않은 조직에 비해 혁신 성공률이 높을 수밖에 없다는 사실을 잘 알고 있다. 여러 기업들이 독서경영을 도입하는 근거이기도 하다.

이 전략의 실행은 결코 무리하거나 복잡하지 않다. 핵심은 '비공식적 시작'과 '공식적 구조화'가 자연스럽게 연결되는 것이다. 예를 들어 나의 강의를 들은 한 팀장은 자신이 읽은 책의 한 구절이나 아이디어를 점심시간이나 커피 브레이크 동안 의도적으로 공유하며 대화를 유도했다고 한다. 그러자 팀원들 중 일부가 관심을 보이며 책 제목을 묻거나 대여를 희망하는 등 반응을 보였고, 그는 이를 기회로 삼아 정기적인 독서 공유 세션으로 발전시켰다. 월요일 팀회의 시작 전에 아이스 브레이킹 차원으로 간단하게 읽은 책의 내용을 공유하는 활동을 지속하고 있다고 한다. 이 활동은 아직 본격적인 독서 토론 형태는 아니지만, 팀원들이 부담 없이 돌아가며 발표하는 자연스러운 형식으로 이루어지고 있다. 그는 곧 이를 팀 내 독서 모임으로 발전시킬 계획이다. 이렇게 '매주 한 번 15분 독서 공유'와 같은 부담 없는 길이와 포맷으로 운영하면서, 책의 핵심 내용을 요약하고 업무에 어떻게 적용할 수 있을지 탐색한다면, '팀 독서 경영'의 훌륭한 출발점이 될 것이다.

동료와의 독서 내용 공유 전략이 독서경영이나 조직 내 독서문화 확산을 위한 의미 있는 출발점이 될 수도 있지만, 처음부터 의도적인 목적을 가지고 시작할 필요는 전혀 없다. 이 전략은 나를 위한 꾸준한 독서 습관 형성의 차원에서, 자신의 독서 활동을 사회적으로 연결하고 학습을 확장하기 위한 일상의 작은 실천이라는 점을 잊어서는 안 된다.

내 독서 활동에 대해 적당한 피드백을 주거나, 이야기에 관심을 보이며 응원을 해주는 멘토가 주변에 있다면, 더욱 효과적일 것이다. 남에게 보여주려고 책을 읽거나, 남을 위해 공부를 하는 것은 아니다. 하지만, 계속해서 살펴볼 독서 활동의 사회적 연결이나 확장과 관련된 다양한 전략들은 궁극적으로 '자동 독서 습관'을 지속 가능한 실천으로 이끄는 훌륭한 자극이 될 것이다.

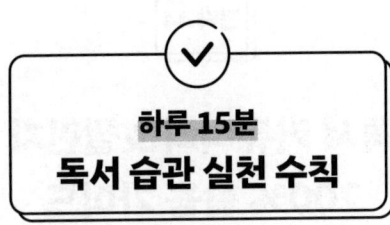

하루 15분
독서 습관 실천 수칙

➤ 자신의 독서 경험을 주변 사람들과 나누는 일은 결코 어렵거나 부담스러운 일이 아닙니다. 무엇을 말할지 따로 고민할 필요도 없습니다.

그동안 정리해 둔 독서 목표와 메모, 리뷰, 질문 등 모든 독서 활동의 흔적이 이미 풍부한 이야깃거리가 되기 때문입니다. 내일 아침 티타임이나 점심 시간에 꼭 기회를 잡아보세요.

➤ 당신 안에 머물던 이야기를 다른 사람에게 건네는 순간, 책 속 지식과 지혜는 비로소 '당신의 것'으로 온전히 자리 잡습니다.

독서 커뮤니티&챌린지
200% 활용 가이드

앞에서 독서를 '고독하고 고요한 행위'라고 정의한 바 있다. 무슨 일이든 '혼자서 조용히 하는 일'을 꾸준히 해내는 것은 생각보다 쉽지 않다. 혼자 읽을 때는 의욕이 쉽게 줄어들고, 일상에 치이다 보면 책은 금세 뒷전으로 밀리기 마련이다. 그러나 같은 책을 읽는 동료가 있고, 이를 함께 이야기할 수 있는 자리가 있다면 상황은 달라진다. 독서 커뮤니티나 챌린지 참여는 바로 이런 사회적 연결을 통해 독서를 지속 가능하게 만드는 전략이다. 고독하고 고요한 '혼자 읽기'를 '함께 읽기'로 전환하여 독서 습관을 구조화하고, 공동 목표를 향한 심리적 책임감을 부여하며, 몰입도와 재미를 함께 끌어올리는 데 의의가 있다.

독서 커뮤니티는 책을 단순히 '더 많이' 읽게 만드는 것에서 그치지 않고, '더 다양하게', '더 재미있게', 혹은 '더 의미 있게' 읽도록 도와준다. 개인이 혼자 책을 고를 때는 관심사나 익숙한 분야에 머무르기 쉽다. 반면, 커뮤니티나 챌린지에 참여하면 타인의 추천 도서, 특정 주제 기반 큐레이션, 독서 목록 공유 등을 통해 평소 접하지 않던 장르나 작가를 만날 수 있게 된다.

『미치게 만드는 브랜드』, 『브랜드로 남는다는 것』, 『마케팅 설계자』, 『작은 기업을 위한 브랜딩 법칙 ZERO』 등은 국내 유명 독서모임 앱의 '브랜딩 마케팅' 커뮤니티에서 실제로 대상 도서로 선정된 책들이다. 최신의 트렌드를 담고 있는 신간 위주의 큐레이션으로 운영하고 있는 것을 알 수 있다.

이 전략을 성공적으로 실천하기 위해서는 독서 구독 플랫폼이나 온라인 카페, 소셜 미디어 기반의 독서 모임, 그리고 지역 도서관이나 회사 내 독서 동아리 등 다양한 경로를 통해 커뮤니티를 탐색하거나 직접 구성할 수 있다. 위에서 언급한 독서모임 앱의 경우처럼 온·오프라인을 결합한 서비스도 있으니 자신의 독서 환경이나 스타일에 따라 자유롭게 선택할 수 있다. 관심 분야가 유사하거나 현업과 관련하여 독서 목표가 비슷한 동료들과 스터디 그룹을 만들어 비정기적으로 모임을 여는 것도 좋은 방법이다.

어떤 독서 모임이든 그 안에서 주도적으로 참여하느냐, 아니면 경계인 혹은 주변인의 입장에 머무르느냐에 따라 경험의 질은 크게 달라진다. 적극적으로 참여하는 경우 독서 모임은 지식 습득 이상의 효과를 가져오는 매우 효율적인 전략이 될 수 있다. 반면 소극적으로 참여하거나 단순히 수동적으로 경청만 할 경우에는 오히려 시간 낭비가 되거나, 분위기에 휩쓸려 불쾌한 경험만 남기고 끝나는 경우도 있다.

따라서 독서 모임에 참여할 때는 사전에 약속된 주제나 과제를 충분히 숙지하고 준비하는 태도가 필요하다. 그리고 개인 독서 노트를 활용하여 커뮤니티에서 오간 다양한 피드백이나 인상 깊은 타인의 의견을 함께 기록해 두면, 나만의 지식 자산으로 확장하는 데 효과적이다.

커뮤니티 활동보다 조금 단순한 독서 챌린지에 참여하는 경우에도 또 다른 차원의 성취감과 동기를 얻을 수 있다. 인증샷을 업로드하거나 짧은 서평을 작성하고, 진행 상황을 공유하며 기록하는 일련의 활동은 능동적인 참여를 유도하며 독서 습관 형성에 긍정적인 영향을 준다. 특히 챌린지를 함께하는 이들과 공동의 목표를 공유하고, 그 과정에서 격려나 피드백을 주고받을 때 느껴지는 유대감은 독서라는 본질적 활동에 더 깊은 의미를 부여한다.

다만 챌린지의 참여 방식이 단순히 책 표지 인증이나 미션 체크 등 행위 중심의 형식적인 활동에 그친다면, 그 효과는 제한적일 수 있다. 독서 내용을 정리하거나 이해하는 과정이 생략된 참여는 독서 초보자에게는 '시작의 문턱'을 낮추는 데는 도움이 되지만, 장기적인 독서 습관 형성이나 깊이 있는 사고를 위한 기반이 되기는 어렵다. 이벤트성 참여는 동기 부여의 도구로는 유효하지만, 지속적인 독서 문화의 핵심 축이 되기 위해서는 내용 중심의 상호작용이 필요하다.

자동 독서 습관

결국 독서는 혼자 하는 활동처럼 보이지만, 좋은 공동체 안에서 함께 읽고 나누는 방식으로 실현될 때 훨씬 더 단단하고 지속 가능한 습관으로 발전할 수 있다.

그러나 함께하는 독서 활동은 때때로 예상치 못한 부담을 동반하기도 한다. 정해진 스케줄과 미션을 따라가야 한다는 압박감, 타인의 독서 속도나 이해 수준과 비교하면서 생기는 불안감, 그리고 스스로 부족하다는 인식으로 인한 자존감 저하 등은 독서 모임이 줄 수 있는 또 다른 그림자다.

특히 독서 스타일이나 관심사가 맞지 않는 커뮤니티에 참여할 경우, 오히려 독서에 대한 흥미를 잃고 책에서 멀어지는 계기가 될 수도 있다. 따라서 독서 모임이나 챌린지, 커뮤니티 활동에 참여할 때는 무엇보다 자신의 독서 성향과 생활 리듬, 관심 분야를 충분히 고려해야 한다. 타인과의 비교를 통해 동기를 얻는 것이 아니라, 자신만의 성장과 의미를 발견하는 방향으로 초점을 조정하는 것이 중요하다.

이런 맥락에서 볼 때, 처음부터 완벽한 커뮤니티를 찾으려 하기보다는 소박한 마음으로 '일단 한번 참여해 보자'는 태도로 시작하는 것이 가장 현실적인 접근일 수 있다. 참여를 통해 얻어지는 효용이나 적합성을 직접 경험해 보는 과정 자체가 소중한 학습이 되기 때문이다. 때로는 그 경험이 자신에게 맞는 독서 방식이나 방향성을 새롭게 정립하는 계기가 되기도 한다.

결국 독서는 자신만의 속도로, 자신에게 가장 적합한 방식으로 이어갈 때 지속 가능하다. 공동체의 힘이 필요할 때는 그 힘을 빌리고, 혼자의 시간이 필요할 때는 기꺼이 고독을 선택할 수 있어야 한다. 중요한 것은 누구와, 어디서 읽느냐가 아니라, 그 독서가 나에게 어떤 의미와 변화를 만들어 내는가에 있다.

자동 독서 습관

하루 15분
독서 습관 실천 수칙

➤ 보통 무료로 참여할 수 있는 온라인 커뮤니티의 경우 일정 기간 다른 사람들의 활동과 수준 등을 모니터링한 뒤 본격적으로 참여하는 방법을 추천합니다.

➤ 유료로 진행되는 독서 커뮤니티는 회원 가입 전에 실제 참가자들의 평도 찾아보고, 고객센터와 전화 상담을 하는 등 충분한 사전 조사를 거치는 것이 좋습니다.

　오프라인 모임에 참여하며 혹시 제사보다 젯밥에 관심이 있다면 그것은 정말 어리석은 일입니다.

➤ '고독하고 고요한 행위'를 이겨낼 자신이 있다면 독서 커뮤니티나 챌린지 활동을 의도적으로 서두를 필요가 없습니다.

　독서가 습관이 된 이후에는 자신과 딱 맞는 독서 커뮤니티와 자연스럽게 닿을 수 있습니다.

독서에 입체감을 더하는
강연회&북토크 참여하기

한 권의 책을 읽는다는 것은 단순히 활자를 따라가는 것이 아니라, 그 책이 만들어지기까지의 배경과 저자의 생각을 탐색하는 대화의 여정이라는 말을 했다. 스스로 질문을 던지고, 그 질문에 대한 답을 책 속에서 찾아나가는 일은 독서 활동의 핵심이라고도 할 수 있다. 소크라테스나 아리스토텔레스 같은 고대 철학자, 피터 드러커나 데일 카네기와 같은 경영 사상가를 직접 만나 대화를 나눌 수는 없지만, 책 속에는 그들의 사유와 통찰이 응축되어 있어 우리는 언제든지 책을 매개로 한 시대를 뛰어넘는 대화를 시도할 수 있다.

그러나 경우에 따라서는 작가의 생생한 육성을 직접 들으며 책을 읽는 기회도 가능하다. 작가 강연회, 북토크, 저자와의 대화 등에 참여하는 것은 그런 점에서 독서 경험을 한층 더 입체적으로 만들어 주는 강력한 전략이 된다. 책을 통해 접한 문장이나 메시지를 넘어서, 작가가 직접 들려주는 창작 배경, 집필 과정, 주제에 얽힌 비하인드 스토리 등을 듣게 되면 독서의 몰입도는 자연스럽게 높아지기 마련이다.

작가와의 만남을 포함한 온·오프라인 북토크, 출판사 주관의 북콘서트, 독서 관련 박람회(도서전) 등의 행사에 참여하는 것은 책에 대한 관심과 독서의 질을 동시에 높이는 중요한 실천 전략이 된다. 이러한 경험은 책과 독자 사이의 거리감을 좁히고, 독서를 '혼자만의 몰입'에서 '서로가 연결되는 감동'으로 확장시키는 계기가 되기도 한다.

단순히 글자를 읽는 것을 넘어, 한 권의 책이 만들어지기까지의 이야기와 그 속에 담긴 저자의 세계관을 직접 접하는 일은 독서라는 활동에 대해 더 깊은 애정을 갖게 만드는 매우 강력한 계기다.

예를 들어 인기 작가의 북토크에 참여한 독자는 저자가 직접 들려주는 집필 과정, 자료 조사, 등장인물의 설정 배경이나 생략된 에피소드 등 다양한 비하인드 스토리를 통해 책에 대한 이해를 깊이 있게 확장할 수 있다. 책을 읽는 과정에서는 미처 주목하지 않았던 문장의 의도나 장면에 대해, 작가가 왜 그렇게 썼는지를 직접 설명하는 순간 독자의 관점은 더욱 풍부해진다. 단순한 정보 습득이 아니라, 작품 속 세계에 대한 몰입과 해석이 작가의 말 한마디로 입체적으로 바뀌는 경험이다.

최근에는 도서의 출간 시점을 중심으로 서점이나 도서관, 출판사 유튜브와 소셜 미디어 등 다양한 온·오프라인 채널을 통해 저자를 만날 수 있는 행사가 일상화되어 있다. 따라서 앞에서 살펴본 대로 책 읽기 전 독서 목표 수립 단계에서 이를 활용할 수도 있고, 온라인 콘텐츠의 경우에는 크로스 미디어 전략과 병행하여 독서 중이나 후에 언제든지 접근이 가능하다.

그러나 일부러 시간과 비용을 들여 오프라인 강연에 참석하는 경우라면 미리 책을 읽거나 읽은 책을 다시 살펴보며, 궁금한 점이나 질문을 사전에 준비해 두는 것이 필요하다. 강연이 끝난 후에는 얻은 정보를 독서 노트에 기록하고, 그 내용을 잘 정리하여 자신의 독서 정보로 축적하는 것은 이제 당연한 일이다.

결론적으로 작가와의 직접적인 만남은 독서의 흥미를 불러일으키며, 감성적 차원에서 독서에 대한 내재적 동기를 강하게 자극한다. 따라서 이러한 전략은 독서 습관을 형성하는 핵심 전략으로 삼기보다는 이미 형성된 독서 습관을 더욱 공고히 하고, 독서에 대한 흥미가 떨어졌을 때 이를 다시 환기시키는 보완적 전략으로 활용할 수 있을 것이다.

자동 독서 습관

하루 15분
독서 습관 실천 수칙

▶ 저자 강연회 관련 정보는 인터넷 검색 사이트나 AI보다 인스타그램과 같은 소셜 미디어에서 찾는 것이 더 효과적입니다. 주요 출판사나 독서 관련 단체들이 이곳을 주요한 홍보 채널로 활용하고 있기 때문입니다.

'북토크', '북콘서트', '저자 강연' 등의 키워드로 검색을 하다 보면 읽고 싶은 책 목록이 점점 늘어나기도 합니다.

▶ 매년 개최되는 '서울 국제 도서전'(6월, 서울 COEX)이나 '대한민국 독서대전'(9월, 지방도시 순회)과 같은 책 관련 행사에 직접 참여하는 것도 아주 좋은 방법입니다.

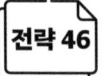

독서를 통한
평생교육 확장 전략

　책을 통해 얻은 지식과 통찰은 거기서 멈추지 않고 확장되어야 진정한 힘을 발휘한다. 독서를 계기로 더 깊이 있게 배우고 실천하며 체화하는 단계로 나아가는 것, 그것이 바로 독서의 확장이자 평생학습의 진정한 출발점이다. 특히 지금처럼 통섭적 사고와 융합적 역량이 요구되는 시대에는 독서라는 창을 통해 학습 공동체에 참여하거나, 관련 온라인 강좌, 전문 과정 등에 등록하여 보다 깊이 있고 체계적인 학습으로 발전시키는 전략이 반드시 필요하다.

　어린 시절 감명 깊게 읽은 책 한 권이 그 사람의 미래를 결정한 사례를 흔하게 본다. 일론 머스크는 어린 시절 아이작 아시모프의 〈파운데이션〉 시리즈와 더글러스 애덤스의 『은하수를 여행하는 히치하이커를 위한 안내서』와 같은 과학소설에 깊이 빠져 있었다고 한다. 특히 아시모프의 작품에 묘사된 행성 간 문명과 우주 식민지에 대한 비전은 그의 우주 탐험에 대한 열정에 큰 영향을 미쳤다. 머스크는 이러한 책들이 SpaceX를 설립하고 인류의 우주 진출을 목표로 삼게 된 근본적인 영감의 원천이었다고 여러 차례 밝힌 바 있다.*

책 몇 권을 통한 '과학 소년'의 작은 영감이 어쩌면 인류사에 획기적인 전환점을 마련할 수 있을지도 모르겠다. 나에게 필요한 책을 골라 읽으며 당장 회사 생활에 유용하게 써먹을 수 있는 능력을 계발하는 것도 의미 있는 일이고, 시간 활용을 효율적으로 하기 위한 차원의 장기 독서 계획 속에서 나만의 교육과정을 만들어 차근차근 실천해 나가는 방법도 유용할 것이다.

그러나 이러한 작은 만족들에 머물지 말고, 실질적인 학습 효과와 성장을 이룰 수 있는 평생교육으로 확장해 나가는 전략을 함께 고민할 필요가 있다.

책에서 얻은 이론적 지식을 바탕으로 공동체 내에서 토론하고, 실제 프로젝트를 수행하며, 필요에 따라 온라인 강좌나 대학원과 같은 전문 과정을 수강하는 일련의 평생교육 활동은 지식을 체화하고 확장하는 데 강력한 촉진제가 된다.

책을 읽으면 읽을수록 더 읽을 책이 늘어나는 신기한 경험을 하게 된다. 이 책을 읽는 독자들 중에서도 예시로 등장한 책

• 지디넷코리아, 일론 머스크 "SF소설 '파운데이션' 읽어 봐라"… 왜?,
  :2020.2.24.
  https://zdnet.co.kr/view/?no=20200224103620

들을 꼼꼼하게 메모해 가며 자신의 독서 계획을 계속해서 업데이트 해나가고 있는 독자가 분명히 있을 것이다(이 책에 등장하는 도서들은 스테디셀러나 고전을 중심으로 한 예시일 뿐, 필독서 목록으로 인식하며 부담을 느낄 필요는 전혀 없다). 공부도 마찬가지다. 특히 우리 사회가 점점 다핵화되고 다원화됨에 따라, 복잡한 문제나 현상을 연구하기 위해 서로 다른 학문 분야의 이론, 방법론, 관점을 통합하는 '학제적 접근'이 일상화되고 있으며, 이러한 경향은 앞으로 더욱 뚜렷해질 것이다. 하나의 현상을 설명하고 하나의 문제를 풀기 위해, 이제는 여러 전공 분야의 이론들을 빌려와야지만 답을 할 수 있는 시대다. 이 책에서 다루고 있는 독서에 대한 접근도 마찬가지다.

국가평생교육진흥원의 학점은행제도와 'K-MOOC^{Massive} Open Online Courses'를 비롯하여 '국민내일배움카드' 제도 등 이제 우리나라의 평생교육 체계도 꽤 단단히 자리를 잡았다. 마음만 먹으면 무료 또는 저렴한 비용으로도 체계적인 학습이 가능한 환경이 갖춰진 셈이다. 특히 경영학을 기반으로 한 다양한 유형의 MBA 과정은 온·오프라인을 넘나들며 실무자 중심의 전문 교육으로 활성화되어 있다.

책과 독서를 계기로 오랜만에 공부의 재미가 붙었다면, 그 열기를 유지하며 더 큰 공부에 도전해 보자. 공부에 왕도는 없지만, 노력과 집중 없이 저절로 이루어지는 배움은 없다. 어쩌면 처음에는 버겁고 낯설 수 있지만, 그 과정을 통해 쌓이는 삶의 지식과 지혜는 결국 자신의 가치를 높이는 기반이 될 것이다.

자신이 도전하려는 공부의 주제나, 자신에게 맞는 적절한 교육 방법을 찾는 데 때로는 생각보다 많은 시간과 탐색이 필요할 수 있다. 공부가 일상의 작은 탈출이자 즐거운 활력소가 되기도 하지만, 반대로 이미 고단한 삶의 무게 위에 또 하나의 부담으로 작용해 오히려 번아웃을 촉진하는 독이 될 가능성도 배제할 수 없다.

그래서 독서 계획을 세울 때처럼, 자신의 학습 목적과 환경을 면밀히 고려한 실현 가능하고 지속 가능한 계획을 세우는 것이 중요하다. 무리한 목표보다는 지금의 삶과 균형을 잘 유지할 수 있는 작은 학습 루틴부터 시작해 보자. 공부는 단거리 경주가 아니라, 오랜 시간에 걸쳐 지속되는 삶의 마라톤이기 때문이다.

지금 이 순간 어쩌면 당신의 미래를 획기적으로 바꿀 책 한 권이 조용히 당신을 기다리고 있을지 모른다. 그 가능성을 믿고, 한 권 한 권 차분히 읽어나가는 일. 그것이야말로 가장 현실적이면서도 아름다운 변화의 시작이 될 것이다.

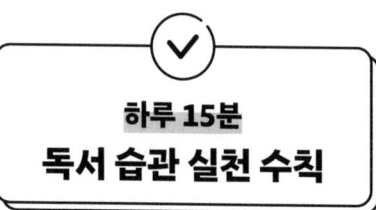

하루 15분
독서 습관 실천 수칙

▶ 삶의 변화와 성장을 위해 독서 목표 계획을 수립했던 것과 같은 방식으로 우선 자신의 관심 분야와 관련된 강의를 찾아보세요.

당장 평생교육 확장 계획을 세우는 게 어렵다면, 독서 활동 차원으로 단편적인 강의들을 하나씩 접하며 정교화하는 과정이 필요합니다. 서두르거나 조급해 할 필요는 조금도 없습니다.

▶ 자기 계발이나 업무 역량 향상을 목표로 한다면, 고용보험료 납부 이력이 있는 재직자와 구직자 누구나 이용할 수 있는 '고용24' 사이트가 효율적입니다. 이곳에는 생각보다 다양하고 수준 높으며 저렴한 강의들이 여러분을 기다리고 있습니다. 앱을 통해 강의 이력 관리도 용이합니다.

자동 독서 습관

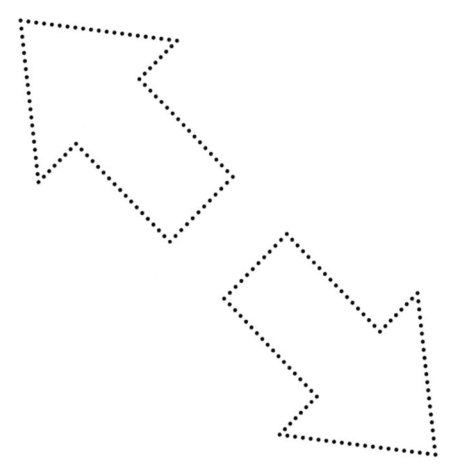

②

개인 맞춤형 독서 습관 관리 및 최적화 전략

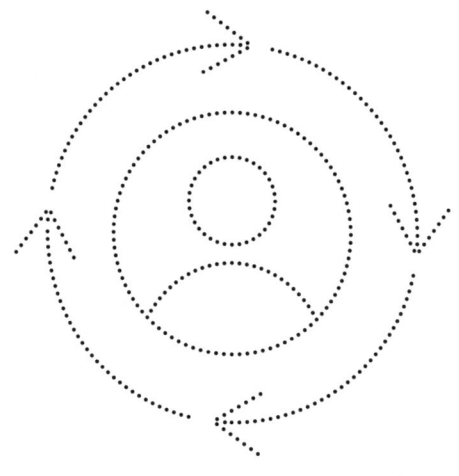

독서가 '습관'이 되는
마지막 비밀

　가끔 현장에서, 독서를 결심한 사람들 중 책장을 넘기기도 전에 걱정부터 앞서는 경우를 본다. 책이 좋다는 걸 너무나 잘 알고, 마음은 굴뚝 같은데 정작 책 한 권을 끝까지 읽는 일이 생각보다 어려워 엄두가 나질 않는다는 것이다. 이런 상황에서는 단순히 의지의 문제로 치부할 것이 아니라, 혹시 뚜렷한 목표 설정과 이에 대한 점검 체계가 부족하지는 않았는지 돌아볼 필요가 있다. 처음부터 무작정 시작한 독서는 갈피를 잡기 어렵고, 열정을 유지하기도 쉽지 않기 때문이다. 무엇보다 자신의 독서 목표에 부합하는 책을 제대로 선택했는지도 함께 점검해 보아야 한다.

　내가 강의에서도 자주 인용하는 어느 부부의 이야기를 해보려고 한다. 예전 직장에서 함께 근무했던 두 사람은 사내 연애를 통해 결혼까지 이어진 커플이다. 공교롭게도 두 사람 모두 나와 각기 다른 부서에서 함께 일한 인연이 있었고, 당시 나는 팀원들과 함께 독서 모임이나 북 세미나를 운영하며 종종 책을 선물하기도 했는데, 이들 부부도 각자 나와 함께 독서 활동에 참여한 경험이 있었다.

이 커플의 아내는 몇 해 전, '매달 자기 계발서 1권 이상 읽기'라는 분명한 목표를 세웠다고 한다. 매주 일요일 저녁이면 독서 앱을 열어 한 주 동안 읽은 페이지 수와 완료율을 점검하고, 프로젝트 마감 등 바쁜 시기에는 목표를 유연하게 조정하면서도 꾸준히 독서를 이어갔다. 그해 가을에는 다음 해 소비자 트렌드를 예측하는 『트렌드 코리아』를 팀원들과 함께 읽고, 북 세미나에서 발제를 맡기도 했다. 그렇게 1년 동안 열 권이 넘는 책을 완독하며 독서에 대한 성취감을 경험했고, 지금까지도 꾸준히 그 흐름을 이어가고 있다고 한다.

남편은 같은 시기에 똑같은 독서 앱을 스마트폰에 설치하고, '아내보다 많은 책을 읽자'라는 독서 목표로 삼았다고 했다. 아내와의 은근한 경쟁 심리가 오히려 독이 되었을까? 한 해가 지날 무렵, 회식 자리에서 남편은 연초에 읽다만 책 두 권과 자괴감만 남았다고 했다. 개발 업무 특성상 잦은 마감과 야근, 저녁 술자리가 방해 요소였다는 핑계인지, 분석인지 모를 말을 덧붙이기도 했다.

실제로 충분한 독서 시간을 확보하지 못한 것도 문제지만, 이미 여러분들이 눈치챈 바와 같이 '목표 설정'이 잘못되었다는 게 더 큰 문제다. 구체적인 숫자가 아니라 '아내보다 더 많이'라는 추상적인 목표는 애초에 자기주도적이며 능동적인 독

　　　　　　　　자동 독서 습관

서 활동이 불가능한 목표였다. 백번 양보해서 '독서 목표'로 인정한다 치더라도, 그 다음 잘못한 것은 주기적인 점검과 회고의 과정이 없었다는 점이다. 아내가 매월 두 권씩 꼬박꼬박 책을 읽을 때, 한 달에 한 번만이라도 주기적인 점검을 했다면 남편의 독서 활동 또한 어떻게 달라졌을지 모를 일이다.

나는 이들 부부가 서로를 자극하며 선의의 경쟁을 통해 독서 습관을 공유하고, 나아가 '가족독서경영'으로 발전해 나가기를 조심스럽게 기대했던 터라 지금까지도 아쉬움이 남는다. 요즘은 소식을 듣지 못했지만, 새로 태어난 아이까지 세 식구가 함께 책을 읽으며 대화를 나누는 새로운 독서 공동체로 성장하고 있기를 바랄 뿐이다.

이처럼 구체적인 목표 설정과 그에 대한 주기적인 점검이 독서 성과를 좌우한다는 사실은 앞에서도 확인한 바 있다. 우리는 특정 행동을 스스로 인식하고 기록하는 것만으로도 그 행동의 빈도나 지속성을 유의미하게 관리할 수 있다는 사실을 이미 잘 알고 있다. 마치 운동 기록 앱에 하루 걸음 수를 입력하듯, 독서 기록을 남기는 행위 자체가 또 다른 독서를 부르는 것이다. 하루에 몇 페이지를 읽었는지, 어떤 시간대에 가장 집중이 잘 되는지 등을 기록하는 것만으로도 독서 활동에 새로운 자극이 될 수 있다.

일단 목표를 세우고 기록을 시작했다면, 그 다음은 정기적인 점검이다. 주간, 월간, 분기별 등 자신에게 맞는 주기를 정해 목표 달성률을 확인하고 피드백을 남긴다. '이번 달은 목표 달성률 80%로 양호함. 다음 달은 독서량 줄이고 질적인 성찰 강화 목표 설정'처럼 메모를 남기는 것도 좋다. 위에서 이야기했던 남편의 경우처럼 환경 변화가 있을 경우에는 무리하게 고수하기보다는 유연하게 조정하는 것이 바람직하다.

물론 이 전략이 만능은 아니다. 숙제 검사처럼 목표 점검이 지나치게 의무감으로 작용하면 스트레스를 유발할 수 있고, 페이지 수 같은 양적 목표에만 집착하면 책의 깊은 이해가 뒷전이 될 수 있다. 따라서 적절한 점검 주기와 현실적인 목표 수준을 설정하고, 때로는 '읽은 문장에서 얻은 인사이트' 같은 질적 피드백도 함께 기록하는 것이 좋다.

이처럼 독서 목표를 주기적으로 점검하는 전략은 단순히 독서량을 관리하는 차원을 넘어선다. 이는 자신의 독서 활동을 스스로 통제하고 조율하는 능력을 키우는 데 기여할 뿐 아니라, 개인의 독서 패턴을 데이터로 축적해 향후 더 정교한 독서 전략을 설계할 수 있는 기초 자료로 활용할 수도 있다.

자동 독서 습관

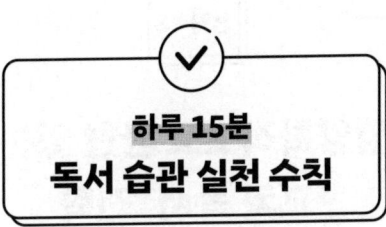

**하루 15분
독서 습관 실천 수칙**

➤ 한번 세운 목표를 무리해서 지킬 필요는 없지만, 그렇다고 독서를 방해하는 '핑곗거리'에 관대해서도 안 됩니다.

실행하지 못한 독서 활동은 반드시 나중에 보충하는 방식으로 지속성을 유지해야 합니다. 우리 몸의 기억은 무섭습니다. 잘못 길들여진 습관을 되돌리는 건, 처음 습관을 들일 때보다 더 많은 시간과 노력이 필요합니다.

영양학적으로 균형 있는
'교차 독서' 전략

최근 들어 식사 습관, 특히 밥을 먹는 순서에 대한 이야기를 자주 접한다. 혈당 관리나 포만감 조절, 장 건강을 위해서는 채소를 먼저 충분히 섭취한 뒤 탄수화물이나 단백질 위주의 음식을 먹는 것이 좋다는 것이 전문가들의 공통된 조언이다.

머리로는 너무나 잘 이해가 되지만 실천은 생각처럼 되지 않는다. 아내의 반복되는 조언에도 불구하고, 정작 식탁에 앉으면 입맛 당기는 고기반찬에 먼저 젓가락이 가는 걸 어쩌랴. 전문가의 말도, 건강 상식도, 심지어 반복 학습조차 무용지물인, 밥상머리의 인지부조화는 끼니때마다 반복되는 일상이다.

독서도 마찬가지인 것 같다. 아무런 조건 없이 책장에 꽂힌 책을 고르라면 아무래도 자기가 선호하는 유형의 책에 손이 가기 마련이다. 직업군에 따라 자신이 익숙하게 여기는 책을 꺼내어 드는 게 보통일 것이다. IT 개발자라면 기술 서적을, 마케팅 담당자라면 비즈니스 서적을, 문학도라면 소설이나 시

자동 독서 습관

집을 선호하는 게 어쩌면 너무나 당연하다. 혹은 자신의 취향에 따라 역사와 관련된 인문서나 음악, 미술 같은 예술 관련 서적, 아니면 여행 에세이만 읽는 사람도 있을 것이다. 이러한 독서 편향은 특정 분야에 대한 전문성이나 통찰력을 키우는 데 분명 도움이 될 것이다. 그러나 다르게 생각해 보면 사고의 틀이 굳어지고 창의성이 저하되는 등 '독서 영양학'적으로는 심각한 불균형을 초래하기 쉬운 구조이기도 하다. 읽는 책의 편식이 심해질수록 독서가 주는 자극은 점점 좁아지고, 결국 '자기 확증'만 반복하는 독서 루틴에 갇히게 된다.

이미 잘 알려진 이야기지만, 광고나 마케팅 분야에서 활동하는 카피라이터들의 잡식성 독서 습관은 그 분야 특유의 창의성과 발상력의 원천으로 자주 언급된다. 장르를 가리지 않고 문학, 철학, 심리학, 사회학, 과학 에세이까지 탐독하는 그들의 왕성한 '독서 식욕'은 어쩌면 편식을 피하고 지적 다양성을 유지하기 위한 직업적 생존 전략이라 해도 과언이 아닐 것이다.『책은 도끼다』,『다시, 책은 도끼다』와 같은 책을 통해 드러나는 '광고쟁이' 박웅현의 인문학적 감수성과 더불어 시, 소설, 에세이를 비롯해 과학서, 미술사책, 경전 해설서에 이르는 독서 스펙트럼은 감탄을 자아내기에 충분하다.

다양한 분야의 책을 읽는 것은 단순히 지식의 폭을 넓히는 것 이상의 의미가 있다. 이는 서로 다른 개념들 사이의 새로운 연결을 만들어 내는 능력을 향상시키기 때문이다. 이러한 능력은 혁신적인 문제 해결의 핵심 요소라고 할 수 있다.

한 IT 전문가는 건축 디자인 서적을 즐겨 읽으면서, 소프트웨어 설계에 '공간 구성'과 '미적 직관'의 개념을 적용해 사용자 인터페이스를 혁신적으로 재구성했다고 한다. 철학과 심리학 관련 도서를 즐겨 읽던 마케팅 기획자는 인간 욕망에 대한 깊은 이해를 바탕으로, 감정 기반의 설득 전략을 성공적으로 캠페인에 접목시킨다. 어떤 디자이너는 생물학 교양서를 통해 자연의 구조와 기능에서 영감을 얻어, 제품 디자인에 '생태모방Biomimicry'을 적용함으로써 기능성과 심미성을 동시에 구현하기도 한다. 조금 다른 차원이지만, 건축가나 과학자가 쓴 인문학 서적이나 반대로 시인이 쓴 건축이나 역사 이야기가 독자들에게 독특한 인사이트를 주는 경우도 있다.

이처럼 서로 다른 분야의 지식과 통찰을 연결하는 능력은 독서의 폭과 다양성에서 비롯되며, 복잡하고 예측 불가능한 문제를 창의적으로 풀어가는 데 결정적인 역할을 한다.

이미 [전략26 장르마다 달라지는 '독서 최적화' 기술]에서 살펴보았듯이, 문학 소설은 타인의 내면세계를 탐색할 수 있게 해주며, 공감 능력을 향상시키는 데 탁월한 효과가 있다. 과학 소설이나 판타지는 완전히 다른 현실을 상상하게 해주어 창의적 사고를 자극한다. 역사서는 과거의 맥락을 통해 현재를 바라보는 눈을 길러주고, 철학서는 비판적 사고와 윤리적 성찰을 가능하게 한다. 심리학이나 사회과학 서적은 인간 행동에 대한 이해를 넓혀 자기성찰과 대인관계 능력을 향상시킨다.

이러한 전략을 일상에 통합하는 것은 생각보다 간단하다.

자동 독서 습관

가장 효과적인 접근법은 월 1회, 혹은 분기별 1회 정도 '새로운 분야의 책 한 권 읽기'를 목표로 삼는 것이다. 혹은 익숙한 분야의 책 몇 권을 읽은 후에는 의도적으로 다른 장르의 책도 한 권 읽는 방식으로 균형을 맞추는 것이다. 처음에는 자신의 분야와 어느 정도 연관이 있는 인접 분야부터 시작하여 점차 범위를 넓혀나가는 것도 좋은 전략이다.

책 선택에 어려움을 느낀다면, 친구나 온라인 독서 커뮤니티의 추천을 참고하는 것만으로도 훌륭한 출발점이 될 수 있다. 특히 문학 작품의 경우, 노벨 문학상, 부커 상, 공쿠르 상처럼 매년 발표되는 권위 있는 문학상 수상작 목록을 활용하는 방법은 단순하면서도 실패 확률이 낮은 안전한 전략이다. 이러한 수상작들은 작품성과 시대적 감수성을 두루 갖춘 경우가 많아, 세계 문학계의 흐름을 민감하게 읽어내는 데도 도움이 된다.

기왕 '세계 문학'에 도전하고 싶다면, 주요 출판사에서 수백 권씩 선보이고 있는 세계 문학 전집 시리즈를 컬렉션하듯 한 권씩 읽어나가는 여정도 의미 있는 경험이 될 수 있다. 물론 책을 모으는 것보다 실제로 읽는 것이 더 중요하다. 어린 시절 다이제스트판 동화책으로 스쳐 지나갔던 작품을 원전으로 다시 읽거나, 제목만 익숙했던 고전을 처음부터 끝까지 마주하는 일은 지적 깊이와 감성적 울림을 동시에 선사하는 독서의 또 다른 차원이 된다.

다양한 분야의 책 읽기 도전은 앞에서 언급했던 '빨리, 작게 실패하고 빠르게 배우자'라는 린 스타트업 철학을 떠올려 보면 크게 부담스러울 것도 없다. 그러한 작은 도전들 가운데 당신 입맛에 맞는 새로운 음식이 나타날 수도 있기 때문이다.

발달 시기의 특성도 있지만, 우리는 초중고 시절 언어와 인문 사회, 과학과 예체능을 넘나드는 다양한 과목들을 접하며 상상력과 창의력이 무척 활발히 작동하던 시기를 겪었다. 단일 분야에 몰입하기보다 다양한 관점을 넘나드는 방식이 창의적 사고를 촉진한다는 점에서, 이와 같은 '교차 독서 전략'은 복잡한 문제에 대해 다각적으로 접근하고 새로운 해법을 모색하는 능력을 키우는 데 매우 효과적이다.

이처럼 낯선 분야의 책을 읽는 일은 단순한 도전이 아니라, 머릿속 관점을 흔들고 재배치하는 창조적 자극이 되기도 한다. 이때 책은 더 이상 단순한 정보의 저장고가 아니라, 다양한 세계를 여행하며 사고의 지평을 넓히는 여행 가이드가 된다. 익숙한 분야의 경계를 넘어 새로운 지식의 세계로 과감히 발을 내딛는 독서 여정은, 우리를 더 유연하고 창의적인 사고자로 성장시키는 진정한 지적 모험이다.

자동 독서 습관

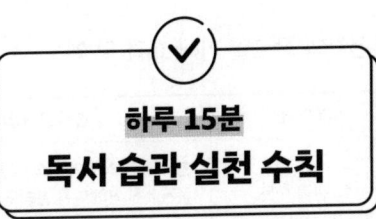

하루 15분
독서 습관 실천 수칙

▶ 다음의 기대 효과 및 예시를 참고하여 당신이 새롭게 도전할 '다른 분야'의 책을 골라 보세요. 어쩌다 맛본 특식이 당신의 최애 음식이 될 수도 있답니다.

▶ 조금 망설여지는 느낌이 있다면, 그림책 한 권을 추천합니다. '그림책은 어린이용'이라는 편견을 버리고 '어른을 위한 그림책' 등의 키워드로 검색을 해보면, 뜻밖의 깊은 울림과 통찰을 주는 좋은 책과 만날 수 있습니다. 당신의 긴 독서 여정에 작은 휴식과 위안을 줄 수도 있습니다.

➤ 교차 책 읽기 전략의 장르별 기대 효과 및 예시

주요 장르	기대 효과	관련 근거 및 예시
문학 소설	공감 능력, 관점 수용, 복잡한 감정 이해	한강의 『채식주의자』와 같은 작품은 독자에게 전혀 다른 삶의 경험을 제공하며 우리 사회 다양한 소수자들에 대한 공감 능력을 키울 수 있다.
과학 소설 /판타지	창의적 사고, 미래 예측, 시스템적 사고	아이작 아시모프의 『파운데이션』과 같은 작품은 거대한 시스템과 미래 사회를 상상하게 하며, 이러한 사고는 현재의 기술 개발이나 장기적 전략 수립에 영감을 줄 수 있다.
역사	맥락적 이해, 패턴 인식, 장기적 관점	유발 하라리의 『사피엔스』와 같은 책은 인류 역사의 큰 흐름을 보여주며, 현재의 사회 현상을 더 깊이 이해하는 데 도움을 준다.
전기 /자서전	타인의 삶 이해, 역할 모델 학습, 동기 부여	월터 아이작슨의 『스티브 잡스』 평전을 비롯한 전기, 자서전 등을 읽은 뒤 성취동기와 자기조절 능력을 유의미하게 향상시킬 수 있다.
과학 (대중과학)	비판적 사고, 분석 능력, 세상에 대한 이해	칼 세이건의 『코스모스』는 우주의 기원, 별의 진화, 인류의 우주 탐사를 감동적인 문체로 풀어내며 과학적 사실과 철학적 성찰을 결합해 우주의 경이로움과 인류의 탐구 정신을 강조한다.
철학	비판적 사고, 윤리적 추론, 근본적 질문 탐구	마이클 샌델의 『정의란 무엇인가』를 읽은 사람들은 윤리적 추론 능력 향상을 경험하며 의사결정의 공정성 인식율이 높아지는 효과를 경험할 수도 있다.
심리학 /사회과학	인간 행동 및 사회 이해, 자기 성찰	다니엘 카너먼의 『생각에 관한 생각』과 같은 책은 인간의 의사결정 과정에 대한 이해를 높여 비즈니스에서의 판단 개선에 기여할 수 있다.

자동 독서 습관

독서 슬럼프를
극복하는 보상 전략

[전략47 독서가 '습관'이 되는 마지막 비밀]에서 소개한 남편의 사례처럼, 독서를 방해하는 요인은 우리 일상 곳곳에 넘쳐난다. 책을 읽다 보면 누구나 한 번쯤은 멈춰 서게 된다. "이번에는 제대로 읽어보자"라며 의욕적으로 시작하지만, 시간이 흐를수록 책을 펼치는 손이 점점 무거워진다. 일상에 치이고, 피로가 쌓이면 독서는 쉽게 뒷전으로 밀려난다. 연초의 대단했던 다짐도 작심삼일처럼 사라지고, 어느 순간 독서의 흐름은 뚝 끊긴다.

하지만 그 흐름을 다시 회복할 수 있다면, 독서는 단순한 결심이 아니라 지속 가능한 습관으로 전환될 수 있다. 이 전략은 바로 '멈춤'을 극복하는 '회복'에 대한 이야기다. 독서 슬럼프를 두려워하지 않고 유연하게 넘길 수 있도록, 작은 보상으로 동기를 자극하고, 다시 읽기 위한 장치를 설계하는 방법을 함께 살펴본다.

한 기업에서 독서 세미나를 진행하며 '독서 슬럼프를 극복하는 나만의 방법'을 주제로 참가자들과 이야기를 나눈 적이 있다. 그날 한 여성 참가자는 자신이 학생 시절부터 책 읽기를 즐겨왔다고 말했지만, 직장생활을 시작하면서부터는 어느 순간 독서가 삶에서 멀어지기 시작했다고 고백했다. 바쁜 일정도 한몫했지만, 무엇보다 '애써 읽어도 남는 게 없다'는 허탈감이 가장 큰 이유였다고 했다.

그러던 중 우연히 접한 한 책에서 '작은 보상이 습관 형성에 긍정적인 영향을 준다'는 문장을 읽고 나서, 눈이 번쩍 뜨였다고 했다. 아마도 제임스 클리어의 『아주 작은 습관의 힘』이나 찰스 두히그의 『습관의 힘』과 같은 책을 만난 게 아닐까 싶다. 그녀는 책 한 권을 완독할 때마다 새 책을 사는 즐거움을 스스로에게 허락했고, 매일 30분 독서를 실천하면 다음 날 아침에는 자신이 좋아하는 브랜드의 커피를 한 잔 선물하는 방식을 실천했다고 한다. 그렇게 아주 작고 단순한 보상들이 독서를 다시 시작하게 만드는 힘이 되었단다.

참가자 중 한 사람이 "그런 보상이 정말로 효과가 있었나요?"라고 묻자, 그녀는 수줍게 웃으며 이렇게 답했다. "글쎄요, 커피는 남잖아요."

그 말에 참가자들은 모두 웃음을 터뜨렸지만, 그 너머에 담긴 메시지는 결코 가볍지 않다. 지금 이 책을 다 읽으면 다음 책을 살 수 있고, 아침 독서를 마친 나에게 커피 한 잔을 선물할 수 있다는 아주 단순하고 구체적인 보상이, 무너졌던 독서

자동 독서 습관

습관을 다시 세우는 강력한 원동력이 되었던 것이다.

그녀는 이후에도 자신만의 루틴을 유지하며 다시 꾸준히 책을 읽는 삶으로 돌아왔다고 했다. 단순히 책을 읽는 시간이 아니라, '나를 돌보는 시간'으로서의 독서를 되찾은 셈이다. 그렇게 독서는 다시 그녀의 삶 속으로, 아주 자연스럽게 스며들었다고 한다.

보상 시스템이 작동하는 이유는 행동심리학의 핵심 원리인 '조작적 조건화Operant Conditioning'에 기초한다. 바람직한 행동이 나타날 때 칭찬과 같은 보상을 받으면 당연히 긍정적 강화가 일어나기 마련이다.• '보상'은 아이 어른 할 것 없이 다음 행동을 결정짓는 가장 강력한 유인이다. 특히 독서처럼 눈에 보이는 성과가 느리게 나타나는 활동에서는 이 작은 보상이 행동의 지속 가능성을 크게 좌우할 수도 있다.

하지만 보상도 방식에 따라 독이 될 수 있다. '과잉정당화 효과Overjustification Effect'라는 개념이 있다. 이는 외부에서 귀인되는 많은 요인들로 인하여 내적 요인의 효과가 감소하는 것을 말한다.•• 이미 책 읽기의 즐거움을 충분히 느끼고 있는(내적 요인) 아이에게 책 한 권을 읽을 때마다 평소 좋아하는 빵을 하나씩 준다(외부 요인)고 가정해 보자. 보상이 지속적으로 이어지다가 갑자기 빵을 끊어버리면 어떤 결과가 일어날까?

•   Wikipedia, '조작적 조건화', https://ko.wikipedia.org/
•• Wikipedia, '과잉정당화 효과', https://ko.wikipedia.org/

결국 보상은 '수단'이지 '목적'이 되어서는 안 된다는 것이다.

독서 슬럼프는 누구에게나 찾아온다. 번아웃, 스트레스, 일상의 피로, 혹은 단순히 '책이 재미없다'는 이유까지 그저 '핑계'로만 치부할 수 없는 현실적인 문제들이 우리의 독서 활동을 방해한다. 이럴 때는 과감히 '변화'를 선택하는 것이 필요하다.

예를 들어 평소 읽던 장르가 자기 계발서였다면, 가볍고 위트가 담긴 에세이로 전환할 수도 있다. 소설이나 시집, 심지어는 어린이를 위한 그림책이나 만화책도 좋다. 한 직장인은 독서 슬럼프 시기에 〈해리 포터〉 시리즈를 다시 읽으며 독서에 대한 감각을 회복했다고 한다. 익숙함이 때로는 회복의 통로가 되기도 한다.

학부모를 대상으로 한 독서 강연에서 만난 한 어머니는, 초등학교 5학년인 큰아이가 자신이 사준 위인전이나 과학 정보책에는 눈길도 주지 않고, 자꾸만 동생이 보는 그림책이나 학습 만화만 반복해서 본다며 깊은 한숨을 내쉬었다. 나는 자녀의 '독서 퇴행'을 걱정하는 어머니에게 '그래도 책을 보는 게 어디냐'며, 무리하게 독서 단계를 끌어올리기보다는 우선 독서 습관 자체를 유지하는 데 의미를 두라고 조언해 주었다.

어쩌면 그 아이는 자신의 독서 슬럼프를 극복하기 위한 본능적인 '회복'을 실천하고 있었는지도 모르겠다. 때로는 알고 실천하는 것보다, 마음이 이끄는 방향에 몸을 맡기는 것이 더 나은 방법이 될 수도 있다. 이 어머니와 같은 괜한 조바심 때문에 회복이 더디거나 영영 돌아올 수 없는 지경에 이를 수도 있기 때문이다.

슬럼프 극복 전략의 또 다른 방법은 읽기 방식의 전환이다. 책을 '듣는' 것으로 바꿔보는 것도 방법이 될 수 있다. [전략16 내 삶에 최적화된 전자책&오디오북 활용 가이드]에서 살펴본 대로, 오디오북은 눈으로 읽는 데 피로를 느낄 때 좋은 대안이 된다. 독서 플랫폼에서 제공하는 오디오북 서비스를 활용하면, 출퇴근길 지하철 안이나 잠들기 전 침대 위에서 눈을 감은 채 로도 독서를 이어갈 수 있다.

또 하나의 효과적인 방법은 '짧은 글부터 다시 시작하는 것'이다. 장편소설 대신 단편소설이나 독립된 주제로 구성된 칼럼, 에세이처럼 분량이 짧고 완결된 글을 읽으며 작지만 확실한 성취감을 차곡차곡 쌓아보는 것이다.

독서 환경을 바꾸는 것도 큰 자극이 된다. 집 책상에서만 읽던 책을 카페에서 읽어보거나, 날씨 좋은 날엔 공원 벤치에 앉아보는 것 등의 방법이다. 환경심리학 연구에 따르면, 공간의 변화는 사고와 감정에도 영향을 미친다고 한다.[•] 특히 독서가 지루하게 느껴질 땐, 장소를 바꾸는 것만으로도 몰입도가 크게 높아진다.

보상을 설계할 때는 몇 가지 원칙을 세우는 것이 좋다.

• 콜린 엘러드, 『공간이 사람을 움직인다』, 문희경 번역, 더퀘스트, 2016(절판).

첫째, 작고 자주 누릴 수 있는 보상이 더 효과적이다.

독서 목표 수립 단계에서 예시로 들었던 것처럼 '1권을 읽을 때마다 좋아하는 디저트를 먹는다' 식의 보상이면 무난하다.

둘째, 과정과 결과 모두를 인정하는 보상이 필요하다.

매일 일정 시간을 읽는 것에도 보상을 주고, 완독이라는 결과에도 추가 보상을 더하는 식이다.

셋째, 독서와 연관된 다양한 활동도 효과적이다.

서점, 도서관, 북카페를 찾거나 독서 모임 참여 등이 이에 해당한다.

최근에는 디지털 도구를 활용한 보상 시스템도 활발하다. 여러 분야의 플랫폼 서비스를 중심으로 배지 기능을 이용한 보상 체계가 유행이다. 인터넷 공간에서는 이 배지가 자랑스러운 훈장과도 같다. 물론 사람에 따라 만족도와 효능감에는 차이가 있겠지만 다양한 독서 활동을 지표로 하여 생성되는 배지도 훌륭한 동기부여가 될 수 있을 것이다. 이런 시각적 피드백은 뇌의 도파민 시스템을 자극해 행동 유지에 긍정적인 영향을 준다고 한다.

그러나 보상을 위한 독서, 메모를 위한 독서처럼 '목적'이 전도되지 않도록 조심해야 한다. 특히 슬럼프에 빠졌을 때는 자기 자신에게 조금 관대해져도 괜찮다. '왜 이렇게 게으르지?'가 아니라 '지금은 쉬어가도 괜찮아'라는 태도가 습관을 유지하는 진짜 힘이 되는 경우도 있다. 이러한 과정은 독서 습관이 무너졌을 때 자기 회복을 가능하게 해주는 중요한 요인이라고 될 수도 있을 것이다.

이 전략은 결국 '계속 읽는 사람'을 만드는 도구다. 중간에 잠시 멈추더라도, 다시 시작하게 해주는 설계다. 보상 시스템과 슬럼프 극복 전략은 작은 실험([전략39 빨리, 작게 실패하며 성장하는 독서 전략])이나, 동료와 공유([전략43 독서경영과 복습이 동시에 이루어지는 '독서 수다']), 목표 점검([전략47 독서가 '습관'이 되는 마지막 비밀]) 등과 연결하여 효율적으로 실천할 때, 독서를 단순한 취미를 넘어 학습과 성장의 루틴으로 바꾸는 데 크게 기여할 수 있다.

책을 읽는다는 것은, 때로는 멈춰 서기도 하고 다시 걸음을 내딛기도 하는 긴 여정이다. '조급하게 서두르지 않고 내 힘에 맞게 천천히 가다 보면 언젠가는 햇살 가득한 꽃길에 다다를 수 있겠거니'• 생각하면, 그 길 위에서 보상은 쉼표가 되고 회복 전략은 나침반이 된다. 이 전략이 습관으로 자리 잡으면, 우리는 더 이상 '책을 끝까지 못 읽는 사람'이 아니라, 어떤 방식으로든 언제든지 다시 읽기 시작하는 사람으로 살아갈 수 있다.

• 구귀남,『그 꽃길을 그리며』, 문예중앙, 2005(절판), p.86.

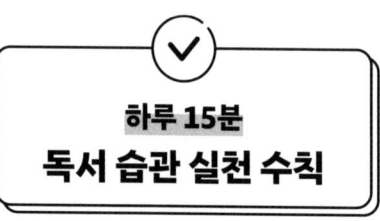

➤ 독서 슬럼프 극복과 독서 활동 강화를 위한 보상 체계를 마련해 봅시다. 아주 간단한 방법은 책 한 권을 완독할 때마다 자신에게 선물을 하는 것입니다.

앞의 예시처럼 커피나 디저트도 좋고, '새로운 책 한 권'과 같이 독서 활동의 지속성을 높여주는 선물도 좋습니다.

당신의 삶을
디자인하는 독서 습관

최근 MZ세대를 중심으로 '갓생(God生)'이라는 말이 하나의 라이프스타일 키워드로 자리 잡고 있다. 단순히 '열심히 사는' 차원을 넘어, 하루하루를 체계적으로 설계하며 목표 중심의 삶을 실천하려는 태도를 의미한다. 이러한 변화는 독서 습관에도 큰 영향을 미치고 있다. 여유 시간에 책을 읽는 방식에서 벗어나 이제는 업무와 자기 성장, 일상의 루틴에 밀착된 '효율 중심의 독서 전략'이 주목받고 있는 것이다. 지금까지 다섯 단계를 따라 살펴본 '자동 독서 습관'의 마지막, 50번째 전략은 바로 이러한 변화된 독서 환경에 대응하는 방법이다.

주변에서 이른바 '갓생형 독서 루틴'을 꾸준히 실천하는 사람들을 보면 감탄이 절로 나올 때가 있다. 에듀테크 교육기업에서 임원으로 재직하던 때 만난 한 팀장급 직원은 MZ세대의 특징을 고루 지닌 인물이었다. 디지털 네이티브로서 빠른 정보 습득력과 미디어 활용 능력을 갖췄고, 자기 계발에 아낌없이 시간을 투자하면서도 '워라밸'을 중시했다. 때때로 개성 있는 사고방식 때문에 회사의 룰과 충돌하는 경우도 있었지만, 수평적인 소통 문화를 지향하는 태도는 분명 MZ세대의 전형적인 모습으로 보였다.

육아 문제로 집에서는 충분한 독서 시간을 확보하기 어려워지자, 그는 아침 출근길 30분, 점심시간 15분, 오후 휴식시간 15분, 퇴근길 30분 등 하루의 자투리 시간을 세분화해 스마트폰 전자책과 오디오북으로 독서를 이어갔다. 업무 관련 도서, 트렌드 분석서, 리더십 책을 우선순위로 정하고, 일정 앱에 독서 시간 블록을 고정해 두었다. 매일의 독서 성과를 체크리스트에 기록했고, 한 달에 다섯 권 이상 완독하면 자신에게 작은 보상을 주는 방식으로 동기를 유지했다.

우리가 함께 근무하던 회사는 아주 체계적이지는 않지만, 오너의 남다른 의지와 투자로 독서경영이 점차 자리를 잡아가던 중이었다. 오너는 팀장급 이상 직원들에게 꼭 읽히고 싶은 책을 '배급'한 뒤, 독서 후 간단한 챌린지를 통해 한 줄 리뷰와 인상 깊은 문장을 사내 게시판이나 루틴 관리 앱에 올리는 독서 활동을 매달 시행했다. 오너가 직접 기획하고 독려한 덕분에 참여율은 항상 90% 이상을 유지했다.

하지만 그 MZ세대 팀장은 챌린지에 단 한 번도 참여한 적이 없다. 내가 알기로 '배급'된 책을 안 읽은 경우는 없었다. 이유가 궁금해서 어느 날 조심스레 물은 적이 있다. 어느 정도 예상은 했지만 그의 대답은 의외로 단순했다. "남이 시켜서 하

자동 독서 습관

는 독서처럼 느껴져서 굳이 참여할 마음이 들지 않는다"는 것이다. 더 이상 토를 달지는 않았지만, 한편으로 고개가 끄덕여졌다. 사실 챌린지 참여가 그에게 어려운 일이 아니었지만, '굳이' 할 필요가 없는 일이기도 했던 것이다.

이때의 경험을 통해 나는, MZ세대의 일반적인 성향을 떠나 개인의 독서 습관과 책에 대한 태도를 존중하는 유연한 시각이 필요하다는 깨달음을 얻게 되었다. 그는 이미 자신만의 '갓생형 독서 루틴'을 완성도 높게 실천하고 있었고, 결과적으로 오너가 바랐던 독서경영의 목적은 충분히 실현되고 있던 셈이다. 실제로 그의 꾸준한 독서 루틴은 남다른 업무 몰입도와 기발한 아이디어로 이어졌고, 또래 팀장들 사이에서는 '아이디어 뱅크'라는 별명까지 얻을 만큼 사내에서 긍정적인 평가를 받고 있었다.

실제로 이러한 독서 습관은 과학적으로도 검증된 시간 관리 기법을 기반으로 한다. '타임 블록킹Time Blocking'은 하루의 일정을 블록 단위로 나누어 집중하는 방식으로 생산성과 집중력을 높이는 데 도움이 된다.●

갓생형 독서 루틴'은 단지 세대의 특징으로만 흘려 넘길 일이 아니라, 자기독서경영의 핵심 전략이라고 할 수 있다.

● 칼라웍스, 생산성 향상을 위한 시간 관리 팁-효과적인 타임 블로킹 기법, 2024.11.14.
https://blog.naver.com/xerox19/223659878496

첫째, '시간 효율성의 극대화'는 하루 중 자투리 시간을 전략적으로 분할하고, 전자책과 오디오북 같은 멀티 포맷을 적절히 병행함으로써 실현할 수 있다. 이를 통해 바쁜 일정 속에서도 독서의 지속성을 높이고, 일과 삶의 틈새를 독서의 기회로 전환하는 효과를 얻을 수 있다.

둘째, '자기 관리 역량의 강화'는 독서 목표를 수립하고 이를 일상에 습관으로 정착시킴으로써 가능하다. 이러한 루틴은 독서에만 국한되지 않고, 다른 일상 활동에도 긍정적인 영향을 미치며, 독서를 단순한 콘텐츠 소비가 아닌 '자기설계의 수단'으로 확장시키는 계기가 된다.

셋째, '일상과의 연결성 강화'는 독서에서 얻은 통찰을 일상의 다양한 문제 해결에 즉시 적용하거나, 구체적인 사례들을 기록해 두는 것으로 가능하다. 이 과정은 단순한 지식의 축적을 넘어, 실천 가능한 지식으로의 '전환'을 유도하며, 독서의 실질적 가치를 한층 강화한다.

이를 위해 가장 중요한 것은 무엇보다 일관성 있는 실천이다. 하루에 다섯 쪽을 읽든, 단 한 문장을 읽든, 핵심은 그 루틴을 꾸준히 이어가는 데 있다. 그리고 업무 성과나 자기 계발을 위한 '목표 중심 독서'뿐 아니라, 문학이나 에세이처럼 감성과 사유를 자극하는 '몰입 독서'를 병행하는 것이 필요하다. 아울

자동 독서 습관

러 앞서 살펴본 것처럼, 디지털을 포함한 효율적인 도구들을 활용하여 독서 기록을 축적하고, 이를 다시 실천 전략으로 환류시키는 시스템을 갖추는 것이 바람직하다. 우리가 이미 약속한 '하루 15분'의 반복적이고 체계적인 독서 활동은 좋은 습관의 발판이 될 것이다.

결국 '갓생' 시대 독서 전략의 핵심은 시간을 주도적으로 설계하고, 책을 중요한 성장 도구로 삼아, 삶의 구조를 새롭게 조정해 나가는 태도라고 할 수 있다.

지금까지 살펴본 이 책『자동 독서 습관』의 50가지 전략들은 결국 변화와 성장을 위한 온전한 책 읽기 습관으로 귀결된다. '왜 책을 읽어야 하는가'라는 질문과 함께 시작한 긴 여정이 마무리되는 이 순간, 여러분 앞에는 진정한 자기독서경영의 실천이라는 중요한 과제가 자리하고 있다.

책을 읽는 행위가 나의 사고방식, 인간관계, 삶의 리듬에 유기적으로 개입하고, 그 경계를 확장해 나가는 순간 우리는 단순한 독자가 아니라 스스로의 삶을 기획하는 설계자로 거듭나게 된다. 그리고 효율성과 몰입, 성취와 여유 사이의 균형을 스스로 조율할 수 있다면, 독서는 '갓생' 라이프를 실현해 주는 가장 강력한 지렛대이자 삶의 변화와 성장을 보장하는 아주 이로운 습관으로 자리하게 될 것이다.

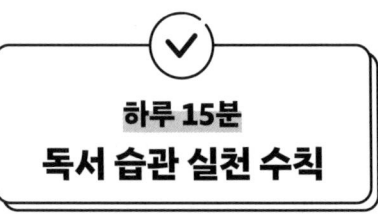

하루 15분
독서 습관 실천 수칙

▶ 지금까지 살펴본 50가지 전략들을 토대로 기억에 남는 '자기 독서 습관'의 키워드들을 적어 보세요.

많은 개수를 적을 수 있다면, 당신은 이 책을 읽는 동안 집중력이 높았거나, 자기독서경영에 대한 열의가 적지 않다는 뜻일 수 있습니다.

그러나 키워드가 몇 개 되지 않더라도 결코 실망할 필요는 없습니다. 단 하나일지라도 당신의 새로운 독서 여정에 확실한 이정표가 될 수 있습니다. 우리가 길을 찾을 때 결코 여러 개의 표지판이 필요한 것은 아닙니다.

중요한 것은 숫자가 아니라, 새로운 길을 향해 첫발을 내딛는 당신의 용기와 꾸준한 실천입니다.

➤ 이제 더 이상의 '독서 습관 실천 수칙'은 없습니다.

그러나 여러분은 잘 알고 있습니다. 이 책의 마지막 장을 넘기는 순간이 곧 새로운 시작이라는 사실을.

지금부터 날마다 반복될 '자동 독서 습관' 15분은 당신의 삶을 지속 가능한 변화와 성장으로 이끄는 원동력이 될 것입니다.

독서를 통해 더 나은 내일을 꿈꾸는 당신의 도전을 응원합니다.

참고 및 인용
도서 목록

- BJ 포그, 『습관의 디테일』, 김미정 번역, 흐름출판, 2020
- J. K. 롤링, 〈해리 포터〉 시리즈, 강동혁 번역, 문학수첩, 1999~2007
- 가와시마 류타, 『독서의 뇌과학』, 황미숙 번역, 현대지성, 2024
- 강기진, 『주역독해』, 김영사, 2025
- 고수일, 『쉽게 이해하는 조직행동』, 박영사, 2023
- 구귀남, 『그 꽃길을 그리며』, 문예중앙, 2005(절판)
- 기시미 이치로 & 고가 후미타케, 『미움받을 용기』, 전경아 번역, 인플루엔셜, 2022
- 김난도 외, 『트렌드 코리아 2025』, 미래의창, 2025
- 김용석, 『작은 기업을 위한 브랜딩 법칙 ZERO』, 처음북스, 2024
- 나관중, 『삼국지』, 이문열 평역, 알에이치코리아, 2020
- 니시바야시 가츠히코, 『안다는 착각』, 박귀영 번역, 21세기북스, 2025
- 대니얼 카너먼, 『생각에 관한 생각』, 이창신 번역, 김영사, 2018
- 댄 히스, 『업스트림』, 박선령 번역, 웅진지식하우스, 2021
- 더글러스 스톤 & 쉴라 힌, 『하버드 피드백의 기술』, 김현정 번역, 21세기북스, 2014
- 더글러스 애덤스, 『은하수를 여행하는 히치하이커를 위한 안내서』, 김선형 번역, 황금가지, 2005
- 데일 카네기, 『데일 카네기 인간관계론』, 임상훈 번역, 현대지성, 2019
- 러셀 브런슨, 『마케팅 설계자』, 이경식 번역, 윌북, 2022

- 로버트 그린, 『전쟁의 기술』, 안진환 번역, 웅진지식하우스, 2007
- 로버트 루트번스타인 & 미셸 루트번스타인, 『생각의 탄생』, 박종성 번역, 에코의서재, 2007
- 로버트 치알디니, 『설득의 심리학』, 황혜숙 외 번역, 21세기북스, 2023
- 리사 손, 『메타인지 학습법』, 21세기북스, 2019
- 리처드 도킨스, 『이기적 유전자』, 을유문화사, 2023
- 리처드 탈러 & 캐스 선스타인, 『넛지』, 이경식 번역, 리더스북, 2022
- 리카이푸, 천치푸판, 『AI 2041』, 한빛비즈, 2023
- 마경근 & 서주란, 『데이터 시각화와 탐색 with POWER BI』, 영진닷컴, 2022
- 마셜 B. 로젠버그, 『비폭력대화』, 캐서린 한 번역, 한국NVC센터, 2024
- 마이클 샌델, 『정의란 무엇인가』, 김명철 번역, 김영사, 2014
- 마크 맨슨, 『신경 끄기의 기술』, 한재호 번역, 갤리온, 2017
- 미하이 칙센트미하이, 『몰입의 즐거움』, 이희재 번역, 해냄, 2021
- 박웅현, 『다시, 책은 도끼다』, 북하우스, 2016
- 박웅현, 『책은 도끼다』, 인티N, 2023
- 스티븐 데닝 외, 『애자일, 민첩하고 유연한 조직의 비밀』, 박설영 번역, 어크로스, 2019
- 스티븐 코비, 『성공하는 사람들의 7가지 습관』, 김경섭 번역, 김영사, 2003
- 스펜서 존슨, 『누가 내 치즈를 옮겼을까?』, 김영신 번역, 진명출판사, 2024
- 신현숙, 『교육심리학 이론과 실제』, 학지사, 2020
- 아이작 아시모프, 『파운데이션』, 김옥수 번역, 황금가지, 2013
- 알 리스 & 잭 트라우트, 『마케팅 불변의 법칙』, 이수정 번역, 비즈니스맵, 2024
- 알렉산드르 솔제니친, 『수용소군도』, 김학수 번역, 열린책들, 2022
- 앤절라 더크워스, 『그릿』, 김미정 번역, 비즈니스북스, 2016
- 양귀자, 『천년의 사랑』, 쓰다, 2013
- 에릭 리스, 『린 스타트업』, 이창수 외 번역, 인사이트, 2012
- 에밀리 헤이워드, 『미치게 만드는 브랜드』, 정수영 번역, 알키, 2021
- 에이미 에드먼슨, 『두려움 없는 조직』, 최윤영 번역, 다산북스, 2019

- 월터 아이작슨,『스티브 잡스』, 안진환 번역, 민음사, 2015
- 유발 하라리,『사피엔스』, 조현욱 번역, 김영사, 2023
- 유키 소노마,『하버드 행복 수업』, 정은희 번역, 매일경제신문사, 2017
- 윤홍균,『자존감 수업』, 심플라이프, 2016
- 이강석 외,『두근두근 자기주도학습』, 씨앤톡, 2014
- 이풍,『홍어 장수 문순득 표류기』, 책속물고기, 2019
- 장자,『장자』, 김원중 번역, 휴머니스트, 2023
- 재러드 다이아몬드,『총, 균, 쇠』, 강주헌 번역, 김영사, 2023
- 정약용,『정선 목민심서』, 다산연구회 번역, 창비, 2019
- 제임스 클리어,『아주 작은 습관의 힘』, 이한이 번역, 비즈니스북스, 2019
- 조나 버거,『컨테이저스-전략적 입소문』, 정윤미 번역, 문학동네, 2013
- 조지 오웰,『동물농장』, 도정일 번역, 민음사, 2009
- 존 도어 & 래리 페이지,『OKR』, 박세연 번역, 세종서적, 2019
- 존 스튜어트 밀,『자유론』, 현대지성, 2018
- 존 코터 & 홀거 래스거버,『빙산이 녹고 있다고?』, 유영만 번역, 김영사, 2019
- 존 코터,『기업이 원하는 변화의 리더』, 한정곤 번역, 김영사, 2007
- 지그 지글러,『정상에서 만납시다』, 이은정 번역, 판라이트, 2022
- 짐 콜린스 & 빌 레지어,『좋은 리더를 넘어 위대한 리더로』, 이경식 번역, 흐름출판, 2024
- 찰스 두히그,『습관의 힘』, 강주헌 번역, 갤리온, 2012
- 최재천,『과학자의 서재』, 움직이는서재, 2015
- 칩 히스 & 댄 히스,『스위치』, 안진환 번역, 웅진지식하우스, 2010
- 카를 마르크스,『자본론』, 김수행 번역, 비봉출판사, 2015
- 칼 뉴포트,『딥 워크』, 김태훈 번역, 민음사, 2017
- 칼 뉴포트,『슬로우 워크』, 이은경 번역, 웅진지식하우스, 2024
- 칼 세이건,『코스모스』, 홍승수 번역, 사이언스북스, 2010
- 캐럴 드웩,『마인드셋』, 김준수 번역, 스몰빅라이프, 2023
- 콜린 엘러드,『공간이 사람을 움직인다』, 문희경 번역, 더퀘스트, 2016(절판)
- 클레이튼 M. 크리스텐슨,『혁신기업의 딜레마』, 이진원 번역, 세종서적, 2020

- 폴 칼라니티,『숨결이 바람 될 때』, 이종인 번역, 흐름출판, 2024
- 피터 G. 노스하우스,『리더십: 이론과 실제』, 김남현 번역, 한빛아카데미, 2023
- 피터 드러커,『피터 드러커의 자기경영 노트』, 장영철 번역, 한국경제신문, 2024
- 하퍼 리,『앵무새 죽이기』, 김욱동 번역, 열린책들, 2015
- 한강,『채식주의자』, 창비, 2022
- 한국어문교육연구소,『독서교육사전』, 교학사, 2006
- 허브 코헨,『허브 코헨의 협상의 기술』, 양진성 번역, 김영사, 2021
- 헤르만 헤세,『데미안』, 전영애 번역, 민음사, 2009
- 홍성태,『브랜드로 남는다는 것』, 북스톤, 2022

＊ 참고 문헌과 본문에 등장하는 예시 도서를 포함하여 정리하였다.

＊ 도서명은 국내 출판물의 제목 표기를 그대로 따랐고, 원제는 별도로 표기하지 않았다.

＊ 출간 연도는 국내판 기준으로 가장 최근 판본의 출간일을 기준으로 삼았으며,
　이 책의 출간 시점을 기준으로 절판이 확인된 도서는 별도로 절판 여부를 명시하였다.

자동 독서 습관

초판 1쇄 발행 2025년 12월 24일

지은이 김웅식
펴낸이 서재필

펴낸곳 마인드빌딩
출판등록 2018년 1월 11일 제 2024-000136호
이메일 mindbuilders@naver.com

ISBN 979-11-24086-07-0 (03190)

마인드빌딩에서는 여러분의 투고 원고를 기다리고 있습니다.
출판하고 싶은 원고가 있는 분은 mindbuilders@naver.com으로
기획 의도와 간단한 개요를 연락처와 함께 보내주시기 바랍니다.